"一带一路"不仅要走出去，更要走进去、走上去；

"一带一路"不仅要产业化，更要品牌化、国际化。

一带一路
与西部大开发

赵 磊

编 著

中信出版集团 | 北京

图书在版编目（CIP）数据

一带一路与西部大开发 / 赵磊编著 . -- 北京：中信出版社，2021.7

ISBN 978-7-5217-3074-6

Ⅰ . ①一… Ⅱ . ①赵… Ⅲ . ①"一带一路"—关系—西部经济—区域开发—研究—中国 Ⅳ . ① F125 ② F127

中国版本图书馆 CIP 数据核字（2021）第 070975 号

一带一路与西部大开发

编　　著：赵磊
出版发行：中信出版集团股份有限公司
　　　　　（北京市朝阳区惠新东街甲 4 号富盛大厦 2 座　邮编　100029）
承 印 者：天津丰富彩艺印刷有限公司

开　　本：880mm×1230mm　1/32　　印　张：10.75　　字　数：262 千字
版　　次：2021 年 7 月第 1 版　　　　印　次：2021 年 7 月第 1 次印刷
书　　号：ISBN 978-7-5217-3074-6
定　　价：69.00 元

目录

序 言

　　2 000 多年前，亚欧大陆上勤劳勇敢的人民探索出多条连接亚欧非几大文明的贸易和人文交流之路，后人将其统称为"丝绸之路"。千百年来，"和平合作、开放包容、互学互鉴、互利共赢"的丝绸之路精神薪火相传，推进了人类文明进步，是促进沿线各国繁荣发展的重要纽带，是东西方交流合作的象征，也是世界各国共有的历史文化遗产。

　　2013 年 9 月和 10 月，中国国家主席习近平在出访中亚和东南亚国家期间先后提出共建"丝绸之路经济带"和"21 世纪海上丝绸之路"（以下简称"一带一路"）的重大倡议，得到了国际社会的高度关注。如今，秉承古丝路精神的"一带一路"正从中国倡议变成全球行动，成为构建人类命运共同体的伟大实践。

　　"一带一路"通过开放来倒逼改革，带动创新，助力中国西部地区走向开放前沿。2020 年 5 月 17 日，新一轮西部大开发重磅文件出炉，中共中央、国务院印发的《关于新时代推进西部大开发形成新格局的指导意见》强调，以共建"一带一路"为引领，加大西部开放力度，明确了六条具体措施。

2020 年，十九届五中全会指出，中国要实行高水平对外开放，开拓合作共赢新局面，坚持实施更大范围、更宽领域、更深层次的对外开放，依托中国的大市场优势，促进国际合作，实现互利共赢。中国要建设更高水平的开放型经济新体制，全面提高对外开放水平，推动贸易和投资自由化、便利化，推进贸易创新发展，推动共建"一带一路"高质量发展，积极参与全球经济治理体系改革。

而"双循环"战略与"一带一路"建设是相辅相成、同频共振的关系。2020 年 7 月 21 日，习近平总书记在企业家座谈会上强调："以国内大循环为主体，绝不是关起门来封闭运行，而是通过发挥内需潜力，使国内市场和国际市场更好联通，更好利用国际国内两个市场、两种资源，实现更加强劲可持续的发展。"①"一带一路"建设的实践证明，政策沟通、设施联通、贸易畅通、资金融通、民心相通既能带动中国经济的内循环，也能带动世界经济的大循环。中国经济内循环的质量越高，对世界经济的带动作用就越强，价值就越突出，从而形成覆盖所有"一带一路"国家的发展新生态。

从 2013 年提出到今天，"一带一路"倡议的整体建设情况可以用 16 个字来概括：有序推进、内外统筹、动态调整、节奏

---

① 《习近平：在企业家座谈会上的讲话》，2020 年 7 月 21 日，新华网，https://baijia hao.baidu.com/s?id=1672839042255233349&wfr=spider&for=pc。

感强。相关重要事件与时间节点如表序-1 所示。

表序-1　"一带一路"时间轴

2013 年 9 月—10 月
提出"一带一路"倡议

2014 年 7 月 15 日
金砖国家新开发银行成立

2014 年 12 月 2 日
中共中央、国务院印发《丝绸之路经济带和 21 世纪海上丝绸之路建设战略规划》

2014 年 12 月 29 日
丝路基金有限责任公司在北京注册成立

2015 年 2 月 3 日
推进"一带一路"建设工作领导小组成立

2015 年 3 月 28 日
《推动共建丝绸之路经济带和 21 世纪海上丝绸之路的愿景与行动》发布

2015 年 12 月 25 日
亚洲基础设施投资银行正式成立

2016 年 8 月 17 日
"一带一路"建设工作座谈会召开

2016 年 9 月 19 日
联合国开发计划署与中国签署"一带一路"合作文件,成为首个加入"一带一路"倡议的国际组织

2017 年 1 月 18 日
中国与世界卫生组织签署"一带一路"合作协议,携手打造"健康丝绸之路"

2017 年 3 月 17 日
联合国安理会通过第 2344 号决议,呼吁各国推进"一带一路"建设

（续表）

2017 年 5 月 10 日
《共建"一带一路"：理念、实践与中国的贡献》发布

2017 年 5 月 14 日
中国政府举行第一届"一带一路"国际合作高峰论坛

2017 年 10 月 24 日
"一带一路"写入党章——全党意志，长期坚持

2018 年 8 月 27 日
推进"一带一路"建设工作五周年座谈会召开

2018 年 11 月 5 日
第一届中国国际进口博览会在上海举行

2019 年 4 月 22 日
《共建"一带一路"倡议：进展、贡献与展望》发布

2019 年 4 月 25 日
中国政府举行第二届"一带一路"国际合作高峰论坛

2019 年 5 月 15 日
中国政府举行亚洲文明对话大会

2020 年 5 月 17 日
中共中央、国务院印发《关于新时代推进西部大开发形成新格局的指导意见》，第三部分以共建"一带一路"为引领，加大西部开放力度

2020 年 6 月 18 日
中国政府举行"一带一路"国际合作高级别视频会议

2015 年 3 月 28 日，国家发展改革委、外交部、商务部联合发布了《推动共建丝绸之路经济带和 21 世纪海上丝绸之路的愿景与行动》，其中第六部分强调"中国各地方开放态势"，对西部省份的具体定位和描述是：

发挥新疆独特的区位优势和向西开放的重要窗口作用，深化与中亚、南亚、西亚等国家交流合作，形成丝绸之路经济带上重要的交通枢纽、商贸物流和文化科教中心，打造丝绸之路经济带核心区。

发挥陕西、甘肃的综合经济文化优势和宁夏、青海的民族人文优势，打造西安内陆型改革开放新高地，加快兰州、西宁开发开放，推进宁夏内陆开放型经济试验区建设，形成面向中亚、南亚和西亚国家的通道、商贸物流枢纽、重要产业和人文交流基地。

发挥内蒙古联通俄蒙的区位优势。

发挥广西与东盟国家陆海相邻的独特优势，加快北部湾经济区和珠江-西江经济带开放发展，构建面向东盟区域的国际通道，打造西南和中南地区开放发展新的战略支点，形成 21 世纪海上丝绸之路与丝绸之路经济带有机衔接的重要门户。发挥云南区位优势，推进与周边国家的国际运输通道建设，打造大湄公河次区域经济合作新高地，将云南建设成为面向南亚和东南亚的辐射中心。推进西藏与尼泊尔等国家的边境贸易和旅游文化合作。

打造重庆西部开发开放重要支撑和成都、郑州、武汉、长沙、南昌、合肥等内陆开放型经济高地。

2020年5月17日，中共中央、国务院印发《关于新时代推进西部大开发形成新格局的指导意见》，分别从六个方面部署工作，其中包括以共建"一带一路"为引领，加大西部开放力度，对相关省份的具体定位是：

支持新疆加快丝绸之路经济带核心区建设，形成西向交通枢纽和商贸物流、文化科教和医疗服务中心。

支持重庆、四川、陕西发挥综合优势，打造内陆开放高地和开发开放枢纽。

支持甘肃、陕西充分发掘历史文化优势，发挥丝绸之路经济带重要通道和节点作用。

支持贵州、青海深化国内外生态合作，推动绿色丝绸之路建设。

支持内蒙古深度参与中蒙俄经济走廊建设。

提升云南与澜沧江-湄公河区域开放合作水平。

积极实施中新（重庆）战略性互联互通示范项目。

完善北部湾港口建设，打造具有国际竞争力的港口群，加快培育现代海洋产业，积极发展向海经济。加快中国-东盟信息港建设。

鼓励重庆、成都和西安等加快建设国际门户枢纽城市，提高昆明、南宁、乌鲁木齐、兰州和呼和浩特等省会（首府）城市面向毗邻国家的次区域合作支撑能力。

表序-2 西部省份在"一带一路"倡议中的基本定位

省份	定位	面积（万平方公里）	人口（万）	经济总量（亿元）	比较优势及功能定位
新疆	丝绸之路经济带核心区	166	2 523.22	13 797.58	拥有区位优势，是向西开放重要窗口，西向交通枢纽和商贸物流、文化科教和医疗服务中心
陕西	丝绸之路经济带新起点	20.56	3 876.21	26 181.86	拥有综合优势和历史文化优势，是内陆开放高地和开发开放枢纽，丝绸之路经济带的重要通道和节点
甘肃	丝绸之路经济带黄金段	42.58	2 647.43	9 016.7	拥有历史文化优势，是丝绸之路经济带的重要通道和节点
宁夏	丝绸之路经济带战略支点	6.64	694.66	3 920.55	拥有民族人文优势，是内陆开放型经济试验区
青海	丝绸之路经济带战略通道、重要支点和人文交流中心	72.23	607.82	3 005.92	拥有民族人文优势，是绿色丝绸之路建设重点区域
内蒙古	向北开放的桥头堡	118.3	2 539.6	17 360	拥有联通俄蒙的区位优势，是中蒙俄经济走廊建设重点区域
重庆	"一带一路"的西南枢纽	8.24	3 124.32	25 002.79	拥有综合优势，是内陆开放高地和开发开放枢纽

（续表）

省份	定位	面积（万平方公里）	人口（万）	经济总量（亿元）	比较优势及功能定位
四川	支撑"一带一路"和长江经济带联动发展的战略纽带	48.6	8 375	48 598.76	拥有综合优势，是内陆开放高地和开发开放枢纽
贵州	西部地区"一带一路"陆海连接线	17.62	3 622.95	17 826.56	拥有绿色丝绸之路建设和数字丝绸之路跨境数据枢纽
广西	21世纪海上丝绸之路与丝绸之路经济带有机衔接的重要门户	23.76	4 960	22 156.69	拥有与东盟国家陆海相邻的独特优势
云南	面向南亚和东南亚的辐射中心	39.41	4 858.3	24 500	拥有区位优势，是大湄公河次区域经济合作新高地
西藏	面向南亚开放的重要通道	122.84	343.82	1 902.74	与尼泊尔等国的南亚合作

从上述两个重要文件可以看出，"一带一路"建设需要西部地区各省份的全面参与，其中中央对新疆和广西提出了具体明确的定位，而其他省份的定位都是各自结合自身优势与国家战略需求提出的，如甘肃的定位是丝绸之路经济带黄金段，宁夏的定位是丝绸之路经济带战略支点，陕西的定位是丝绸之路经济带新起点，等等。

本书是国家社科基金重大项目《"一带一路"倡议与新疆社会发展》的结项成果（项目号：16ZDA152），感谢课题组成员近 5 年来的辛苦付出。为高质量地完成课题，课题组成员从 2017 年开始分别在陆上丝绸之路的节点城市西安、乌鲁木齐，以及海上丝绸之路的节点城市杭州、蓬莱等地召开了多次集体会议，希望通过扎实的研究成果服务"一带一路"的建设、新疆的长治久安以及中国西部省份的跨越式发展。

课题组成员高度重视调研，先后于 2017 年 2 月和 2018 年 8 月分别赴新疆阿拉山口和霍尔果斯口岸调研，对新疆口岸建设、中欧班列运营以及开放型经济建设提出针对性建议。此外，课题组成员还多次赴白俄罗斯、俄罗斯、埃塞俄比亚、丹麦、瑞典、意大利、捷克、波兰、越南和哈萨克斯坦等国进行"一带一路"倡议境外调研。课题组成员先后发表各项成果 101 篇，专著、编著 9 部，论文 67 篇，内参报告 25 篇，其中 10 余篇内参报告获得中央领导批示。课题组专家还受邀参加全国政协双周协商会、"一带一路"国际合作高峰论坛、厦门金砖国家峰会和中非合作论坛北京峰会等重要活动，将课题成果进行了立体化展示。

课题组成员（校外）：

严　庆　中央民族大学民族理论与民族政策教研室主任、教授

赵明昊　复旦大学国际问题研究院研究员

曹　峰　清华大学中国社会风险评估研究中心副主任，国家治理与全球治理研究院副研究员

陆　兵　新疆师范大学丝绸之路经济带研究中心研究员，
　　　　　哈萨克斯坦国家新闻研究院名誉院士

郑　亮　暨南大学新闻与传播学院教授

杨　梅　新疆大学政治与公共管理学院副教授

袁　剑　中央民族大学民族学与社会学学院副教授

褚　超　新疆阿拉山口市口岸管理办公室原副主任，广东珠
　　　　　海市横琴新区发展改革和政策研究局高级研究员

感谢中央党校国际战略研究院孙东方、惠春琳、唐健、熊洁、曲鹏飞等多位同事的配合与支持。

本书第二章由曲鹏飞、杨梅、赵磊撰写，第三章由杨梅、赵磊撰写，第四章由陆兵、赵磊、王向阳撰写，第八章由赵明昊撰写，其他章节由赵磊撰写。

2021年，中国共产党迎来了建党100周年。这100年来，中国社会经历了沧桑巨变，在中国共产党的领导下创造了罕见的经济快速发展奇迹和社会长期稳定奇迹。"一带一路"倡议是中国全面把握世界百年未有之大变局和中华民族伟大复兴战略全局的主动作为之举，这一倡议的提出与实践是中华民族从大到强的标志性事件。

赵磊

2021年3月1日

第一章

"一带一路"倡议：
从"末梢"变"前沿"

中国西部地区在对外开放中一直处于"末梢","一带一路"倡议使中国对外开放格局发生了重大变化，中欧班列、跨境电商、空中丝路等不断延伸，将西部内陆地区变为对外开放的新前沿。2015 年 3 月 28 日，中国政府公布了《推动共建丝绸之路经济带和 21 世纪海上丝绸之路的愿景与行动》文件。这一国家顶层设计使各省份积极行动，让企业有了新的发力方向，形成了西部扩大对外开放的新热点。

随着中国与周边国家合作的深入，"一带一路"倡议将进一步致力于欧亚非大陆及其附近海洋的基础设施、经贸、金融与人文建设，建立并加强全球互联互通伙伴关系，进而构筑全方面、多层次和复合型的互联互通网络，以实现"一带一路"沿线各国发展战略的对接与耦合，进而发掘区域内市场的潜力，促进投资和消费，创造需求和就业。

2018 年以来，中国发展面临多年来少有的复杂严峻形势，经济出现了新的下行压力，外部环境发生了深刻变化。经济全球化遭遇波折，多边主义受到冲击，国际金融市场持续震荡，国际大宗商品价格大幅波动，不稳定和不确定因素明显增加，外部输入性风险上升。在此背景下，中国的改革开放依然实现了新突破，"一带一路"建设取得了重要进展。

2019 年 6 月 18 日，世界银行发布了《"一带一路"经济学——交通走廊发展机遇与风险》，认为"一带一路"倡议的全面实施可以帮助 3 200 万人摆脱中度贫困（即日均生活费用低于 3.2 美元），使全球和"一带一路"经济体的贸易额增幅分别达到 6.2% 和 9.7%，助推全球收入增长 2.9%，"一带一路"沿线低收入国家的外国直接投资增幅将达到 7.6%。"一带一路"相关交通项目完成后，沿线交通运输时间预计将减少 12%，沿线国家与世界其他地区之间的交通运输时间预计将平均减少 3%。这说明"一带一路"倡议将有效促进沿线国家和地区的经济增长，改善基础设施和人民生活水平，逐步改变许许多多普通人的命运。

"一带一路"建设是层次性和系统性的。自由贸易港、粤港澳大湾区和国际进口博览会等重大事业的落地与推动，使"一带一路"倡议有了更具体更强有力的支撑体系，实现了陆海联动、内外联动和政企联动。共建"一带一路"的带动效应持续释放，同沿线国家的合作机制不断健全，经贸合作和人文交流加快推进。截至 2020 年 11 月底，中国已与 138 个国家、31 个国际组织签署了 201 份共建"一带一路"的合作文件，共同开展了 2 000 多个项目。由于合作国家数量的增多，中国提出了"丝路共建国家"模式，以取代过去的"64+1"模式以及"丝路沿线国家＋丝路相关国家"模式。目前，中国已经在全球建立了 113 个境外经济贸易合作区。过去几年，跨境电商综合试验区的成立，推动着"数字丝绸之路"的建设。陆、海、空、冰、网等"一带一路"建设格局不断丰富。

"一带一路"强调"双向属性"，所以我们既要看"走出去"项目，也要关注"引进来"效果。过去几年，中国大幅压缩外资准入负面清单，扩大金融、汽车等行业的开放，一批重大外资项目落地。以 2018 年为例，中国利用外资逆势增长，全年新设外资企业超过 6 万家，增长 69.8%。未来中国还将进一步加大吸引外资的力度，放宽市场准入，允许更多领域实行外资独资经营。中国坚定维护经济全球化和自由贸易，积极参与世贸组织改革，加快构建高标准的自贸区网络。中国不会在贸易层面推行排他性政策，而是要营造公平竞争的市场环境，营造自由贸易的国际市场环境。

"一带一路"倡议强调从流动性开放到制度性开放。全面开放新格局，新在以"一带一路"建设为重点，从推动商品和要素流动性开放到更加重视以规则为核心的制度性开放。制度性开放注重规则、标准、资质和知识产权等"软联通"，这是西方发达国家的传统优势。过去 500 年，西方发达国家通过金融、规则、标准和价值观等建立了制度性话语权。边缘或半边缘国家在开放初期只能选择单向的流动性开放，靠商品、要素、能源资源和劳动力成本优势进行交易，主动性不强。而制度性开放属于智慧经济、品牌经济，是创新驱动、人才驱动。当然，制度性开放的基础是国家掌握关键工艺、关键零部件和关键原材料，同时还要通过多边主义和制度主义的方式提升国际塑造能力。"一带一路"已经从物质性、理念性公共产品向制度性公共产品拓展。

"一带一路"建设是具体的、实践的。在微观层面，"一带一路"建设要靠企业，不仅靠中国企业，也要推动国际优秀企业的参与，加强第三方市场合作。第三方市场合作，是两国合作开发第三方国家市场的一种国际合作新模式。这种国际合作新模式秉持"共商、共建、共享"的精神，可以将中国的优势产能、发达国家的先进技术和广大发展中国家的发展需求有效对接，共同为第三国经济发展注入新动能。2018 年 5 月，在国务院总理李克强和日本时任首相安倍晋三的共同见证下，中日两国签署了《关于中日企业开展第三方市场合作的备忘录》，同意在中日经济高层对话框架下建立推进中日第三方市场合作的工作机制。目前，英国、荷兰、德国和瑞士等国家都有深度参与第三方市场合作的意向，这种合作方式不仅为中国与西方发达国家共建"一带一路"开辟了新空间，也有利于中国全产业链的升级。

"一带一路"建设需要法治化、便利化的营商环境。2019 年 10 月，在世界银行最新发布的《2020 年营商环境报告》中，中国的排名再次大幅上升 15 位，位列第 31 位，这是继 2018 年由第 78 名提升至第 46 名之后的又一重大进步。良好的商业生态是能够快速培育出好企业的生态，而不是抑制企业生长与发展的生态。

2020年5月17日,为加快形成西部大开发新格局,推动西部地区高质量发展,中共中央、国务院印发《关于新时代推进西部大开发形成新格局的指导意见》。总体要求是,落实总体国家安全观,坚持稳中求进工作总基调,坚持新发展理念,坚持推动高质量发展,坚持以供给侧结构性改革为主线,深化市场化改革,扩大高水平开放,坚定不移推动重大改革举措落实,防范改革中的重大风险挑战,促进西部地区经济发展与人口、资源、环境相协调,实现更高质量、更有效率、更加公平、更可持续的发展,确保到2020年西部地区生态环境、营商环境、开放环境、创新环境得到明显改善,与全国一道全面建成小康社会;到2035年,西部地区基本实现社会主义现代化,基本公共服务、基础设施通达程度、人民生活水平与东部地区大体相当,努力实现不同类型地区互补发展、东西双向开放协同并进,民族边疆地区繁荣安全稳固,人与自然和谐共生。

《关于新时代推进西部大开发形成新格局的指导意见》专门提到,以共建"一带一路"为引领,加大西部开放力度,以下为具体措施。

1. 积极参与和融入"一带一路"建设。支持新疆加快丝绸之路经济带核心区建设,形成西向交通枢纽和商贸物流、文化科教和医疗服务中心;支持重庆、四川和陕西发挥综合优势,打造内陆开放高地和开发开放枢纽;支持甘肃和陕西充分发掘历史文化优势,发挥丝绸之路经济带重要通道和节点作用;支持贵州和青海深化国内外生态合作，推动绿色丝绸之路建设；支持内蒙古深度参与中蒙俄经济走廊建设，提升云南与澜沧江-湄公河区域开放合作水平。

2. 强化开放大通道建设。积极实施中新（重庆）战略性互联互通示范项目；完善北部湾港口建设，打造具有国际竞争力的港口群，加快培育现代海洋产业，积极发展向海经济；积极发展多式联运，加快铁路、公路与港口、园区的连接线建设；强化沿江铁路通道运输能力和港口集疏运体系建设，依托长江黄金水道构建陆海联运、空铁联运和中欧班列等有机结合的联运服务模式和物流大通道，并在西部地区建设无水港；优化中欧班列组织运营模式，加强中欧班列枢纽节点建设，进一步完善口岸、跨境运输和信息通道等开放基础设施，加快建设开放物流网络和跨境邮递体系，加快中国-东盟信息港建设。

3. 构建内陆多层次开放平台。鼓励重庆、成都和西安等加快建设国际门户枢纽城市，提高昆明、南宁、乌鲁木齐、兰州和呼和浩特等城市面向毗邻国家的次区域合作支撑能力；支持西部地区自由贸易试验区在投资贸易领域依法依规开展先行先试，探索建设适应高水平开放的行政管理体制；加快内陆开放型经济试验区建设，研究在内陆地区增设国家一类口岸；研究按程序设立成都国际铁路港经济开发区，有序推进国家级新区等功能平台建设，整合规范现有各级各类基地和园区，加快开发区转型升级；鼓励国家级开发区实行更加灵活的人事制度，引进发展优质医疗、教育、金融和物流等服务。

4. 加快沿边地区开放发展。完善沿边重点开发开放试验区、边境经济合作区和跨境经济合作区布局，支持在跨境金融、跨境旅游、通关执法合作和人员出入境管理等方面开展创新；扎实推进边境旅游试验区、跨境旅游合作区和农业对外开放合作试验区等建设，统筹利用外经贸发展专项资金支持沿边地区外经贸发展；完善边民互市贸易管理制度，深入推进兴边富民行动。

5. 发展高水平开放型经济。推动西部地区对外开放由商品和要素流动型逐步向规则制度型转变，落实好外商投资准入前国民待遇加负面清单管理制度，有序开放制造业，逐步放宽服务业准入，提高采矿业开放水平；支持西部地区按程序申请设立海关特殊监管区域，支持区域内企业开展委内加工业务①；推动西部优势产业企业积极参与国际产能合作，在境外投资经营中履行必要的环境、社会和治理责任，支持建设一批优势明显的外贸转型升级基地；建立东中西部开放平台对接机制，共建项目孵化、人才培养和市场拓展等服务平台，在西部地区打造若干产业转移示范区；对向西部地区梯度转移企业，按原所在

---

① 委内加工是海关特殊监管区域的一项新业务，指海关特殊监管区域内企业接受境内（区域外）企业委托，对区域外企业提供的入区货物进行加工，加工后的产品全部运往境内（区域外），收取加工费，并向海关缴纳税款的行为。委内加工业务是海关在特殊监管区域的业务创新，突破了以往区内企业只能承接境外加工业务的传统限制，使得区内企业能够利用剩余产能承接境内区外的委托加工业务，有助于企业提高生产效能，充分拓展国内和国外两个市场，对于加工贸易转型升级具有重要意义。

地区已取得的海关信用等级实施监督。

6. 拓展区际互动合作。积极对接京津冀协同发展、长江经济带发展和粤港澳大湾区建设等重大战略；支持青海和甘肃等加快建设长江上游生态屏障，探索协同推进生态优先、绿色发展新路径，依托陆桥综合运输通道，加强西北省份与江苏、山东和河南等东中部省份互惠合作；加快珠江-西江经济带和北部湾经济区建设，鼓励广西积极参与粤港澳大湾区建设和海南全面深化改革开放；推动东西部自由贸易试验区交流合作，加强协同开放，支持跨区域共建产业园区，鼓励探索"飞地经济"等模式；加强西北地区与西南地区的合作互动，促进成渝和关中平原城市群协同发展，打造引领西部地区开放开发的核心引擎；推动北部湾、兰州-西宁、呼包鄂榆、宁夏沿黄、黔中、滇中和天山北坡等城市群的互动发展；支持南疆地区开放发展，支持陕甘宁、川陕和左右江等革命老区和川渝、川滇黔和渝黔等跨省（自治区、直辖市）毗邻地区建立健全协同开放发展机制，加快推进重点区域一体化进程。

一、
"一带一路"的逻辑："节点-网格"秩序

政治坚定和政策坚定都离不开理论上的坚定。目前，有没有成熟的理论可以概括"一带一路"的学理基础或逻辑，或者说"一带一路"的自身逻辑是否超越了以往的相关理论？对这一问题的分析既需要学理逻辑，也需要元理论。从内涵来看，"一带一路"是对伊曼纽尔·莫里斯·沃勒斯坦提出的"世界体系理论"的超越。因为世界体系理论的逻辑是"中心-边缘"秩序，而"一带一路"的逻辑是"互利共赢"和"去中心"，即通过互联互通将边缘地带打通成节点，节点与节点之间形成网格，每个国家都是一个"自中心"，以此实现公平与普惠。

美国耶鲁大学高级研究员伊曼纽尔·莫里斯·沃勒斯坦是著名的社会学家，在他看来，现代世界体系是一个由经济体系、政治体系和文化体系三个基本维度构成的复合体。过去的全球化形成了以资本主义为核心的世界经济体系，而"一体化"与"不平等"是这一体系最主要的特征。

在经济体系中，世界性劳动分工体系与世界性商品交换关系两条主线将各个国家牢牢地黏结在庞大的世界经济网中。但是，一体化不等于均等化，"中心-半边缘-边缘"的层级结构表明了世界经济体的极端不平等性，发达国家外围到处存在不发达。核心化以及边缘化都是动态性的过程，"中心"拥有生产和交换的双重优势，对"半边缘"地区和"边缘"地区进行经济剥削。

在政治体系中，英国、美国等发达国家居于体系的"中心"，一些中等发达程度的国家属于体系的"半边缘"地区，而亚非拉等发展中国家则处于这一体系的"边缘"地区。政治上追求霸权地位和经济上追求利润最大化是资本主义世界体系的推动力。追求霸权地位是资本主义国家的共同目标。

在文化体系中，以西方文化为标准的普世价值凌驾于多元的民族文化之上，营造了一种全球趋同的文化氛围。

在过去几年，"一带一路"建设有一个明显特征，就是大多数重点项目都建在边缘或半边缘国家，如中亚五国和中东欧十六国等。这些国家很多是"内锁国"（land-locked country），如东南亚的老挝、非洲的埃塞俄比亚和中东欧的塞尔维亚等。这些国家一直被锁在大陆腹地，无法连通海洋，也无法享受全球化带来的福利。中老铁路、亚吉铁路、中欧班列、匈塞铁路等项目使这些"内锁国"可以连通海洋，变成"陆联国"（land-linked country），实现了陆海统筹，由此与其他国家一起享受全球化的红利与福祉。

2018年5月，我曾赴埃塞俄比亚调研"一带一路"建设。埃塞俄比亚的官员表示，在他们心目中满意度最高的项目是亚吉铁路，其次是东方工业园，再次是亚的斯亚贝巴轻轨。在他们看来，亚吉铁路真正实现了国家与国家之间的联通，使埃塞俄比亚这个内陆国家有了出海口。这对"一带一路"后续项目的立项与建设有着重要的参考价值。

在中东欧，波兰是"琥珀之路"与"丝绸之路"的交汇点。2016年9月，我赴波兰参加第26届东欧经济论坛，与波兰前总理瓦尔德马·帕夫拉克进行座谈，他曾是波兰历史上最年轻的总理。帕夫拉克认为，中东欧十六国是位于德国和俄罗斯之间潜力巨大的区域。他强调"一带一路"有效地促进了欧洲与亚洲之间的贸易，原来的海运贸易耗时长，而现在的中欧班列对中东欧国家，特别是对没有出海口的国家有益。"欧亚一体化"这个概念原来离中东欧国家很远，现在感觉很近了。

此外，"心脏地带"是英国地缘政治学家哈尔福德·麦金德的主要观点，他把欧亚非三大洲合起来看作茫茫世界海洋中的一个岛，称其为"世界岛"，把欧亚大陆的中部看作世界岛的心脏地带。在过去，心脏地带是兵家必争之地，是供血最不足的地方。而中欧班列大多数经过这一地带，这使得中欧班列像欧亚大陆的动脉以及毛细血管一样，增强了城市之间的黏性和国家之间的活力。

"一带一路"倡导新型的国家关系和世界秩序。在政治体系中，"一带一路"强调"去中心"和"非极化"，不追求霸权地位。而美国的盟友优选三类国家：一是政治上的民主制国家，最好是像美国一样的"三权分立"国家——这不仅是一个政治制度的选择，也是一种价值观的选择；二是地缘上的海洋国家，和美国一样重视海权，如英国、日本、新加坡和澳大利亚等，美国通过海权联盟来控制海峡和运河，借此遏制陆权国家的潜在挑战；三是信仰犹太教或基督教的国家。与美国以自身霸权构建的盟友体系不同（在盟友体系内部也有等级存在），"一带一路"倡议是全球伙伴关系体系的具化，共商、共建、共享是全球治理的原则，也是"一带一路"的原则。

在文化体系中，西方价值观趋"同"，是典型的范式性力量，而"一带一路"价值观强调"通"，是典型的文明型力量，即承认差异，据此构建相互欣赏、相互理解和相互尊重的人文格局。范式性力量强调自身价值观应成为国际社会的范式，外交要能够塑造人们的观点，使人们对某种意识形态产生认同，是道德优越感的体现。而文明型力量不追求改造对方，而是希望在个体文化自信的基础上实现彼此之间的文明互鉴。

表 1-1 "一带一路"倡议与世界体系理论的内涵比较

	经济体系	政治体系	文化体系
世界体系理论	"中心"拥有生产和交换的双重优势，对"半边缘"和"边缘"进行经济剥削	阶级导致身份集团的出现，中产阶级为中心。追求霸权地位，也建立了依附关系	以西方文化为标准的普世价值凌驾于多元的民族文化之上。价值观趋"同"
"一带一路"倡议	将边缘地带打通为节点，节点之间形成网格，每一个国家都是"自中心"。将"内锁国"变成"陆联国"，实现陆海统筹	强调"去中心""非极化"，建设全球伙伴关系体系，倡导共商、共建、共享	承认差异，据此构建相互欣赏、相互理解和相互尊重的人文格局。价值观倾"通"

国际关系的永恒主题是战争与和平，冲突与合作。是什么导致了冲突？有人认为，是利益和资源。经济学有一个基本假设：资源的稀缺必然改变利益格局，导致冲突。因此，是资源的稀缺导致冲突，而不是资源导致冲突。"冲突"一词的英文拼写是"rivalry"，这个单词的词根"riv-"来源于拉丁语名词"rivus"（河流），即"人们共用一条河流"导致了冲突。从社会学和心理学角度来讲，有人认为是"差异"导致了冲突，强调现在中美关系紧张的原因是两国之间的巨大差异，即不一样的道路、不一样的制度、不一样的意识形态和不一样的思维方式。

其实，这个答案并不准确。不是差异导致冲突，而是人们对待差异的态度导致冲突。

2019年5月15日，亚洲文明对话大会在北京举行。会上，习近平总书记讲道：人类只有肤色语言之别，文明只有姹紫嫣红之别，但是绝没有高低优劣之分。如果认为自己的人种和文明高人一等，执意改造甚至取代其他文明，在认识上是愚蠢的，在做法上是灾难性的！如果人类文明变得只有一个色调、一个模式了，那这个世界就太单调了，也太无趣了！这几句话的针对性很强，而针对的对象显然是西方国家所谓的范式性力量，如"民主和平论"和"文明冲突论"等。

2020年9月，美国消费者新闻与商业频道发表题为《中国如何为美国不再是全球需求中心做好经济准备》的文章，指出在上一轮全球化发展中，美国是国际经济的需求中心。但是，在新一轮全球化中，世界分成三部分，分别是欧洲、北美和亚洲，三者之间相互影响，是"多峰结构"，即"多中心"的全球化。进入后疫情时代，经济全球化的世界和区域中心可能会更多，这意味着新型全球化的发展会更加均衡。

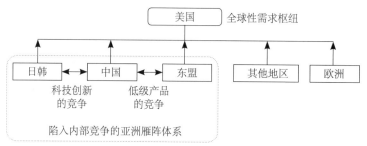

图1-1　上一轮扁平化单中心的全球化

在多峰结构中，包括民族国家、资本和社会组织等在内的非西方力量将更加积极主动地参与全球化进程，发挥更大的推动和塑造作用。"一带一路"倡议将不同国家关于自身发展的愿景投射到全球化发展进程中，从而加快淡化"西方中心"和"美国中心"倾向。

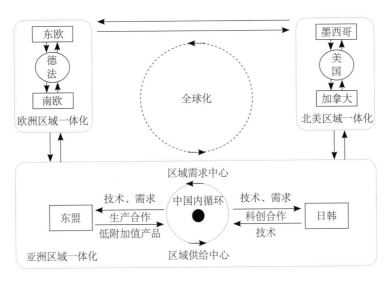

图 1-2　新一轮多中心的全球化

总之，"一带一路"不能只是政策分析或政策解读，要有元理论，也要有具体内涵以及衡量指标。"一带一路"的逻辑有三个层次：一是中国扩大对外开放的重大战略举措以及经济外交的顶层设计，二是践行人类命运共同体的重要实践，三是中国参与全球治理的公共产品。每一个层次都有不同的主体侧重、衡量指标，以及理论基础（如表 1-2 所示）。

表1-2 "一带一路"倡议的逻辑

层次	主体	核心	指标	可能的理论基础
经济外交的顶层设计	企业	全面开放新格局	走出去、走进去、走上去产业化、品牌化、国际化	企业国际化理论
践行人类命运共同体的重要实践	政府	制度性话语权	持久和平、普遍安全、共同繁荣、开放包容、清洁美丽	软实力：范式性力量 & 文明型力量
参与全球治理的公共产品	国际社会	超越"金德尔伯格"陷阱和"搭便车"现象	物质性公共产品、理念性公共产品、制度性公共产品	沃勒斯坦世界体系理论的超越：中心-边缘 & 节点-网格；海洋秩序 & 陆海统筹

二、

西部地区把握"一带一路"机遇的经验分析

1999年，中央明确提出西部大开发战略，同一年提出走出去战略。20多年来，党中央、国务院先后印发实施《关于实施西部大开发若干政策措施的通知》（国发〔2000〕33号）、《国务院关于进一步推进西部大开发的若干意见》（国发〔2004〕6号）、《中共中央国务院关于深入实施西部大开发战略的若干意见》（中发〔2010〕11号）等一系列文件和相关政策，为西部大开发提供了重要指导和支持。

西部大开发主要覆盖西部12个省（区、市），包括陕西、甘肃、青海、宁夏、新疆、内蒙古、四川、重庆、云南、贵州、西藏、广西。这一区域的总面积高达 685 万平方公里，约占全国总面积的 71.4%，总人口约占全国总人口的 25%，而国内生产总值（GDP）约占全国 GDP 的 20%。以胡焕庸线为分界，长期以来，中国东部和西部的差距相当明显。西部地区虽然地域广阔、资源丰饶，但无论是人口总量还是经济总量的全国占比均远不及东部地区。

改革开放 40 多年来，中国西部地区逐步由经济高速增长模式向高质量发展模式迈进，坚持实施对外开放战略是实现转型升级的关键因素。如今，西部地区的对外开放以"一带一路"倡议为引领，以全面开放新格局为目标，以实现陆海统筹、东西互济的开放格局为路径，充分利用国际和国内两个市场，通过多元主体的共同努力，不断优化资源配置，提高经济效益，切实推动地区健康、稳定、高质量发展。

（一）西部地区对外开放的路径与模式

党的十一届三中全会确定实施改革开放政策至今，在沿边开放政策带动下，中国西部地区对外开放大致经历了三个阶段。

第一阶段是从 1982 年中国同苏联开始恢复经贸往来到 1999 年，以新疆口岸重新开放为标志。这一时期国家陆续颁布了针对沿边地区开放制定的政策法规，广西、云南、内蒙古的多个边境口岸得到开放，西部沿边地区对外贸易稳步发展。同时，西部地区对外开放拉开序幕。

第二阶段从 2000 年至 2012 年。在这一阶段，中国相继开展了西部大开发和富民兴边战略，涉及西部地区所有省区市。国家出台了诸多专业性优惠政策，对外开放进程加快，地区开放水平显著提升。

第三阶段从 2013 年至今。中国首次提出"一带一路"倡议，为西部地区扩大和深化对外开放提供了前所未有的历史机遇。随着"一带一路"建设的推进，西部地区对外开放格局进一步朝着高层次、多途径、宽领域的方向迈进。经过 40 多年的探索奋进，西部地区形成了独特的对外开放路径与模式。

一方面，西部地区正凭借独特的自然条件与地缘优势打造交通枢纽、文化科教和商贸物流中心，建立面向国外的贸易和交往平台，形成经济辐射中心，提升区域经济发展质量，促进与周边国家的交往与合作。例如，广西对外开放模式以推动区域联动发展为主轴，构建了中越"两廊一圈"合作、泛北部湾经济合作和中国-中南半岛经济走廊，融入了中新陆海贸易新通道建设，加快了中国-东盟信息港建设，举办了中国-东盟博览会，与东盟国家的近 50 个港口建立了中国-东盟港口城市合作网络，[①] 打通了面向东盟的交往通道。云南是中国连接东南亚和南亚的国际大通道，对外开放模式注重发挥桥梁纽带作用，致力于联通中国、东南亚和南亚三大区域，促成了大湄公河次区域经济合作与交流，通过举办中国-南亚博览会，促进了中国与

---

① 《中国-东盟务实推进港口城市合作网络助力区域互联互通》，新华网，2017 年 9 月 14 日，http://m.xinhuanet.com/2017-09/14/c_1121665452.htm。

南亚各国的经贸交往，对内开放则注重主动服务和融入长江经济带建设。新疆以打造对外开放核心区为目标，在陆路运输和国际航空港建设领域独树一帜，积极参与中巴经济走廊建设，举办中国-亚欧博览会，深化与周边国家在科教文卫、旅游及人文领域的合作。内蒙古以雁阵模式搭建对外开放架构，着重发展农牧业及其衍生产业，着力打造中蒙俄经济走廊，推动铁路运输、口岸和开放试验区建设，借助中蒙博览会平台，深化对外贸易发展。西藏以强化口岸联通引领对外开放，推进面向南亚开放重要通道建设，着重推动与有关国家的边境贸易合作，借助中国西藏旅游文化国际博览会平台推动农牧、旅游和文化等领域发展。

另一方面，不沿海、不沿边的内陆地区凭借自身突出的优势资源构建战略通道、打造枢纽省区，建设内陆开放型经济试验区，促进内陆地区的对外交往与经济发展。宁夏以构建内陆开放型经济试验区为目标，凭借其突出的人文优势资源，以中阿博览会为机制平台，促进了中国对阿拉伯国家和地区的交流与合作，打造了面向南亚、中亚和西亚的物流运输通道及商贸物流中心。青海形成了以生态环保为基调的对外开放模式，紧抓清洁能源示范省建设机遇，融入国家自贸区战略，打造特色轻工、新能源外贸转型升级示范基地，以青洽会等对外开放新平台提升重大经贸文体活动的国际化、专业化和市场化水平。贵州形成了产业链条的对外开放模式，依托西南陆路交通枢纽区位优势，利用中国-东盟自贸区、大湄公河次区域等平台，参与东南亚、南亚等国际区域合作融入中新陆海贸易新通道建设，扩大酒博会等品牌国际影响力，围绕先进制造业、大数据电子信息产业、现代山地特色高效农业等产业链实施对外开放。

此外，西部地区积极拓展区际互动合作，积极对接长江经济带、粤港澳大湾区建设、海南自由贸易港等国家重大区域发展战略。

（二）西部地区对外开放存在的问题

改革开放 40 多年来，中国西部地区根据国家相关政策，凭借区域内资源优势，已步入稳定快速发展阶段。然而，西部地区对外开放的程度和水平同东部省区市相比，存在着较大差距。正确认识对外开放存在的问题并发力解决，是保证西部地区社会稳定、经济可持续发展、增强民众幸福感的重要条件。目前，西部地区在对外开放方面存在以下问题。

1. 缺乏结构合理的产业支撑。其一，西部地区的产业布局不合理。地区产业结构是影响区域经济增长的重要因素之一。当前，西部地区第一产业的比重较高。2019 年，广西第一产业所占的比重为 15.95%，云南为 13.08%，贵州为 13.60%，新疆为 13.10%，内蒙古为 10.82%，宁夏为 7.47%，青海为 10.18%，西藏为 8.14%。而东部沿海部分省区第一产业占地区生产总值比重则小很多，上海为 0.27%，江苏为 4.31%，浙江为 3.36%，广东为 4.04%。可以看出，中国西部地区第一产业占地区生产总值的比重远高于东部沿海省区。其二，西部地区基本没有现代产业基础。由于西部地区产业发育程度不高，大部分对外出口的产品来自内陆地区，沿边靠海的少数民族省区虽起到了较好的桥梁通道作用，但远未形成高附加值的产业发展聚集群，难以有效推动区域经济持续增长。向周边国家和地区输出低价格消费品而获取矿产能源的传统贸易模式显然不能满足区域经济的高质量发展需求。其三，西部地区经济产业模式较为单一。目前，拉动西部地区经济增长的产业大多集中在通道经济和汗水经济层面，能源经济也成为一些地区经济增长的"发动机"，无法构筑可持续发展的现代化产业基础。

2. 经济发展水平与开放层次较低。1983 年以来，西部地区对外开放和经济发展取得了重大突破，虽然工业化与现代化的推进速度惊人，但与东部沿海省区相比，差距依旧明显。2019 年中国全国居民人均可支配收入为 30 733 元，而西部地区人均可支配收入依然较低，如甘肃居民人均可支配收入 19 139 元，西藏为 19 501 元，贵州为 20 397 元，云南为 22 082 元，青海为 22 618 元，新疆为 23 103 元，广西为 23 328 元，宁夏为 24 412 元，陕西为 24 666 元，四川为 24 703 元，重庆为 28 920 元，内蒙古为 30 555 元。上述数据表明，除内蒙古的居民人均可支配收入接近全国水平外，其他西部省份的居民人均可支配收入均低于全国水平，这从侧面反映出西部地区经济发展的滞后性。另外，西部地区的周边国家大多属于经济发展水平不高的发展中国家，市场相对狭隘，产品需求层次也较低，导致西部地区的出口产品以低端的劳动密集型轻工业产品为主，进口产品则以矿产和能源等初级产品为主，对外开放层次较低。

3. 高精尖人才，特别是开放性人才匮乏。由于西部地区整体较为封闭，信息闭塞不畅，该地区干部群众的思维方式、服务意识、开放意识以及国际视野长期落后于东部沿海省区。此外，西部地区的教育基础落后致使人才培养难度变大。人才因素直接制约和阻碍了中国西部地区的对外开放步伐。

2007 年 5 月 13 日，中共中央办公厅、国务院办公厅印发了《关于进一步加强西部地区人才队伍建设的意见》，指出大力加强西部地区人才队伍建设是人才强国战略的重要组成部分，是党中央、国务院为保证西部大开发顺利实施而采取的一项重要举措。但是总体来看，西部地区的人才流失现象依然严重。

人才与教育、科研密切相关。高校是地方经济发展的助推剂，经济发展到了一定程度就需要高校提供高水平的科技支持。这一点从深圳市的发展中就可以窥探一二。最近几年，深圳大力引进各类知名高校，据不完全统计，已经引进 20 多所985/211 高校和香港地区高校，包括清华大学深圳研究院、北京大学深圳研究院、北京大学国际法学院、华中科技大学深圳研究院、北京理工大学深圳研究院、中山大学深圳校区、哈尔滨工业大学深圳校区、南京大学深圳研究院、山东大学深圳研究院、天津大学深圳研究院、浙江大学深圳研究院、香港中文大学（深圳），等等。与之形成鲜明对比的是，西部地区和西部高校还在进行"人才保卫战"。

21 世纪是高科技竞争的时代，归根结底是人才竞争的时

代。一所高校规模再大、名气再响，没有优秀的人才，或优秀
人才数量很少，时间一长，最终会"沉沦"。一个地区经济再
好，没有人才支撑，时间久了，就会"没落"。

4. 依赖对象国和对象区域的惯性较强。与中国中部和东部
地区相比，西部地区对外开放要面对更为复杂的国外发展环境。
西部地区对外开放要肩负更多任务，既要促进民族团结和生态
友好，又要稳固边防，实现睦邻友好。对外开放的对象国和对
象区域的政治和社会稳定成为西部地区实施对外开放的条件和
保障之一。这种依赖惯性决定了中国大部分西部省份对外开放
基础的脆弱性，对外开放易受对象国和对象区域政治、经济、
军事以及大国博弈等诸多要素的影响，从而制约了西部地区对
外开放的广度、深度和力度。

（三）新时期西部地区高质量对外开放的建议

1. 促进产业结构优化升级。在全球产业链加速转移的新形
势之下，中国西部地区产业结构升级的需求十分强烈。由于该
地区特殊的生态环境和发展基础，其产业发展不能是简单地承
接东部地区的产业转移，而要注重发展培育具有本地区特色的
产业发展模式。以开放特区深圳为例，深圳经历了从简单商品
贸易到外向型制造业，再到高新技术产业三个发展阶段，现在
深圳已明确将文化产业作为第四大支柱产业。深圳发展模式的
关键点在于工业企业与生产型服务业企业相互助益：深圳有国
内乃至世界首屈一指的制造业巨头华为、中兴、比亚迪，优质

的金融服务企业招商银行、平安保险，高科技企业华大基因、大疆科技，还有快递行业领头羊顺丰，文化企业华侨城、华强方特，等等。民营企业积极参与对外开放建设，并展现了生力军特点，国有企业作为对外开放的主要推动力量发挥了主力军作用。同时，多业态相互融合、彼此成就的"深圳模式"为西部地区构建良好的企业生态环境提供了学习对象。

"一村一品"和"一村一韵"可以赋能乡村振兴与西部开放。"一村一品"的发展理念最早是由日本大分县前知事平松守彦于 1979 年倡导发起的。当时的日本工业化、城市化发展加速，城乡之间差距不断扩大。为扭转大分县农村人才短缺、资本外流和产业萎缩的局面，平松守彦发起了"一村一品"运动。该运动以"立足本地、放眼世界，独立自主、锐意创新，培养人才、面向未来"为基本理念，引导农村居民认识自我、发现自我，找到本地的闪光点，充分利用本地资源，开发生产具有本地特色、令人感到自豪的产品，并使这些产品走向国内外市场。

例如，日本大分县就形成了以朝地町等为代表的丰后牛产业基地，以大田村等为代表的香菇产业基地，和以佐伯市等为代表的草莓产业基地等。其中，丰后牛是日本有名的食用肉牛品种之一，其肥嫩的口感堪称世界一流，价格昂贵，产量较少。而汤布院是日本闻名的温泉胜地，几十年以前其周边有很多农家饲养耕牛，但随着农业机械化的普及，耕牛已经越来越少。到了 20 世纪 70 年代初，为了有效利用原来饲养耕牛留下来的大片草地，当地人自发开展了"一头牛牧场"运动，他们以 20 万日元为一个认养单位，以居住在大都市的居民为对象，开展了认养肉牛的活动，当地人会以当地的特色产品作为每年的利息寄给认养肉牛的城市居民。

"一村一品"的成功经验是先增加品种，努力开发产品，继而提高品质，最终创建品牌，使产品的经济、文化、服务、消费等功能有机地融为一体。这就是发挥"特"的优势，提升"品"的质量的过程。放眼世界、打造品牌是"一村一品"运动的重要成功之道。如大分县旧大山町围绕梅子生产发展梅子酱加工业，开发出适应不同消费需求的 20 多种产品，形成梅子产业链，逐渐瞄准国际市场，把产品推销到全世界，成为日本国内乃至国际的知名品牌。

中国不少西部省份有酒业基础，但大多数白酒都是本地消费，很少出口，远不如法国红酒、德国啤酒和日本清酒等。日本清酒走俏海外市场，需求连年看涨。2018 年一年的清酒出口额约达 222 亿日元，连续第 9 年创下新高。其中，高木酒造位于日本山形县村山市，创业于 1615 年，有超过 400 年的历史。十四代是高木酒造生产的日本酒品牌，号称日本第一清酒。日本每款清酒都有独特的个性。例如，月之桂的名字来源于江户时代宫廷里流传的著名诗歌，因此许多文人墨客称它为"文人之酒"。日本清酒能够迅速走向国际市场，一方面是因为日本的文化输出，日式料理在众多国家得到广泛认可。另一方面也与日本清酒酿造的精细程度密切相关。一样是拿米来酿酒，其他国家酿的是简单的米酒，日本人却将酿酒过程繁复精致化，酿造出口感细致的清酒。

2. 在文旅产业领域"做文章""下功夫"。这是发达国家优化产业结构的普遍模式。比如近年来，意大利的旅游业增长为当地第三产业的发展带来了持续增长的动力。

中共中央、国务院印发的《关于新时代推进西部大开发形成新格局的指导意见》提出推动"互联网＋旅游"等新业态发展，支持西部地区发挥生态、民族民俗、边境风光等优势，深化旅游资源开放、信息共享、行业监管、公共服务、旅游安全、标准化服务等方面国际合作，提升旅游服务水平。依托风景名胜区、边境旅游试验区等大力发展旅游休闲、健康养生等服务业，打造区域重要支柱产业。加快发展现代服务业特别是专业服务业，加强现代物流服务体系建设。

西部文旅正展现出强大的吸引力和复苏力，越来越多的游客将目光聚焦西部，西部各省也相继推出了一批精品旅游项目。例如，甘肃联合四川、重庆、陕西、宁夏、青海省份的文旅部门，共同打造了"环西部火车游"和"1+5"跨省旅游合作新模式。"环西部火车游"是中国铁路兰州局集团有限公司依托有"陆上邮轮"之称的定制旅游专列延伸火车服务，将景点、游客、旅行社串联融合起来，打造的"客运＋旅游"精品旅游产品。

2020年8月3日，满载丝路风情的"环西部火车游"旅游专列停靠在成都北站。该专列于8月2日晚从甘肃兰州出发，将依次经过成都、重庆、西安、银川、西宁5个城市，完成历时7天6夜的环西部火车游。这列列车被精心设计，车体以"交响丝路·如意甘肃"为主题，车厢以甘肃14市州和兰州新区地域文旅元素包装命名，集合了"吃、住、行、游、购、娱"和"商、养、学、闲、情、奇"等文旅全要素。乘客在列车内不仅可以享受舒适的住宿和服务，还能吃到地道的兰州拉面。"环西部火车游"品牌列车以旅游体验为核心，以铁路沿线城市景区和大山大河为依托，组成了一个"铁路＋文化旅游"的新产品，是诠释西部旅游独特魅力的一扇窗口和移动的博物馆。

3. 做实会展经济，实现联动效应。西部地区应该因地制宜制定区域发展规划，突显平台作用，努力实现不同平台的联动效应。选择与区域实际相适应的开放模式和路径，对于提高西部地区对外开放水平至关重要。2015年国家颁布的《推动共建丝绸之路经济带和21世纪海上丝绸之路的愿景与行动》强调了新疆、宁夏、内蒙古、云南、广西等省区在"一带一路"建设中的重要地位，为上述省区初步指明了发展方向，明确提出发挥中国-东盟博览会、中国-亚欧博览会、中国-南亚博览会、中国-阿拉伯博览会等平台的建设性作用。

2017年4月，习近平总书记在广西考察时高度评价东博会，称其已"成为广西亮丽的名片，也成为中国-东盟重要的开放平台"。[①] 2014年2月，国家将东博会确定为"具有特殊国际影响力"和"国家层面举办的重点涉外论坛和展会"，成为国家三个

---

① 《习近平总书记高度评价东博会：中国-东盟重要的开放平台》，2017年9月12日，中国军网，http://www.81.cn/2017zt/2017-09/12/content_7751824.htm。

一类展会之一。① 2020 年 11 月 27 日,以"共建'一带一路',共兴数字经济"为主题的第 17 届中国-东盟博览会、中国-东盟商务与投资峰会在广西南宁开幕。16 年来,东博会从服务中国-东盟自贸区建设向服务区域全面经济伙伴关系协定(RCEP)拓展,成果惠及"一带一路"沿线国家。在全球经济受到新冠肺炎疫情影响的背景下,中国与东盟之间的合作仍然保持积极的发展势头。2020 年的前 10 个月,双方贸易额同比增长 7%,实现了双方互为第一大贸易伙伴的历史性突破。

欧亚经济论坛以"依托上合组织、服务'一带一路'、促进地方发展"为宗旨,以"共建'一带一路'"为目标,以"高端、特色、务实"为品牌定位,是政商学界对话的开放性国际平台,在推动"一带一路"沿线各国在加强互联互通、开展国际产能合作、搭建投资贸易平台等方面取得了丰硕成果。首届欧亚经济论坛于 2005 年 11 月 10 日在西安举行,论坛主题为"搭建中国中西部与中亚及俄罗斯相关地方区域经济合作",四个专题会议分别为能源、丝绸之路旅游、开发性金融合作、中国中西部地方政府与中亚及俄罗斯地方政府合作。2013 年 9 月,在第五届欧亚经济论坛期间,丝绸之路经济带沿线 13 个城市签署了《共建丝绸之路经济带西安宣言》,并就城市间的合作和发展达成协议,签订丝绸之路经济带城市加强合作协议书。此外,《欧亚经济论坛发展报告》首次对外发布,深入解读了区域合作

---

① 中国-亚欧博览会、中国-东盟博览会、中国-东北亚博览会都是国家级政府主导型展会。

各项重点领域的现状和趋势。

2015年9月，第六届欧亚经济论坛以"创新合作模式，共享丝路繁荣"为主题。在论坛上，各国达成了多项合作倡议，包括成立"一带一路"国际科技园区联盟和"一带一路"产业园区发展联盟等。欧亚经济论坛组委会工作会审议通过的《欧亚经济论坛2025行动纲要》明确了论坛未来10年的发展宗旨、合作内容、举办模式和组织机制等十大发展重点。2019年9月，欧亚经济论坛以"共建'一带一路'：高水平合作，高质量发展"为主题，中国（西安）电子商务博览会也在曲江国际会展中心开展。

中国-亚欧博览会是乌鲁木齐对外经济贸易洽谈会的继承和升华，首届中国亚欧博览会于2011年9月1日在中国新疆国际会展中心举办，从2014年开始每两年举办一届。2018年8月30日，第六届中国-亚欧博览会在新疆国际会展中心举办，聚焦"一带一路"纺织服装产业、国际物流合作、丝路商业环境、兵团改革成效等领域。"一带一路"倡议为新疆纺织服装业发展带来了新机遇，周边国家轻纺产业普遍薄弱，与新疆纺织服装产业发展互补性强，产业商贸合作空间广阔。为进一步加快推进协作共建中新（新加坡）互联互通项目南向通道建设力度，新疆与重庆、广西、贵州、甘肃、青海等省区市签署了《新疆维吾尔自治区加入共建中新互联互通项目南向通道工作机制备忘录》。

2019年9月5日，第四届中阿博览会在宁夏银川举办。其中，"一带一路"合作创新产品展分为"一带一路"合作、"一带一路"创新产品和宁夏及各省区名优特色产品 3 个展区，主要展示各个国家或地区的风俗文化、贸易投资项目及政策、产业状况、旅游资源、合作项目、先进技术、智能制造、电子通信、科技生活、新能源、港口物流、基础设施、优势产品、特色商品等。

2013 年 6 月，首届中国-南亚博览会再次让云南站在开放前沿的"聚光灯"下，成为经贸合作、多边外交和人文交流的重要平台。至此，"南博会"作为中国扩大对外开放的新平台和"一带一路"建设的新亮点，与云南的开放发展、中国的对外开放、"一带一路"建设和人类命运共同体构建紧紧相连。受疫情影响，南博会转到了线上，2020 年 12 月 12 日，"云上南博会"如期举行，为全球贸易复苏注入中国西部力量。

表 1-3　西部省份主要博览会情况

省份 博览会名称	创办时间	定位与主要特点	其他
陕西 欧亚经济 论坛	2005 年 11 月	欧亚经济论坛是上海合作组织框架下的经济合作机制，是以上海合作组织国家为主体，面向广大欧亚地区的高层次、开放性国际会议	2007 年起每两年举办一届
新疆 亚欧博览会	2011 年 9 月	亚欧博览会是乌洽会的继承和升华，是新形势下党中央、国务院着眼于进一步扩大沿边开放和向西开放步伐，加快将新疆建设成为向西开放的桥头堡，确保新疆实现跨越式发展和长治久安的一项重大战略举措	2014 年起每两年举办一届

（续表）

省份 博览会名称	创办时间	定位与主要特点	其他
宁夏 中阿博览会	2010年至2012年，宁洽会暨中阿经贸论坛连续举办三届，自2013年起更名为中阿博览会	中国-阿拉伯国家博览会是经中国国务院批准，由中国商务部、中国国际贸易促进委员会和宁夏回族自治区人民政府共同主办的国家级、国际性综合博览会，其前身是中阿经贸论坛	2013年起每两年举办一届
广西 中国-东盟博览会	2004年11月	中国-东盟博览会是中国和东盟10国政府经贸主管部门及东盟秘书处共同主办，广西承办的国际经贸盛会	每年举办一届
云南 中国-南亚博览会	2013年6月	中国-南亚博览会是由中国商务部和云南省政府共同主办，并邀请南亚各国商务主管部门联合举办的综合性博览会，是云南举办的规模最大、最具影响力的国际性展会	2016年起每两年举办一届。因疫情影响，2020年第六届南博会转为线上举办

上述展会已成为西部地区对接"一带一路"的品牌性项目，是对外开放的重要平台。

4. 整合"一带一路"相关要素，发挥企业的主体作用。高铁经济、中欧班列、文化产业、跨境电商等诸多要素，有可能将西部地区从以往所谓改革开放的末梢升级为新时期对外开放的前沿。由于建设资源的有限性，中国西部地区在参与"一带一路"建设过程中应加强统筹协调，促进资源有效合理配置，实现区域协调发展，特别是要发挥企业的主体作用。判断"一带一路"建设成功的一个重要指标，就是该地区是否存在"产业化、品牌化、国际化"的企业，以及这些企业是否具备"走出去、走进去、走上去"的能力。企业发展关乎西部地区的税收状况，也是解决就业问题的有效途径，更是有效促进民族团结工作的支撑点。如果西部地区缺少优质企业，不仅不能成为"一带一路"建设的样板区，民族团结进步也是无源之水、无本之木。当前，中国西部地区的企业分布呈现国有企业占比多，民营企业占比少，世界 500 强企业寥寥无几的现状，企业建设可谓牵一发而动全身。

5.推动精准扶贫做实走深。产业发展要与精准扶贫相对接，积极吸引当地居民就近就业，解决相关地区的劳动力过剩问题。西部地区应积极搭乘"一带一路"建设的顺风车，构建相关产业的长期发展规划，充分激活本地区"一带一路"建设的后发优势。

一段时期以来，有不少西部地区的干部认为本地区的关键任务不是开放，甚至认为开放会"引火烧身"，担心境外的不稳定因素会随之进入本地区。有一次我去西部某省参加一场以"一带一路"为主题的会议。会上，当地一位干部说，本省的核心任务是精准扶贫，而不是参与"一带一路"建设。恰恰是这一思想限制了当地脱贫工作的进程。20 世纪 80 年代，闽东的工业基础薄弱，财力不足，发展十分滞后。1988 年 9 月，时任宁德地委书记的习近平在调研闽东九县以及浙南之后，写下了到宁德工作后的第一篇调查报告《弱鸟如何先飞》，指出"既飞，当然力图飞扬过海，要向外飞，在国际市场上经风雨，在商品经济中见世面"。① 软功夫是贫困地区这只弱鸟借以飞洋过海的高超艺术，"切实保证外商的合法权益。没有安全感，外商不会来，来了也会走。还要提醒一下，不要把外商投资企业办成国有企业，要真正让外商按照国际惯例进行生产管理"。② 上述论述的核心思想是：贫困落后不能总强调自己的特殊性，看着碗里的，惦记锅里的，真正的竞争优势是在国际市场上经风雨，在商品经济中见世面后得来的。发展是解决一切问题的总钥匙，要实现"经济大合唱"，贫困地区要增强开放意识、服务意识、国际视野和商品观念。

6. 探索西部地区对外开放人才培养的新路径。人才是发展的关键力量，缺乏高端人才制约了西部地区高端产业的发展。一，西部地区应加强整体规划，专门出台西部地区对外开放人才规划或纲要，对西部地区对外开放涉及的人才进行科学分类梳理，推进人才队伍建设走向制度化、规范化和常态化。二，对于对外开放型人才，西部地区应分级建立省市县人才数据库，为对外开放人才建设提供数据支持。三，西部地区应促进东部地区向本地区提供人才支持，建立由省一把手挂帅的省级决策咨询机构，汇聚八方英才，为西部地区的科学决策提供"金点子"，发挥"最强大脑"效应。四，西部地区应重视海外华人华侨资源，引导更多华人华侨专业人士到西部地区发展和创业，开展科技合作交流和技术指导等活动，支持其选聘为相关行业

---

① 习近平：《摆脱贫困》，福建人民出版社 2014 年版，第 4 页。
② 习近平：《摆脱贫困》，福建人民出版社 2014 年版，第 5 页。

顾问，为西部地区的经济社会发展建言献策。

2017年4月28日，青海改革发展研究院在西宁正式成立。研究院将紧紧围绕青海改革发展工作大局，聚焦事关全局和长远的重大问题，深入开展科研攻关，希望在未来成为具有鲜明青海特色和风格，并在全国决策咨询领域有较大影响力的新型高端智库。在成立仪式上，40余位专家学者获聘青海改革发展研究院的特邀研究员。

2018年11月20日，甘肃省人民政府决策咨询委员会于兰州市成立，是一个甘肃省人民政府直接领导的决策咨询机构。成立该机构旨在加强中国特色新型智库建设，建立健全决策咨询制度，切实发挥思想库作用，不断提高省政府科学决策、民主决策、依法决策的能力。甘肃省人民政府决策咨询委员会委员有50余人，包括专家委员和企业家委员。

我很荣幸受邀成为上述机构的特邀研究员以及决策咨询委员会委员，也深刻地感受到了西部省份对人才的重视。在全球化时代，共享人才是关键。人才既是流动的，更是共享的。人才最在乎的不一定是待遇，而是实现个人价值和社会价值，以及能否得到尊重。

7.加强对全球民族事务发展演变规律的研究。西部地区，特别是民族地区的对外开放既是我国实施对外开放视域下的区域协同开放，也与全球民族事务的发展演变息息相关。很多少数民族都属于跨境民族，民族交往、交流、交融在对外开放中所占比重逐渐增大。为确保中国少数民族地区的安全稳定和社会繁荣，确保中国对外开放的利益诉求得到充分保障，西部地区需提升对全球民族事务的研究能力，加强民族事务的智库建设，在世界民族事务的话语体系塑造进程中占据主动。

三、
西部地区对接"一带一路"建设的战略意义

在"一带一路"建设中，西部地区要想实现从"交通走廊"到"经济发展带"的转型，不但要实现核心区域的快速发展，还要充分发挥其"增长极"的功能，带动次区域加快发展。

围绕"丝路合作"，中国和沿线很多国家早已提出若干合作倡议，比如 2000 年江泽民在会见来访的土库曼斯坦总统尼亚佐夫时表示"中国愿与中亚国家共同致力于复兴丝绸之路"；胡锦涛在 2012 年上海合作组织元首峰会上提出"要赋予古老的丝绸之路新内涵"；吉尔吉斯斯坦总统阿卡耶夫在 1998 年 9 月 16 日提出"丝绸之路外交"战略；2011 年 5 月 22 日，哈萨克斯坦总统纳扎尔巴耶夫在阿斯塔纳经济论坛上也曾提出"新丝绸之路"倡议。

2013 年 9 月 7 日，国家主席习近平在哈萨克斯坦纳扎尔巴耶夫大学发表题为《弘扬人民友谊 共创美好未来》的重要演讲，提出建设丝绸之路经济带。10 月 3 日，习近平在印度尼西亚国会发表题为《携手建设中国-东盟命运共同体》的演讲，提出建设 21 世纪海上丝绸之路。

（一）稳定周边的需要

中国外交布局坚持"大国是关键、周边是首要、发展中国家是基础、多边是重要舞台"的原则，目的是维护和发展"21世纪的重要战略机遇期"以及推动构建人类命运共同体。中国经营周边的举措之一便是"复兴丝绸之路"。

中亚是"一带一路"倡议的首倡之地。哈萨克斯坦、乌兹别克斯坦、吉尔吉斯斯坦、塔吉克斯坦和土库曼斯坦地处欧亚大陆结合部，与我西北地区毗邻，总面积400多万平方公里。中亚五国的石油、天然气、有色金属和水力等自然资源丰富，被称为21世纪的战略能源基地。苏联时期，中亚各国是苏联的原材料供应基地，制造业和加工业相对落后，农业在各国产业构成中占有重要份额。独立后，中亚五国一些具有资源优势，且在苏联时期未得到充分开发的产业，因国家投入的加大和外国资本的介入得到了迅速发展，成为中亚国家新的经济增长点。

2013年10月24日，周边外交工作座谈会在北京召开，这是党中央为做好新形势下周边外交工作召开的一次重要会议。中共中央总书记、国家主席、中央军委主席习近平在会上发表了重要讲话。他强调，做好周边外交工作是实现"两个一百年"奋斗目标、实现中华民族伟大复兴的中国梦的需要，要更加奋发有为地推进周边外交，为中国发展争取良好的周边环境，使中国的发展更多惠及周边国家，实现共同发展。[①]

---

① 《习近平在周边外交工作座谈会上发表重要讲话》，2013年10月25日，共产党员网，http://news.12371.cn/2013/10/25/ARTI1382710911892622.shtml。

表1-4 中亚五国优势和特色产业

国家	特色产业
哈萨克斯坦	1. 石油、天然气开发：哈萨克斯坦的油气资源非常丰富，石油总储量估计为158亿~195亿吨，居世界第七位，天然气储量为4万亿立方米。石油开采业是哈萨克斯坦的经济支柱产业，产值占到了全国GDP的30%左右。 2. 固体矿产资源开发：在苏联时期，哈萨克斯坦凭借储量丰富的金属固体矿产资源建立起了雄厚的开采、加工、冶炼工业基础。哈萨克斯坦许多矿种储量占全球储量的比例很高，如钨占50%，铬占23%，铅占19%，锌占13%，铜和铁占10%。其中，钨矿储量约90万吨，居世界第一位，铬矿储量居世界第二位，仅次于南非。据哈萨克斯坦地质学家预测，该国的锌矿储量居世界第一位。按美国地质局的资料，该国的铅储量占世界第四位，铜矿储量居世界第九位，储量和开采量在亚洲均排第一位，金矿储量居世界第九位，占全球黄金储量的3%~4%。 3. 铀矿开采与加工：哈萨克斯坦的铀矿储量非常丰富，已探明储量约150万吨，占全球储量的19%左右，居世界第二位，仅次于澳大利亚。 4. 农牧业：哈萨克斯坦地广人稀，全国可耕地面积超过3 000万公顷，每年农作物播种面积约1 500万公顷。哈萨克斯坦既是粮食生产大国，也是粮食出口大国。哈萨克斯坦是畜牧业大国，平均每头牲畜的牧场面积居世界第一位。哈萨克斯坦的皮革出口量很大，排在世界前十位。2005年中国超过意大利，成为哈萨克斯坦皮革的第一大买家。 5. 交通运输：哈萨克斯坦作为世界上最大的内陆国家，铁路、公路等陆上交通基础较好，是欧亚大陆重要的过境通道。哈萨克斯坦铁路技术指标、现代化程度以及运输能力在苏联地区位居第三位，仅次于俄罗斯和乌克兰。
乌兹别克斯坦	1. 农牧业（棉花种植）：农业是乌兹别克斯坦的传统产业，农业产值占国内生产总值的25%~30%，出口创汇额占60%，从业人员占全国的30%左右。乌兹别克斯坦还是中亚重要的水果和蔬菜产地。乌兹别克斯坦的畜牧业有着悠久的历史，畜牧业以生产毛、肉为主，生产和出口大量羔皮。乌兹别克斯坦是世界第五大产棉国，第二大棉花出口国，棉花产值约占农业产值的40%左右。 2. 石油、天然气开发：乌兹别克斯坦60%的国土被认为具有油气开采前景，总储量在苏联15个加盟共和国中占第三位，特别是天然气储量尤为丰富，与荷兰和印度尼西亚的天然气储量相差无几。 3. 铀矿开发：乌兹别克斯坦铀矿探明储量为5.5万吨，占世界第七位，预测储量23万吨，年开采量约3 000多吨，居世界第六位。

（续表）

国家	特色产业
乌兹别克斯坦	4.**黄金、铜等有色金属开采和冶炼**：乌兹别克斯坦有色金属资源丰富，其中黄金已探明储量 2 100 吨，前景储量 3 350 吨，居世界第四位，年产量 80 多吨，居世界第八位；铜勘探储量 30 多亿吨，居世界第十位，年开采量约 5 000~6 000 吨，居世界第 11 位；钼储量占世界第八位；镉开采量占世界第三位；锌、钨砂、镍、钡等有色金属产量均占苏联 40% 以上。 5.**机械制造业**：乌兹别克斯坦有 300 多家机械制造企业，其中大型机械厂 94 家。该行业的从业人员占全国工业就业总人数的 25% 左右。中亚地区 2/3 的机器制造产品是由乌兹别克斯坦生产的，乌兹别克斯坦也是中亚地区唯一生产丝织和纺纱机械的国家。乌兹别克斯坦与俄罗斯合作生产伊尔-76 中型运输机、伊尔-114 新型客机和伊尔-114T 运输机。
塔吉克斯坦	1.**水电开发**：塔吉克斯坦的水能资源丰富（冰川融水），蕴藏量达 6 400 万千瓦时，总量据世界第一。据专家推测，在建成必要数量的水电站后，塔吉克斯坦每年可发电 5 270 亿千瓦时。目前，塔吉克斯坦的发电量仅为 190 亿千瓦时，还占不到其发电潜力的 4%。努列克水电站是中亚地区最大的水电站。 2.**铝锭生产和加工**：长期以来，铝锭生产和加工是塔吉克斯坦国民经济的支柱行业，占其工业产值的 40% 以上，出口占整个外贸出口额的 70% 以上。塔吉克斯坦铝原料不足，大部分铝原料都是从俄罗斯等国进口的。 3.**矿产开发**：塔吉克斯坦共发现 400 多个矿带，银矿多为与铅、锌伴生矿，储量 7 500 吨，有世界上第二大银矿区，即大卡尼曼苏尔银矿区；锑储量占整个独联体的 50%，在亚洲占第三位，仅次于中国和泰国；塔吉克斯坦共探明 140 处建材原料矿，为生产砖、惰性材料、陶瓷石膏、面板、水泥等建材提供了原料保证；煤炭探明储量共计 46 亿吨，其中，无烟煤储量 514.8 万吨，按质量等级排名世界第二，仅次于越南，焦炭储量 13.217 亿吨，质量及储量都居中亚之最，含焦量高达 80%。 4.**农牧业**：塔吉克斯坦是传统农业国，农村集中了全国 73.5% 的人口和 64.8% 的劳动力资源。塔吉克斯坦的农业生产结构单一，粮食作物主要是小麦、黑麦、水稻、大麦、燕麦、玉米和马铃薯等。经济作物以种植优质细纤维棉花为主，此外还有蔬菜、水果等。畜牧业以牛、羊养殖业为主，主要提供肉、奶、皮等畜产品。塔吉克斯坦发展农业的优势在于水利资源丰富，气候条件好。

（续表）

国家	特色产业
吉尔吉斯斯坦	1. 矿山（黄金）开采和加工：吉尔吉斯斯坦的矿产资源比较丰富，目前境内共发现各类矿产地 2 000 多处，自称拥有化学元素周期表中的所有元素。其中，汞储量占世界总储量的 20%，锑产量占世界第三位。吉尔吉斯斯坦生产的多晶硅纯度较高，是生产太阳能电池板的必备材料。吉尔吉斯斯坦黄金开采业产值占全国矿山开采业产值的 90%，占全国工业总产值的 40% 以上。 2. 电力工业：电力工业是吉尔吉斯斯坦经济的重要支撑，也是重要的出口商品。吉尔吉斯斯坦的水利资源丰富，水能蕴藏量在独联体国家中居第三位，仅次于俄罗斯和塔吉克斯坦。吉尔吉斯斯坦的电力除自用外，还向俄罗斯、哈萨克斯坦、塔吉克斯坦和乌兹别克斯坦等周边国家出口，对中国也有少量出口，主要用于中吉边境口岸地区。 3. 农牧业：农业产值在吉尔吉斯斯坦 GDP 中的比重一直保持在 30%~45% 之间。全国约 65% 的人口居住在农村地区，约半数的就业人员从事农业生产和服务。吉尔吉斯斯坦的农业、畜牧业用地占国土面积的 54%，水资源充裕。吉尔吉斯斯坦的水果品种丰富，其中樱桃味道鲜美，80% 用于出口。 4. 食品加工：食品加工总产值占吉尔吉斯斯坦工业总产值的 20% 左右，主要包括制糖、糕点和糖果加工、粮食和饲料加工、啤酒和非酒精饮料酿造、奶制品加工、肉制品加工、果蔬加工、油脂加工和烟草加工等。德国投资改造的卷烟厂和俄罗斯投资控股的奶制品厂是该行业中规模最大的企业，其产品不仅在本地有较高的市场占有率，还向其他独联体国家出口。吉尔吉斯斯坦出产的矿泉水水质清纯，含钙、铁等 10 多种矿物质，50% 用于出口。
土库曼斯坦	1. 石油、天然气开发：土库曼斯坦油气资源，特别是天然气资源十分丰富。天然气远景储量为 24.6 万亿立方米，居世界第四位，剩余可采储量 2.9 万亿立方米，居世界第十二位，约占全球天然气剩余储量的 1.6%。石油储量约有 120 亿吨，居中亚国家第二位，仅次于哈萨克斯坦。 2. 纺织业：土库曼斯坦有较丰富的纺织原料，如棉花、蚕茧、羊毛等。土库曼斯坦大型纺织企业 90% 的产品用于出口，大部分产品已达到国际标准。 3. 农牧业：土库曼斯坦夏季气温高，日照充足，非常适宜棉花生长。

习近平强调,要着力维护周边和平稳定大局,维护周边和平稳定是周边外交的重要目标。要着力深化互利共赢格局,积极参与区域经济合作,加快基础设施互联互通,建设好丝绸之路经济带和 21 世纪海上丝绸之路,构建区域经济一体化新格局。要坚持互信、互利、平等、协作的新安全观,推进同周边国家的安全合作。要着力加强对周边国家的宣传工作、公共外交、民间外交、人文交流,广交朋友,广结善缘,把中国梦同周边各国人民过上美好生活的愿望、同地区发展前景对接起来,让命运共同体意识在周边国家落地生根。①

2015 年 11 月 7 日,习近平主席在新加坡国立大学发表题为《深化合作伙伴关系 共建亚洲美好家园》的演讲时强调,"一带一路"倡议的首要合作伙伴是周边国家,首要受益对象也是周边国家。

东南亚国家联盟是"一带一路"建设的重点区域。2020 年,中国货物进出口总额达 32.16 万亿元人民币,同比增长 1.9%,成为全球唯一实现经济正增长的主要经济体,外贸规模再创历史新高,国际市场份额也创历史最高纪录。在中国的贸易伙伴中,东盟超过欧盟,成为中国第一大货物贸易伙伴,这是东盟继 2019 年超过美国成为中国第二大贸易伙伴后实现的又一突破。中国也连续 12 年保持东盟第一大贸易伙伴地位,这显示了中国-东盟经贸关系具有强大的韧性。2020 年 11 月 14 日,第

---

① 《习近平在周边外交工作座谈会上发表重要讲话》,2013 年 10 月 25 日,共产党网,http://news.12371.cn/2013/10/25/ARTI1382710911892622.shtml。

23 次东盟与中日韩领导人会议批准并发表了《加强 10+3 供应链互联互通联合研究》报告。

（二）调整经济布局的需要

中国开放发展走的是由沿海向内陆延伸的路子，由东向西推进是发展趋势。内陆地区既要承接沿海地区的产业转移，同时还需加大对外开放力度，有效释放发展潜力和空间，成为国内大循环增长的新亮点，支撑国内经济长期持续健康发展。

从本质而言，"一带一路"倡议是以互联互通为主要内容的区域与次区域经济合作。建设"经济带"就是要借助陆、海、空、网等基础设施，致力于将中国欠发达的内陆地区连通两洋——大西洋、太平洋，同时造福沿途各国人民，使欧亚各国的经济联系更加紧密，相互合作更加深入，发展空间更加广阔。

"五通"是五个领域的切入点，即政策沟通、设施联通、贸易畅通、资金融通、民心相通。区域合作不能急于求成，需要以点带面、从线到片，逐步形成区域大合作。"点"就是各方共同感兴趣的话题和项目；"线"可以是上下游产业链，也可以是基础设施（比如铁路和油气管道）；"面"和"片"既指地理区域，也涵盖行业。在实践中，各方应通过具体项目的务实合作，逐步巩固互信互利基础，推动区域合作不断深化。

构建现代大物流体系，可以降低流通成本。在国内流通领域，成本高、效率低是顽疾。尽管随着物流行业的升级和电商的迅速成长，近年来中国流通领域的质量和效率逐步提升，但总的看，流通不畅仍是推高商品终端价格、阻碍居民扩大消费的关键因素。从物流过程看，在运输、保管、管理三个物流环节中，中国流通成本高的原因在于保管和管理环节。全国物流总费用占 GDP 的 15% 左右，明显高于发达国家平均 8%~9% 的水平，其中保管费用占 33.1%，管理费用占 13%。与发达国家相比，中国物流保管费用是他们的 2 倍，管理费用是他们的 3~4 倍。物流成本占产品成本的比例，中国在 30%~40%，而其他发展中国家为 15%~25%，发达国家一般为 10%~15%。[①]因此，中国应努力推进西部地区能源、铁路、电信、公用事业等行业竞争性环节的市场化改革，降低流通成本，降低交易成本。

以构建现代化产业体系为重点，增强西部地区经济高质量发展动力。中国西部地区以及中亚国家主要以采掘业、资源加工业为主，大多依赖煤油气、有色金属、农产品等原材料，产业层次属于中低端。地方发展应强化对现代产业、新型城镇、综合交通、信息网络等支撑体系建设，以跨境经济开发区为重点，布局一批沿边口岸城镇带和产业带，支持建设一批工业园区、出口加工基地和现代物流基地。加快与相关国家自由贸易区建设，以市场需求为引导，主动吸引和承接东部地区产业转

---

① 杜海涛、王珂、林丽鹂、齐志明，《我们的流通成本为啥高？——对流通"肠梗阻"的最新调查（上）》，《中国经济周刊》，2017 年第 24 期，第 49 页。

移，形成产业集聚效应。积极引导西部地区的大企业进军中亚、东盟、南亚、俄罗斯以及中东欧市场。

未来，中国要充分发挥西部地区的比较优势，推动产业集群化发展，在培育新动能和传统动能的改造升级上迈出更大的步伐，提升产业核心竞争力，进一步构建具有特色、体现优势、富有竞争力的现代化产业体系。培育和发展一批战略性新兴产业，改造提升传统产业，推动全产业链整体跃升。大力优化能源供需结构，着力提升传统能源高效清洁利用、可再生能源规模化利用和国家能源安全保障等能力。充分发挥西部地区特色优势，大力发展旅游休闲、健康养生等服务业，打造区域重要支柱产业。

（三）夯实人文交流基础的需要

古丝绸之路商贸与文化交流的并进给人们提供了重要的启示：加强人文交流，推动不同文明之间的对话，促进欧亚各国人民相互了解、相互理解、加深友谊，将为各领域经济合作夯实民意基础，对该区域的民心相通起到重要作用。因此，人文交流应作为"一带一路"建设的一项重要内容予以积极推动。

2013 年 1 月，经国务院批准，中哈吉三国"丝绸之路：起始段与天山廊道的路网"项目申遗文本报送联合国教科文组织，申请列入 2014 年《世界遗产名录》。2014 年 6 月 22 日，这一项目在第 38 届世界遗产大会上正式获准列入世界遗产名录。

2019 年初，中共中央、国务院印发了《中国教育现代化 2035》和《加快推进教育现代化实施方案（2018—2022 年）》，提出未来将加强与"一带一路"沿线国家教育合作，优化孔子学院区域布局，加强孔子学院能力建设。孔子学院对提升合作国家汉语教育水平、传播中国文化、增进友谊的作用是显而易见的，有利于积累民间正能量。

如果说孔子学院是"一带一路"倡议的文化驿站，那么鲁班工坊就是技术驿站。鲁班工坊是把中国的优秀职业教育成果输出国门，实施国际合作办学的独特形式，可以说是职业教育领域的孔子学院。2016 年 3 月，天津渤海职业技术学院在泰国大城府设立了首个鲁班工坊，把中国职业教育的先进理念和模式带到了泰国。截至 2020 年 11 月，中国已经在泰国、英国、印度等国家创建了 11 个鲁班工坊，在建项目 13 个，覆盖了亚洲、欧洲和非洲三大洲。[①] 其中，泰国鲁班工坊以高铁技术为主，印度鲁班工坊以新能源汽车等新兴产业技术为主，英国鲁班工坊着重餐饮文化，印度尼西亚鲁班工坊则着重汽车维修，巴基斯坦鲁班工坊聚焦能源电力合作，此外，柬埔寨、葡萄牙和吉布提的鲁班工坊也各有特色。

新疆教育系统起草了《丝绸之路经济带核心区文化科教中心建设规划（2016—2020 年）》，提出六大重点工程和 30 项计

---

① 《鲁班工坊建设与发展成就 2020》，新华网，http://www.tj.xinhuanet.com/ztbd/ 2020zyjy/2020-11/06/c_1126706789.htm。

划，努力把新疆打造成国际化人才培养基地、来华留学基地、学科建设与科学研究基地和中华文化传播基地，建设丝绸之路经济带区域和国别研究智库及信息库。

目前，文物数字化已经成为甘肃省与丝路沿线国家开展人文交流合作的重要途径之一。"十三五"期间，甘肃文物文博系统与美国、英国、日本、阿富汗、印度、奥地利等60多个国家进行了学术交流与研讨活动，举办了《丝路·敦煌壁画精品展走进联合国》《丝绸之路上的宗教艺术：敦煌佛教石窟展》《中国秦汉艺术帝国时代展》《丝绸之路上的唐代胡人俑特展》《敦煌建筑艺术展》《丝绸之路文物展》等以丝绸之路文化为主题的文物外展30余次。

敦煌研究院还与英国王储传统学院等机构签署了战略合作协议，完成了吉尔吉斯斯坦古代城堡遗址研究和保护项目主体任务，成立了"丝绸之路文物科技创新联盟"和"丝绸之路文化遗产保护国际科技合作基地"，建成了古代壁画和土遗址保护国家工程技术研究中心和中国首个文物保护多场耦合实验室，将相关科研成果和标准规范向沿线国家推广。

（四）建设现代化强国的需要

过去，理解世界百年未有之大变局的角度，一个是变，一个是百年，即什么在变，变的周期是多久，是一百年、五百年，还是一千年。但今天，各种大事件、突发事件频发，变的历史周期可能不是50年，不是百年，而是5年、3年，甚至是每一年,如人们在 2019 年再怎么讨论国际局势,也无法预料到 2020 年新冠肺炎疫情的暴发不仅影响了美国大选,也影响了国际社会的方方面面,包括人们的心态。这说明国际局势进入了新的历史周期,重要事件或突发事件的发生频率明显缩短,国际形势的不稳定性和不确定性明显增加。国际社会面临和平赤字、发展赤字、治理赤字和信任赤字,国际经济、科技、文化、安全、政治等格局都在发生深刻复杂的变化。

中国的发展仍然处于重要的战略机遇期,机遇和挑战都有了新的发展变化。过去我们是顺势而上,现在却要顶风而上。过去中国发展水平低,同他国的互补性就多一些,现在中国的发展水平提高了,同他国的竞争就多了起来。但无论如何,中国终将实现现代化,这是国际社会的重大事件。

中国成为现代化强国有许多有利的条件。在经济上,中国已从高速度增长阶段进入了高质量发展阶段。中国 GDP 占美国 GDP 的比重从 1978 年的 6.3% 上升到了 2019 年的 67%。在 1979 年,中国 GDP 为 4 100 亿元人民币,到了 2020 年,这个数字增长到了 100 万亿元人民币。在 40 多年的时间里,中国的 GDP 增长了近 244 倍。这是个十分辉煌的高点,也是个充满挑战的起点。一国国家崛起的张力越大,面临的阻力和压力自然也就越大。

在政治上,中国特色社会主义制度的优势愈加凸显。此次抗击新冠肺炎疫情就充分证明了中国特色社会主义制度和国家治理体系具有显著优势。中国老百姓的获得感、幸福感、安全感不断增强。需要强调的是，中国建设社会主义现代化具有许多重要的特征。第一，中国的现代化是人口规模巨大的现代化，其规模超过现有发达国家的总和。从公元 1500 年到现在，不少西方国家依次崛起，但人口规模均不过 10 亿。而中国总人口超过千万的城市就有 10 多座。因此，中国实现现代化的难度更大，意义也就更不同寻常。第二，中国现代化是全体人民实现共同富裕的现代化。共同富裕是中国特色社会主义的本质要求。第三，中国的现代化是物质文化和精神文明相协调的现代化。社会主义现代化不仅包括科学技术的现代化，也包括生活方式和价值观念的现代化，其核心是人的现代化。第四，中国的现代化是人与自然和谐共生的现代化。建设生态文明是中华民族永续发展的千年大计。第五，中国的现代化是走和平发展道路的现代化。过去西方国家寻求现代化的进程伴随着工业革命和文艺复兴等运动，带给国际社会的是鸦片战争和殖民主义，是坚船利炮和不平等条约。而中国的现代化进程是基于和平发展、合作共赢的现代化，不是暴力掠夺殖民地、以其他国家的落后为代价的现代化。

客观地说，实现现代化强国的进程就是中国认真补短板的过程，目前中国经济实力与军事实力都排在了世界第一梯队，但国家创新指数、全球软实力等指标的排名不太理想。

根据表 1-5 中的数据，将 8 个大国的各项指标数据由 1 至 8 进行排名，得到如表 1-6。

表 1-5 世界主要国家综合国力评估（2019 年）①

国家	国家创新指数及排名	GDP（百万美元）	人口（亿）	面积（平方公里）	军事实力	全球软实力指数及排名
美国	61.73，第 3 名	21 374 418.88	3.23	937 万	第 1 名	77.40，第 5 名
中国	54.82，第 14 名	14 342 902.84	13.83	960 万	第 3 名	51.25，第 27 名
俄罗斯	37.62，第 46 名	1 699 876.58	1.44	1 707.5 万	第 2 名	48.64，第 30 名
英国	61.30，第 5 名	2 827 113.18	0.66	24 万	第 8 名	79.47，第 2 名
法国	54.25，第 16 名	2 715 518.27	0.67	55 万	第 5 名	80.28，第 1 名
德国	58.19，第 9 名	3 845 630.03	0.83	36 万	第 10 名	78.62，第 3 名
日本	54.68，第 15 名	5 081 769.54	1.27	38 万	第 6 名	75.71，第 8 名
印度	36.58，第 52 名	2 875 142.31	13.24	298 万	第 4 名	未上榜

---

① 数据来源：国家创新指数来源于世界知识产权组织（WIPO）、美国康奈尔大学、欧洲工商管理学院、2018 年全球创新指数知识伙伴《2019 全球创新指数报告》，https://www.wipo.int/global_innovation_index/en/2019/；GDP 来源于世界银行数据库，https://data.worldbank.org；军事实力来源于"全球火力"数据库，https://www.globalfirepower.com/countries-listing.asp；全球软实力来源于美国南加州大学外交研究中心、英国波特兰公关公司、Facebook《2018 年全球软实力研究报告》，https://softpower30.com。

表 1-6　世界主要国家综合国力各项指标排名

国家	国家创新指数	GDP	人口	面积	军事实力	全球软实力
美国	1	1	3	3	1	4
中国	4	2	1	2	3	6
俄罗斯	7	8	4	1	2	7
英国	2	6	8	8	7	2
法国	6	7	7	5	5	1
德国	3	4	6	7	8	3
日本	5	3	5	6	6	5
印度	8	5	2	4	4	8

按照国家创新指数、GDP、人口、面积、军事实力、全球软实力的横坐标顺序，中国在 8 个大国中的排名依次为第 4 名、第 2 名、第 1 名、第 2 名、第 3 名、第 6 名。以横轴为综合国力各项指标，纵轴为中国所得名次，将这些数据体现在坐标图中，得到图 1-3，即中国的经济、人口、面积、军事等物质性力量在上，但创新、全球软实力等精神性力量在下，中国综合实力呈现"哭泣曲线"（开口向下的 U 形）。

如果将美国各指标数据体现在坐标图中，就可以得到图 1-4。总体看，美国综合国力曲线非常平均，各指标都在前 4 位，特别是美国在创新领域拥有极强的优势。根据欧盟公布的全球研发投入 50 强名单，其中美国公司有 22 家，德国企业 9 家，日本企业 6 家。

欧洲国家在人口、面积、军事等方面都不占优势，但是在创新和全球软实力方面优势突显，其综合国力呈现典型的"微

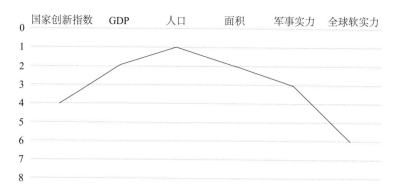

图 1-3 中国综合国力各指标折线图

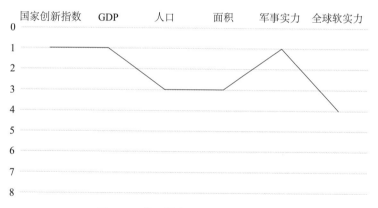

图 1-4 美国综合国力各指标折线图

笑曲线"（开口向上的 U 形）。比如德国的国土面积为 36 万平方公里，总人口为 8 312 万[①]，但德国企业能够行走全球，德国制造业是全球的标杆。

没有创新，就没有技术。因此，十九届五中全会强调，坚

_____

① 截至 2020 年 9 月。

持创新在中国现代化建设全局中的核心地位，把科技自立自强作为国家发展的战略支撑，面向世界科技前沿、面向经济主战场、面向国家重大需求、面向人民生命健康，深入实施科教兴国战略、人才强国战略、创新驱动发展战略，完善国家创新体系，加快建设科技强国。"一带一路"虽借用了历史符号，但是是一次全新的创新实践。

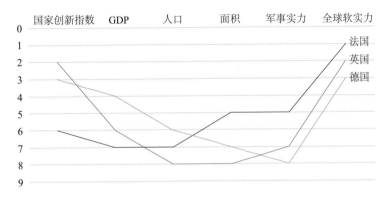

图1-5 欧洲三国综合国力各指标折线图

除创新外，中国还要加强文化建设。中国有深厚的文化资源，但这并不等于中国有全球文化竞争优势。这种优势贵在转化、整合与激活。2014年3月27日，国家主席习近平在巴黎的联合国教科文组织总部发表演讲时指出，要让收藏在博物馆里的文物、陈列在广阔大地上的遗产、书写在古籍里的文字都活起来。① 的确，过去衡量强国的重要指标就是军事，但靠军事

① 《习近平在联合国教科文组织总部的演讲》，2014年3月27日，新华网，http://www.xinhuanet.com/world/2014-03/28/c_119982831.htm。

征服世界的时代已经过去了，在当今世界百年未有之大变局背景下，"一带一路"不是地缘政治学，而是文化经济学。在实现现代化强国的进程中，中国文化、经济、外交等诸多要素应该实现融合发展，产生化学反应，文以通心使反侧自消，武能夺志不战而屈人之兵。

四、
"一带一路"企业要对标六大关键词

在 2017 年党的十九大报告中，中央对中国社会的发展做了一个清晰的概括——我们进入了新时代。新时代要实现强起来，没有像样的企业是不可能实现这一目标的。就参与"一带一路"建设的中国企业而言，"补短板"主要有两组内容、六大关键词。一组是走出去、走进去、走上去，一组是产业化、品牌化、国际化。

（一）走出去、走进去、走上去

过去 20 多年，中国企业在"走出去"方面取得了很多成果。但是需要注意的是在国际市场，"走出去"容易，"走进去"和"走上去"难。目前，中国企业更多思考的是如何在海外拿项目、卖产品或置换能源，给国际社会的印象是"中国人来了，中国人走了，中国人又来了，中国人又走了"。所以企业应该更多地思考如何在标准、资质、知识产权等软联通方面发力，即

"走进去"，以及如何在文化、理念、价值观等方面实现全球共振，即"走上去"。

中国企业国际化布局有三个阶段：走出去，走进去，走上去。第一阶段，中国企业抱团取暖，通过"一带一路"实现借船出海。这一阶段主要是解决中国企业"走出去"的问题，但其短板是中国企业扎堆存在，本土化程度不高。第二阶段，中国企业要由点及面，解决技术、资质、知识产权、标准等软联通问题。这一阶段主要是解决中国企业"走进去"的问题，要在关键技术、关键原材料、关键工艺等领域发力。第三阶段，中国企业要提升软实力，在文化、理念、价值观等无形的领域发力，通过价值共振，增强"一带一路"倡议的通心能力。这一阶段主要解决中国企业"走上去"的问题，中国企业不仅要关注销售数据，也要增强国际社会对中国企业以及"一带一路"倡议的欣赏与认同。

在这个问题上，西部地区的企业普遍面临"三走"的难题，甚至"走出去"的程度和质量都不高。以境外经贸合作区建设为例，要实现"走进去"和"走上去"，我有四点具体建议。

1. 摆脱汗水经济、飞地经济、通道经济、能源经济模式，走向智慧经济和品牌经济。 目前，中国应鼓励西部地区的企业在"一带一路"沿线国家建立境外经贸合作区。江苏无锡红豆集团在柬埔寨建立的西哈努克港经济特区，浙江华立集团在泰国建立的罗勇工业园区可供西部地区的企业学习借鉴。我曾亲赴埃塞俄比亚、越南、柬埔寨的境外经贸合作区调研，发现园区内企业多以劳动力密集企业为主，为欧美名牌企业做代工，为当地社会解决了就业。但中国企业发展的基本上是汗水经济，赚的是辛苦钱，生存环境也并不理想。所以，企业应以境外经贸合作区为基点，由点及面，增强绿地投资比重，走智慧经济和品牌经济的路子，提升中国企业的全球竞争能力。

2. 建立多元主体开发模式。 中国应鼓励国有企业与民营企业合作进行境外园区开发，同时鼓励驻在国或第三国企业以入资入股的方式参与"一带一路"建设。境外经贸合作区建设可以增强各方的经济黏性，形成"你中有我、我中有你"的利益格局。特别是要加强同西方发达国家的第三方市场合作，积极吸引欧、美、日、韩等发达经济体企业入园。意大利的普拉托可以说是一个没有围墙的境外经贸合作区，此种模式值得我们持续关注与研究。普拉托常住人口达 19 万，其中（记录在案的）3 万多移民中近 2 万为华人。华人的努力加上意大利人的时尚创意使这一小城成为欧洲最大的纺织与服装中心。华人企业对当地 GDP 的贡献达 14%。这里原来多是面料企业，而现在主要生产服装。华人的企业把产业链拉长了，使各方的经济黏性增强了。

3. 增强中国企业的文化软实力，切实提升软联通能力。 的确，中国企业比较擅长做通路、通电、通水、通气等硬联通项目，但"强者通心"。最近，罢工、绑架、敲诈等事件在境外经贸合作区频频发生，西方媒体也大肆炒作中国企业侵犯人权、腐败、不透明等论点。对此，中国企业既要通商脉，也要通文脉。要建立"一带一路"企业以及项目的动态评估机制，通过科学的评估指标体系，随时为企业的发展把脉，及时调配资源，解决问题。目前，加工业、轻工业等制造业类型的合作基本饱和，中国企业要根据相关国家的实际需要，尽快打造现代农业、文化产业等类型的"一带一路"合作。

4. 避免简单重复，尽早打造旗舰项目。 过去，中国的开放合作往往是跟谁挨着，跟谁合作。例如，新疆的传统思维是对中亚五国开放，内蒙古主要与蒙古国进行合作，云南主要同孟、印、缅合作，但是在"一带一路"建设中，西部地区应该有需求导向式的发展思路，要站在世界地图面前规划自己的发展，在中东欧甚至北欧、拉美等地区发力。只要有需求，西部地区的企业都应该精准对接。西部地区要鼓励优秀企业带动地区企业的集群式发展，但要避免简单重复。故此，我建议中国企业在全球重点区域和重点国家打造一两个旗舰项目，积累可复制可推广的经验。

总之，"一带一路"不缺产品，但缺精品，中国企业要精准定位、循序渐进，"点穴式"地解决国际化布局的关键问题。

（二）产业化、品牌化、国际化

随着国际贸易的深入发展以及科技的跨越式进步，现代企业的经营模式已经发生了根本性变化。企业的产品可以是实质的，也可以是抽象的，但发展的关键是产品必须具有品牌价值，这是企业走向国际化的基础。目前在中国国内，特别在西部地区，有些企业不一定有产品，有产品不一定有品牌，有品牌不一定有品牌价值。1954 年，美国《财富》杂志第一次对"世界 500 强"企业进行排行，中国内地没有一家企业上榜。直到 1989 年，中国银行才首次上榜。1995 年，中国内地只有 3 家企业上榜，即中国银行、中国中化集团和中粮集团。而中国的近邻、国土面积只有 38 万平方公里的日本，当年有 149 家企业进入世界 500 强之列。2015 年，中国企业首次实现"破百"，有 106 家企业入围世界 500 强排行榜。之后越来越多的中国企业开始进入 500 强榜单，2016 年有 110 家，2017 年有 115 家，2018 年有 120 家，2019 年有 129 家，2020 年有 133 家。从 2015 年开始，世界上只有中国和美国能够做到有超过 100 家企业进入世界 500 强企业行列。

不过从结构上看，入榜的中国民营企业太少。例如 2017 年，115 家世界 500 强中国企业当中，只有 20 家是民营企业，民营企业的"生力军"作用体现不足。另外一个特点是，中国企业进入世界 500 强之列后掉榜很快，有些企业当年上榜，但是下一年就掉榜了，如安邦、华信能源、海南航空等。从行业来看，中国上榜企业大多是能源资源、工程基建、房地产、金融和互联网企业，先进制造业企业较少。

另一个世界级的榜单是"品牌价值 100 强"，该榜单看的是企业的软实力，即企业文化、企业品牌和企业品牌价值。2018 年 5 月，《福布斯》公布了世界品牌价值 100 强排行榜，美国的苹果公司排在第一，而中国只有一家企业上榜，就是华为。

2020 年 7 月，《福布斯》发布了新的世界品牌价值 100 强排行榜，与往年的情况一样，该榜单几乎被美国企业霸占，而中国仅有一家企业上榜，依然是华为。133 家中国企业能够进入世界 500 强榜单，但是只有一家中国企业能够进入品牌价值 100 强榜单，这就是"大而不强"，即规模很大，但是质量还需要进一步提升。

中国在过去 40 多年实现了富起来，但很大程度上还是"汗水经济"。很多西方发达国家已经不做的劳动密集型产业，中国企业还在做。因为中国有劳动力红利，而且中国人吃苦耐劳，但是"汗水经济"决定了中国企业的附加值不高。

在中国，任何一个行业的企业数量都是海量的，但是企业背后有没有品牌，品牌背后有没有品牌价值，是中国企业一定要认真思考的问题。当企业有品牌、有品牌价值的时候，才会有相对较高的附加值。所以说，中国经济总量跃居世界第二，但是臃肿、虚胖、体弱的问题相当突出。

怎么实现强起来？答案是建设现代化经济体系。现代化经济体系的建设有六项工作重点：一是深化供给侧结构性改革，二是加快建设创新型国家，三是实施乡村振兴战略，四是实施区域协调发展战略，五是加快完善社会主义市场经济体制，六是推动形成全面开放新格局。其中，全面开放新格局就要以"一带一路"建设为重点。

消费者不仅在消费产品和服务，也在品味企业的文化和价值观。而每个企业的文化应该是有差异的，要有错位竞争优势。所以,西部地区的企业应把握参与"一带一路"的机遇,实现从功能定位向人文定位的转向,实现产业化、品牌化、国际化。

人文定位的核心是通心工程。内部通心指的是企业员工对于企业的归属和依赖,即"我不愿意离开这家企业"。外部通心是指社会和行业,对企业的欣赏与认同,即"我尊重并推崇这家企业"。所以,企业实现内部的归属和依赖,同时得到外部的欣赏与认同,就是通心工程。

成为世界一流的企业,做大、做强、基业长青,靠的是什么?靠的是企业文化、企业理念和企业愿景。今天,中国企业参与"一带一路"建设面临"三化"的问题,一是产业化,二是品牌化,三是国际化。品牌化不强的原因就是大多数中国企业不出海,没有国际化就无法助推品牌化。

2015 年 11 月,我曾去日本调研,有一个深刻的感受:最初是城市成就企业,后来则是成功的企业成就城市。日本知名的城市没有几个,但是东京有三菱电子、三菱汽车、索尼、本田、富士通、东芝、佳能、尼康,名古屋有三菱重工、丰田(雷克萨斯),大阪有松下、住友,横滨有英菲尼迪,京都有京瓷、夏普,广岛有马自达、优衣库,神户有 SK-2,等等。可见,日本城市后面站着的是品牌化、国际化的企业,而且这些企业大多是智能制造和先进制造企业,这个国家凭此成为经济强国。

中国有 34 个省区市、300 多个地级市、2 800 多个县,但像日本那样有品牌化、国际化的企业的城市就不多了。深圳有华为、平安保险、中兴、万科、华大基因、华侨城、招商银行、顺丰、比亚迪、华讯方舟、大族激光、大疆创新科技、万科、华强方特等企业。青岛有海尔、海信、澳柯玛、双星、青岛啤酒等企业。晋江虽是个县级市，但这个城市有安踏、柒牌、利郎、乔丹、七匹狼、劲霸、贵人鸟、九牧王、匹克、鸿星尔克、特步、飞克、美克、啄木鸟、三六一度、与狼共舞、恒安、德尔惠、达利食品、亲亲食品、雅客食品、喜多多食品、浔兴SBS 等企业。

就晋江而言，当地虽实现了产业化、品牌化，但是依然没有实现国际化，所以企业的品牌价值不高。在晋江，工厂、流水线和工人数量很多，企业在全国的专卖店很多，但是大多数的企业都挤在行业的门槛处，劳动力密集，靠价格优势去扩大市场份额，依然是"汗水经济"。所以，晋江参与"一带一路"建设的重点是推动企业实现国际化。

对于新疆、甘肃、云南、广西等西部地区省份而言，缺乏优质企业具体表现在有少数企业实现了"走出去"，但很少有企业做到"走进去"和"走上去"。企业有产业规模，但缺乏品牌价值，且国际化程度不够。按照国际标准，评价企业是否实现了国际化，主要看海外营收占比和海外员工占比这两个指标是否超过了30%。我考察了2020 年美、欧、日、韩的世界500 强企业，随机抽取5 家企业，看三个关键指标：整体利润率、海外营收占比、海外员工占比，结果如下图所示。

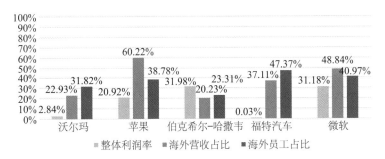

图 1-6 美国 5 家世界 500 强企业

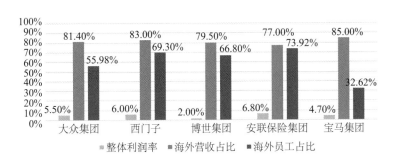

图 1-7 欧洲 5 家世界 500 强企业

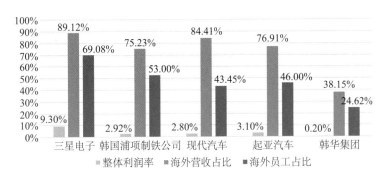

图 1-8 韩国 5 家世界 500 强企业

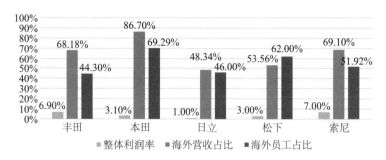

图 1-9　日本 5 家世界 500 强企业

由上图可见，美国 5 家 500 强企业的海外营收占比平均是 40%，欧洲是 80%，韩国和日本是 60%~70%。这意味着这些企业的免疫力、风险识别能力和风险管控能力很强，企业的学习能力、适应能力和全球整合资源的能力很强。而中国企业的海外营收占比基本是个位数，如中铝、中建、中车、上汽、腾讯等企业均不到 10%（见图 1-10）。目前，吉利、华为、美的等制造业企业海外营收占比高于 40%（见图 1-11），且这些企业都是民营企业。西部地区企业的这一指标整体上低于东部沿海地区的企业。因此，中国企业参与"一带一路"建设不能总考虑如何把过剩的产能卖出去，因为靠去库存、降成本是实现不了强大的，唯有靠补短板才有可能让企业真正强起来。

不少西部省份已经意识到企业在"一带一路"建设中的重要性，因此努力孵化、吸引了一批势头不错且具有国际化意识的品牌企业。"一带一路"建设，政府是主导，企业是主体。其中，国有企业是主力军，民营企业是生力军。西部地区的企业要对标上述定位，不仅需要"走出去"，更要"走进去""走上

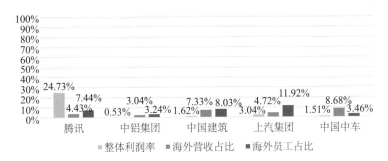

图 1-10　中国世界 500 强企业之一

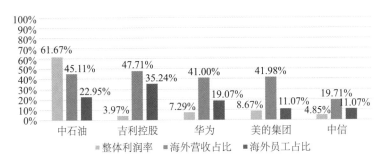

图 1-11　中国世界 500 强企业之二

去"，不仅要实现产业化，更要实现品牌化和国际化。唯有全面开放才能倒逼改革，带动创新。今天，新时代的全面开放新格局要求中国企业能够整合与转化全球资源，补短板，通过建设世界一流企业、培育企业家精神真正助益西部地区实现长治久安，真正使中国经济实现高质量发展。

第二章

西部地方政府参与"一带一路"
的丰富实践

推进丝绸之路经济带和 21 世纪海上丝绸之路建设，是习近平总书记统筹国内国际两个大局，顺应地区和全球合作潮流，契合沿线国家和地区发展需要，立足当前、着眼长远提出的重大倡议。地方政府对于"一带一路"成果的真正落地具有举足轻重的作用。在"一带一路"建设的推进过程中，地方政府应主动结合国家战略，发挥比较优势，找准突破口，促进区域内贸易、生产和人员要素的自由流动和优化配置。[①]地方政府参与"一带一路"建设要注重统筹兼顾，将西部开发、东北振兴、中部崛起、东部率先发展有机融入推进"一带一路"建设中，树立全局观念，坚持稳字当头、保持定力、把握节奏、久久为功，稳妥有序推进"一带一路"建设。地方政府应坚持创新驱动，通过创新对外合作机制、对外投融资模式、对外合作平台和对外技术合作，为"一带一路"建设注入持续动力。[②]

---

① 赵磊：《地方政府是推进"一带一路"的关键力量》，《2011—2018 年察哈尔圆桌论坛资料合集》，2019 年 6 月，第 310—311 页。

② 《地方推进"一带一路"建设工作会议在京召开》，中国一带一路网，2017 年 7月 13 日，https://www.yidaiyilu.gov.cn/xwzx/bwdt/19602.htm。

一、

"一带一路"建设中全国各省区定位及对接融入行动

2013 年，"一带一路"倡议开始落地，丝路基金和亚洲基础设施投资银行先后成立。2015 年 3 月 28 日，《推动共建丝绸之路经济带和 21 世纪海上丝绸之路的愿景与行动》公布，标志着"一带一路"由倡议构想阶段步入全面落实阶段。全国各省区都在确立自身在"一带一路"中的定位，并努力对接融入。

（一）学者对各省在"一带一路"建设中的定位建议

在全国"一带一路"规划明确之前，学者们集中研究了全国各省区在"一带一路"建设中的定位，并给出了具体建议。

1.**东部省区**：东部省份位于沿海经济带，经济社会发展条件较好，交通便利，福建、海南、广东等部分省份还具备众多华人华侨资源，因此东部省区主要与 21 世纪海上丝绸之路对接。

2.**西南省区**：云南、广西、贵州等西南省份在"一带一路"倡议中主要负责加快海陆互联互通，与东盟、南亚等地区对接。2019 年，国家发展改革委印发《西部陆海新通道总体规划》的通知，指出西部陆海新通道位于中国西部地区腹地，北接丝绸之路经济带，南连 21 世纪海上丝绸之路，协同衔接长江经济带，在区域协调发展格局中具有重要战略地位。

3. 西北省区：新疆、宁夏、陕西、甘肃、青海等西部省份主要对接新丝绸之路经济带，西北地区在历史上就是丝绸之路的主要路段。西北地区在"一带一路"中的定位是：新疆"当好建设丝绸之路经济带的排头兵"，陕西"打造丝绸之路经济带的新起点和桥头堡"，青海"要成为丝绸之路的重要支点"，甘肃"打造丝绸之路经济带黄金段"，宁夏"打造丝绸之路经济带战略支点"等。

4. 东北省区：东北包括吉林、辽宁和黑龙江三省，主要负责对接俄蒙，打造北方丝绸之路。辽宁省人民政府发展研究中心课题组（2014）提出辽宁省要摒弃诸如"与辽宁地域不相连""发展无必然联系"等狭隘观点，积极参与"一带一路"建设，加快企业"走出去"，推动辽宁老工业基地振兴与"一带一路"建设良好互动。

此外，中部地区主要负责打造内陆开放高地，如学者建议河南打造内陆开放新高地，实现东西双向联动。2017 年 6 月14 日，习近平总书记在会见卢森堡首相格扎维埃·贝泰尔时指出，支持建设郑州–卢森堡"空中丝绸之路"，使"一带一路"建设覆盖的维度更广泛，不仅连接大陆、沟通海洋，还在蔚蓝的天空中架起了新的合作桥梁，为中原开放和崛起注入强劲新动能。①

---

① 《"空中丝绸之路"让中原崛起更加出彩——来自河南郑州新郑机场的调研报告》，《学习时报》，2019 年 5 月 22 日，第 6 版。

（二）国家规划对各省在"一带一路"建设中的定位

2015年，国家纲领性文件《推动共建丝绸之路经济带和21世纪海上丝绸之路的愿景与行动》出台，明确了重点涉及的18个省区市在"一带一路"建设中各自的战略定位，包括新疆、陕西、甘肃、宁夏、青海、内蒙古西北六省区，黑龙江、吉林、辽宁东北三省，广西、云南、西藏西南三省区，上海、福建、广东、浙江、海南沿海五省区，内陆地区则是重庆。此外，规划还提及要发挥港澳台地区在"一带一路"倡议中的作用。

1. 核心区：新疆被定位为丝绸之路经济带核心区，福建则被定位为21世纪海上丝绸之路的核心区。

2. 重要门户：广西的定位是21世纪海上丝绸之路与丝绸之路经济带有机衔接的重要门户。

3. 辐射中心：云南的定位是面向南亚、东南亚的辐射中心。

4. 排头兵和主力军：沿海诸省市的定位是"一带一路"，特别是21世纪海上丝绸之路建设的排头兵和主力军。

5. 通道基地：陕西、甘肃、宁夏和青海四地的定位是面向中亚、南亚、西亚国家的通道、商贸物流枢纽、重要产业和人文交流基地。

6. 重要窗口：内蒙古、黑龙江、吉林、辽宁和北京的定位是向北开放的重要窗口。

7. 节点城市：《推动共建丝绸之路经济带和21世纪海上丝绸之路的愿景与行动》中18个省份榜上有名，但是规划通过内陆的多个节点城市，即西安、兰州、西宁、重庆、成都、郑州、武汉、长沙、南昌和合肥等，以点的形式，将多个"落选"省份涵盖到"一带一路"整体规划中。

2015 年 4 月，国务院推进"一带一路"建设领导小组办公室相关负责人纠正了"一带一路"圈定 18 个重点省份的报道。在工作层面，领导小组要求地方编制本省区市推进"一带一路"建设的实施方案，各个省区市都需要编制，而不仅是上榜的 18 个省区市。

的确，"一带一路"的实施主体具有国家的整体性，是倾全国之力去完成的行动计划。即便各省区间的具体工作有所不同，也仅仅是整体行动中的分工不同，因此不应该有哪些省区参与，哪些省区不参与的判断。[1] 此外，各省在对接融入"一带一路"建设中还存在着一些问题。省际"一带一路"发展战略存在着各省份中心平台过多，新一轮互联互通投资规划过剩，功能定位重合等几个方面问题，要在"一带一路"国家总体规划、省际战略协同以及省际发展路径联动机制等框架下促进省际协同发展。[2]

我赞同"全国参与，定位各有侧重"的观点，"一带一路"倡议是一个全局性规划倡议，各省的分工定位应当服从于全国大局。通过搜集全国各省区、直辖市关于"一带一路"建设的政府计划、方案以及发展报告（见表 2-1），我们可以看出"一带一

---

① 于光军：《建设"丝绸之路经济带"与"21 世纪海上丝绸之路"研究热点述评》，《内蒙古社会科学》（汉文版），2014 年第 6 期，第 9-12 页。

② 邓志来：《"一带一路"战略政府引导与市场配置路径选择研究》，《宁夏社会科学》，2016 年第 2 期，第 80-83 页。

路"建设是举国参与的行动，全国多个省区都制定了计划和实施方案，明确了对接融入"一带一路"倡议的方向。

表2-1 全国及各省份对接"一带一路"的文件

地区	省份	文件	时间
全国		《丝绸之路经济带和21世纪海上丝绸之路建设战略规划》	2014年12月
		《推动共建丝绸之路经济带和21世纪海上丝绸之路的愿景与行动》	2015年3月
		《推进共建"一带一路"教育行动》	2016年7月
		《中欧班列建设发展规划（2016—2020年）》	2016年10月
		《文化部"一带一路"文化发展行动计划（2016—2020年）》	2017年1月
		《中医药"一带一路"发展规划（2016—2020年）》	2017年1月
		《共建"一带一路"：理念、实践与中国的贡献》	2017年5月
		《共同推进"一带一路"建设农业合作的愿景与行动》	2017年5月
		《"一带一路"科技创新行动计划》	2017年5月
		《推动丝绸之路经济带和21世纪海上丝绸之路能源合作愿景与行动》	2017年5月
		《"一带一路"生态环境保护合作规划》	2017年5月
		《关于推进绿色"一带一路"建设的指导意见》	2017年5月
		《"一带一路"融资指导原则》	2017年5月
		《"一带一路"建设海上合作设想》	2017年7月
		《关于开展支持中小企业参与"一带一路"建设专项行动的通知》	2017年7月
		《标准联通共建"一带一路"行动计划（2018—2020年）》	2017年12月
		《共建"一带一路"倡议：进展、贡献与展望》	2019年4月
		《第三方市场合作指南和案例》	2019年8月

（续表）

地区	省份	文件	时间
东部	上海	《上海服务国家"一带一路"建设 发挥桥头堡作用行动方案》	2017 年 10 月
	福建	《福建省 21 世纪海上丝绸之路核心区建设方案》	2015 年 11 月
		《福建省开展 21 世纪海上丝绸之路核心区创新驱动发展试验实施方案》	2018 年 6 月
	广东	《广东省参与建设"一带一路"的实施方案》	2015 年 6 月
		《广东省参与"一带一路"建设重点工作方案（2015—2017 年）》	2016 年 6 月
		《广东省促进中医药"一带一路"发展行动计划（2017—2020 年）》	2018 年 2 月
	浙江	《浙江省打造"一带一路"枢纽行动计划》	2018 年 6 月
		《浙江省标准联通共建"一带一路"行动计划（2018—2020 年）》	2018 年 9 月
	海南	《海南省对外交往规划（2015—2020 年）》	2015 年 7 月
		《海南省参与建设丝绸之路经济带和 21 世纪海上丝绸之路三年（2017—2019 年）滚动行动计划》	2017 年 2 月
		《海南省与"一带一路"建设对外交流合作五年行动计划（2017—2021 年）》	2017 年 6 月
	江苏	《江苏省中欧班列建设发展规划实施方案（2017—2020 年）》	2017 年 10 月
		《江苏省关于高质量推进"一带一路"交汇点建设的意见》	2019 年 6 月
		"五大计划"专项行动方案:《推进国际综合交通体系拓展计划专项行动方案》《推进国际产能合作深化计划专项行动方案》《推进重点合作园区提升计划专项行动方案》《推进"丝路贸易"促进计划专项行动方案》《推进人文交流品牌塑造计划专项行动方案》	2019 年 6 月

（续表）

地区	省份	文件	时间
西南	重庆	《贯彻落实国家"一带一路"战略和建设长江经济带的实施意见》	2014 年 12 月
		《中新（重庆）战略性互联互通示范项目航空产业园建设总体方案》	2017 年 10 月
		《重庆市开放平台协同发展规划（2018—2020 年）》	2018 年 5 月
		《重庆市推进西部陆海新通道建设实施方案》	2020 年 4 月
	四川	《"一带一路"战略"251 三年行动计划"实施方案》	2015 年 5 月
		《四川省推进"一带一路"建设标准化工作实施方案》	2016 年 4 月
		《四川文化融入"一带一路"战略实施意见（2017—2020 年）》	2017 年 6 月
	广西	《广西参与建设丝绸之路经济带和 21 世纪海上丝绸之路的思路与行动》	2016 年 6 月
		《广西参与"一带一路"科技创新行动计划实施方案（2018—2020 年）》	2018 年 6 月
		《2020 年广西高质量参与"一带一路"建设工作要点》	2020 年 4 月
	云南	《云南省参与建设丝绸之路经济带和 21 世纪海上丝绸之路实施方案》	2015 年 1 月
		《中共云南省委云南省人民政府关于加快建设我国面向南亚东南亚辐射中心的实施意见》	2015 年 8 月
		《中共云南省委云南省人民政府关于加快建设我国面向南亚东南亚辐射中心规划（2016—2020 年）》	2015 年 8 月
		《云南省建设面向南亚东南亚经济贸易中心规划（2016—2020 年）》	2016 年 12 月
		《云南省建设面向南亚东南亚科技创新中心规划（2016—2020 年）》	2016 年 12 月
		《云南省建设面向南亚东南亚金融服务中心规划（2016—2020 年）》	2016 年 12 月

（续表）

地区	省份	文件	时间
西南	贵州	《贵州省推动企业沿着"一带一路"方向"走出去"行动计划（2018—2020 年）》	2018 年 10 月
	西藏	《西藏面向南亚开放重要通道建设规划》	2017 年 5 月
西北	新疆	《推进新疆丝绸之路经济带核心区建设的行动计划（2014—2020 年）》	2014 年 9 月
		《推进新疆丝绸之路经济带核心区建设的实施意见》	2014 年 9 月
		《新疆关于贯彻落实国家〈丝绸之路经济带和 21 世纪海上丝绸之路建设战略规划〉，加快推进新疆丝绸之路经济带核心区建设的实施方案》	2015 年 2 月
		《关于推进新疆丝绸之路经济带核心区医疗服务中心建设方案》	2015 年 8 月
		《新疆生产建设兵团参与建设丝绸之路经济带的实施方案》	2016 年 3 月
		《兵团参与丝绸之路经济带建设构建对外开放新格局发展规划（2016—2020 年）》	2016 年 7 月
		《丝绸之路经济带核心区商贸物流中心建设规划（2016—2030 年）》	2017 年 3 月
		《丝绸之路经济带核心区交通枢纽中心建设规划（2016—2030 年）》	2017 年 7 月
		《贯彻落实习近平总书记重要讲话精神 加快推进丝绸之路经济带核心区建设的意见》	2017 年 10 月
		《新疆参与中蒙俄经济走廊建设实施方案》	2017 年 12 月
		《丝绸之路经济带核心区区域金融中心建设规划（2016—2030 年）》	2017 年 12 月
		《丝绸之路经济带核心区（新疆）能源规划》	2018 年 2 月
		《丝绸之路经济带核心区建设发展报告（2018 年）》	2018 年 7 月
		《新疆生产建设兵团参与丝绸之路经济带核心区交通枢纽中心建设实施方案（2016—2030 年）》	2018 年 7 月
		《2020 年自治区推进丝绸之路经济带核心区建设工作要点》	2020 年 4 月

（续表）

地区	省份	文件	时间
西北	陕西	《陕西省推进建设丝绸之路经济带和21世纪海上丝绸之路实施方案（2015—2020年）》	2016年4月
		《陕西省推进绿色"一带一路"建设实施意见》	2018年1月
		《陕西省标准联通共建"一带一路"行动计划（2018—2020年）》	2018年8月
		《陕西省"一带一路"建设五年报告》	2018年10月
	甘肃	《丝绸之路经济带甘肃段建设总体方案》	2014年5月
		《丝绸之路经济带甘肃段"6873"交通突破行动实施方案》	2015年3月
		《甘肃省参与建设丝绸之路经济带和21世纪海上丝绸之路的实施方案》	2015年12月
		《丝绸之路甘肃省交通房车露营地发展规划》	2016年6月
		《甘肃省合作共建中新互联互通项目南向通道工作方案（2018—2020年）》	2018年3月
		《甘肃省关于推动国际货运班列和航空货运稳定运营的意见》	2018年12月
		"五个制高点"实施方案：《新时代甘肃融入"一带一路"建设打造文化制高点实施方案》《新时代甘肃融入"一带一路"建设打造枢纽制高点实施方案》《新时代甘肃融入"一带一路"建设打造技术制高点实施方案》《新时代甘肃融入"一带一路"建设打造信息制高点实施方案》《新时代甘肃融入"一带一路"建设打造生态制高点实施方案》	2019年11月
	宁夏	《关于融入"一带一路"加快开发宁夏建设的意见》	2015年7月
		《宁夏参与丝绸之路经济带和21世纪海上丝绸之路建设规划》	2015年11月
		《推进"一带一路"和内陆开放型经济试验区建设2020年工作计划》	2020年3月

（续表）

地区	省份	文件	时间
西北	青海	《青海省参与建设丝绸之路经济带和21世纪海上丝绸之路的实施方案》	2015年12月
		《青海省丝绸之路文化产业带发展规划及行动计划（2018—2025年）》	2017年12月
		《青海省深入推进"一带一路"建设高质量发展实施意见》	2018年9月
		《"'一带一路'中的青海"展览工作总体方案》	2019年12月
	内蒙古	《内蒙古自治区参与建设"丝绸之路经济带"实施方案》	2015年10月
		《内蒙古自治区建设国家向北开放桥头堡和沿边经济带规划》	2015年11月
		《内蒙古建设国家向北开放桥头堡和沿边经济带规划领导工作用图》	2016年4月
		《内蒙古自治区人民政府关于支持沿边重点地区开发开放的实施意见》	2017年3月
		《内蒙古自治区"一带一路"文化发展行动计划》	2017年3月
东北	黑龙江	《中蒙俄经济走廊黑龙江陆海丝绸之路经济带建设规划》	2015年4月
	吉林	《沿中蒙俄开发开放经济带发展规划（2018—2025年）》	2019年8月
	辽宁	《关于加快构建开放新格局以全面开放引领全面振兴的意见》	2018年5月
		《辽宁"一带一路"综合试验区建设总体方案》	2018年9月
其他地区	北京	《北京市"一带一路"国家人才培养基地项目管理办法（试行）》	2017年6月
		《北京市推进共建"一带一路"三年行动计划（2018—2020年）》	2018年10月
		《"一带一路"科技创新北京行动计划（2019—2021年）》	2019年4月

（续表）

地区	省份	文件	时间
其他地区	天津	《天津市参与丝绸之路经济带和 21 世纪海上丝绸之路建设实施方案》	2015 年 11 月
		《天津市"一带一路"科技创新合作行动计划（2017—2020 年）》	2017 年 11 月
	河北	《关于主动融入国家"一带一路"战略促进河北开放发展的意见》	2014 年 10 月
		《河北省推进共建"一带一路"教育行动计划》	2016 年 9 月
		《关于积极参与"一带一路"建设推进国际产能合作的实施方案》	2018 年 7 月
		《河北省促进中医药"一带一路"发展的实施意见（2018—2022 年）》	2018 年 11 月
	山西	《山西参与建设丝绸之路经济带和 21 世纪海上丝绸之路实施方案》	2015 年 9 月
		《山西省参与"一带一路"建设三年（2018—2020 年）滚动实施方案》	2018 年 5 月
		《山西省融入"一带一路"综合物流基地和配送中心建设实施意见》	2019 年 3 月
	河南	《河南省参与建设丝绸之路经济带和 21 世纪海上丝绸之路的实施方案》	2015 年 12 月
		《郑州–卢森堡"空中丝绸之路"建设专项规划（2017—2025 年）》	2017 年 9 月
		《推进郑州–卢森堡"空中丝绸之路"建设工作方案》	2017 年 9 月
		《河南省标准联通参与建设"一带一路"行动计划（2018—2020 年）》	2018 年 8 月
	江西	《江西省参与丝绸之路经济带和 21 世纪海上丝绸之路建设实施方案》	2015 年 5 月
		《关于支持赣州打造"一带一路"重要节点城市的实施方案》	2017 年 5 月

（续表）

地区	省份	文件	时间
其他地区	山东	《山东省参与建设丝绸之路经济带和21世纪海上丝绸之路实施方案》	2016年4月
		《山东省人民政府关于胶州、临沂"一带一路"综合试验区建设总体方案的批复》	2020年1月
	安徽	《安徽省参与建设丝绸之路经济带和21世纪海上丝绸之路实施方案》	2016年1月
		《2018年年度安徽省支持中小企业参与"一带一路"建设工作意见》	2017年11月
	湖北	《湖北省参与建设丝绸之路经济带和21世纪海上丝绸之路的实施方案》	2015年7月
		《关于积极参与"一带一路"建设推进国际产能合作的实施方案》	2018年7月
	湖南	《湖南省对接"一带一路"战略行动方案（2015—2017年）》	2015年8月
		《湖南省推进国际产能和装备制造合作三年行动计划（2018—2020年）》	2017年12月
		《湖南省"一带一路"暨国际产能合作重大项目库》	2020年9月
	香港	《国家发展和改革委员会与香港特别行政区政府关于支持香港全面参与和助力"一带一路"建设的安排》	2017年12月
		《粤港澳大湾区发展规划纲要》	2019年2月
	澳门	《国家发展和改革委员会与澳门特别行政区政府关于支持澳门全面参与和助力"一带一路"建设的安排》	2018年12月
		《粤港澳大湾区发展规划纲要》	2019年2月

资料来源：根据国家以及各地区公开资料汇总。

从上述文件可以看出，全国各地区都制定了参与"一带一路"的相关政策、规划或实施方案。其中，西北、西南省份制定文件的数量最多，特别是新疆、甘肃和云南，反映出西部省份对"一带一路"建设的高度重视，希望把握住这一跨越式发展的战略机遇期。

二、
西北地区参与"一带一路"的经验及特色

"一带一路"倡议提出以来，西北地区各省紧紧抓住战略机遇，不断深化对外开放，推动"一带一路"建设高质量发展。长期以来，受区位和政策限制，西北地区一直是中国对外开放的末梢。"一带一路"倡议的提出和实施，为西北地区深化对外开放带来了难得的历史机遇。近年来，西北地区与"一带一路"沿线国家加强基础设施互联互通，提高贸易和投资便利化，高度重视人文交流，不断提升"一带一路"建设水平，成为推进"一带一路"建设的活跃地区。

（一）新疆：丝绸之路经济带核心区

新疆自古以来就是中国联结中亚、中东与欧洲的战略通道。在"一带一路"倡议下，丝绸之路经济带建设为沿线国家共同发展带来了巨大机遇，也让新疆走到了对外交流与国际合作的最前沿。国家"一带一路"建设蓝图明确要发挥新疆独特的区位优势和向西开放重要窗口作用，深化与中亚、南亚、西亚等国家交流合作，形成丝绸之路经济带上重要的交通枢纽、商贸物流和文化科教中心，打造丝绸之路经济带核心区。[①]"一带一路"倡议提出后，新疆积极发挥特殊地缘、资源、人文优势，加快推进丝绸之路经济带核心区建设。

新疆的"一带一路"建设重点为"一港""两区""五大中心""口岸经济带"。"一港"即乌鲁木齐国际陆港区，"两区"即喀什和霍尔果斯经济开发区，"五大中心"即交通枢纽中心、商贸物流中心、文化科教中心、区域金融中心和医疗服务中心，"口岸经济带"即依托疆内出口加工区、综合保税区和边境合作区，建设并形成有竞争优势的经济区域。围绕这一蓝图，新疆描绘出一幅幅丝路建设的动人画卷。

1. 交通枢纽地位不断强化。在航空建设方面，新疆实现了由乌鲁木齐机场一家独大向全疆 21 个机场"雁阵齐飞"的华丽转变。目前，新疆正以空前的速度和力度加快"空中丝绸之路"建设。截至 2020 年 1 月，新疆共开通 264 条航线，已有 19 个国家、22 个国际（地区）城市和 84 个国内城市与乌鲁木齐国际机场通航。目前，新疆已基本形成以乌鲁木齐区域性枢纽机场为核心，"疆内成网、东西成扇、东联西出"的开放性航线网络布局。截至 2019 年 11 月底，新疆机场集团当年累计完成旅客吞吐量 3 516.14 万人次，货邮吞吐量 19.84 万吨，飞行起降 40.7 万架次，分别同比增长 13.3%、16.2% 和

---

① 国家发展改革委、外交部、商务部：《推动共建丝绸之路经济带和 21 世纪海上丝绸之路的愿景与行动》，《人民日报》，2015 年 3 月 29 日，第 4 版。

12.7%。① 在陆路建设方面，近年来，新疆交通运输基础设施网络规模大幅提升，横跨亚欧大陆的综合运输通道国内段已全线贯通，进出境、进出疆、南北疆之间的交通更加便利，国际运输在新疆的集聚态势已经形成。截至 2019 年底，新疆铁路运营里程超过 6 200 公里，全疆高速公路突破 5 200 公里，所有地州市实现高速公路连通，所有乡镇、建制村通硬化路。2019 年，新疆开行 1 102 列中欧班列，同比增长 10%。新疆中欧班列的"集拼集运"模式已在全国复制推广。② 乌鲁木齐、伊犁、喀什等陆港口岸已成为打通中国-中亚、南亚物流通道，对接亚欧大陆"两种资源、两个市场"的交通枢纽中心，为中巴经济走廊等"一带一路"重大项目的建设提供了有力支撑。展望未来，新疆将加快中欧班列乌鲁木齐集结中心和国际货物返程分拨中心建设，探索与"一带一路"沿线省区合作开行公共班列和阶梯班列，推动中欧班列集拼集运智能场站平台系统运营，推进陆港区与临空经济示范区联动发展，构建中欧班列大型集结中心，助力丝绸之路经济带和 21 世纪海上丝绸之路的大贯通。③

2. 经贸合作不断深入。 作为丝绸之路经济带核心区，新疆不断拓展开放领域，利用口岸优势优化开放布局，深化对外开

---

① 《"空中丝绸之路"建设力度空前 新疆去年新建改扩建 9 个机场》，《新疆日报》，2020 年 1 月 1 日，第 3 版。
② 雪克来提·扎克尔：《新疆维吾尔自治区 2020 年政府工作报告》，《新疆日报》，2020 年 1 月 12 日，第 1 版。
③ 雪克来提·扎克尔：《新疆维吾尔自治区 2020 年政府工作报告》，《新疆日报》，2020 年 1 月 12 日，第 1 版。

放。"一带一路"倡议实施以来，乌鲁木齐、喀什、霍尔果斯、阿拉山口等新疆对外开放节点城市并肩携手，成立了丝绸之路国际陆港联盟，旨在加强各方在政策、商贸、物流、产业等方面的合作，共建新疆陆港体系。霍尔果斯、喀什等重点口岸的基础设施不断完善，产业聚集能力稳步提升。2019 年，新疆口岸经济带建设迈出新步伐，通关便利化水平进一步提高，出口货物通关时间比全国同期快 3.69 小时。截至 2019 年 11 月，新疆的外贸出口额为 1 144.7 亿元，同比增长 24%，进口额为 347 亿元，同比增长 62%。[①] 未来，新疆将进一步发挥口岸优势，着力提升霍尔果斯和喀什经济开发区建设水平，完善重点发展产业企业所得税优惠目录，延续和优化优惠政策，加快推进外向型产业发展，调整和完善"五大中心"专项规划。新疆将加快推进口岸经济带基础设施建设和产业发展，促进"通道经济"向"口岸经济"转型[②]，进一步推动新疆19个对外开放口岸基础设施互联互通，培育口岸经济增长极，支持国家级经开区、高新区、新区开展自贸试验区相关改革试点，增强辐射带动作用，打造改革开放新高地。

3. 文化科教中心建设取得新进展。"一带一路"倡议实施以来，新疆承担了中国与中亚地区开展教育合作的任务，建立

---

① 《前 11 月新疆外贸进出口总值同比增长三成多》，《新疆日报》，2019 年 12 月 26 日，第 A1 版。

② 雪克来提·扎克尔：《新疆维吾尔自治区 2020 年政府工作报告》，《新疆日报》，2020 年 1 月 12 日，第 1 版。

了多渠道的合作交流与协调机制，正在打造面向中亚"一带一路"教育核心区。"十三五"期间，新疆面向中亚、南亚地区开展了培训合作，培训对象为丝绸之路经济带沿线国家的政府官员、智库学者和企业精英。新疆积极与中亚国家开展高校、智库之间的"二轨交流"，筑牢与中亚国家开展对外务实交流合作的基础。此外，自"一带一路"倡议提出以来，作为东西方多文明交汇之地，新疆还承载了促进多元文化交流及民心相通的使命。目前，新疆已经成功举办了5届中国新疆国际民族舞蹈节，为中国和"一带一路"沿线国家歌舞剧目交流提供了平台，成为中国对外文化交流的品牌项目。新疆的体育赛事展现了独特魅力，环塔汽车拉力赛、"一带一路"国际乒乓球邀请赛、"一带一路"国际青年足球邀请赛等国际赛事的举办，吸引了众多国内外体育爱好者到新疆感受运动的魅力，领略新疆风光。新疆举办的各种文艺展演促进了民心相通。在"一带一路"倡议的推动下，新疆积极举办中外文化周，与周边国家开展文化交流活动，涉及国家和地区达60多个。① 通过电影、美术、音乐等形式的文艺展演，新疆在弘扬中华文化的基础上，向外展现了中国人民开放包容、自信文明的形象。

（二）陕西：内陆型改革开放新高地

根据国家战略部署，"一带一路"建设要发挥陕西经济文化

---

① 张蓓：《文化架起丝路连心桥》，《新疆日报》，2018年9月7日，第4版。

综合优势，打造西安内陆型改革开放新高地。[①] 按照习近平总书记对陕西的新定位新要求，陕西应充分发挥科教、产业、交通等优势，强化自身在新一轮西部大开发中的战略支撑作用，以丝绸之路经济带建设为重点，坚持以创新、协调、绿色、开放、共享的发展理念为引领，构筑全方位开放格局，积极打造"一带一路"交通商贸物流、国际产能合作、科技教育、国际旅游和区域金融五大中心，叫响做实"内陆型改革开放新高地"。

1. 交通商贸物流中心。 陕西省政府支持西安咸阳国际机场打造国际航空枢纽，构建西安连接五大洲的客运航线网络和国际航空物流港，增开和加密国际航线航班，实现丝路沿线主要城市全覆盖。西安国际港务区进一步完善陆路口岸功能，加快新筑铁路综合物流中心建设，扩建西安港铁路口岸监管区。同时，陕西省持续推进中欧班列线路建设，形成两干（西线、中线）、多支（莫斯科、汉堡、华沙）、两节点（西安枢纽节点、欧洲枢纽节点）的国际铁路物流网络，持续推进大通关体系建设，支持跨境电子商务发展，扩大进出口贸易规模。2019 年，陕西新增 26 条国际客货运航线，过境免签停留时间延长至 144 小时，开通了国际第五航权客货运航线。[②] 西安咸阳机场的货运增速位居全国十大机场首位，西咸空港、宝鸡两个综合保税

---

① 国家发展改革委、外交部、商务部：《推动共建丝绸之路经济带和 21 世纪海上丝绸之路的愿景与行动》，《人民日报》，2015 年 3 月 29 日，第 4 版。

② 第五航权是市场准入权授权国允许承运人的定期国际航班在授权国下载来自第三国的客、货，或从授权国装载客、货飞往第三国的一种航权。通俗来讲，中国开放第五航权，就是外国航空公司可以开通经中国至第三国航线的权利。

区获批，保税航油业务正式启动。自贸试验区 12 项创新案例在全国复制推广，国际贸易"单一窗口"主要功能覆盖率达到100%。

2. 国际产能合作中心。 陕西省致力于加快构建具有陕西特色的现代产业体系，培育开放型经济新优势，推进国际产能合作，壮大特色产业规模，构筑国际竞争新优势。[①] 陕西省鼓励和支持陕西企业"走出去"，开展跨国经营、战略并购，在海外特别是中亚和非洲布局陕西产业园区，在全球范围内布局产业链和供应链，扩大"海外陕西"份额。发挥铁路和公路领域设计、建筑、配套等技术优势，支持相关企业组成产业联盟，抱团"走出去"。积极实施农业"走出去"战略，推进在哈萨克斯坦、吉尔吉斯斯坦等国的合作基地建设。鼓励省内物流企业与沿线国家合作建立物流服务基地，完善服务网络。推动能源技术和装备"走出去"，加强与沿线国家在新能源资源开发、新能源技术交流和新能源贸易等方面合作。目前，陕西国际产能合作的重点是持续建好中俄丝路创新园、中欧合作产业园和中韩产业园等国际合作园区，积极稳妥推进哈萨克斯坦爱菊粮油工业园和吉尔吉斯斯坦中大工业园等境外经贸合作区建设，有序推进延长石油泰国橡胶项目、华山国际、有色集团、高山流水集团等企业对外投资项目等国际合作重点项目建设。

[①] 陕西省推进"一带一路"建设办公室：《陕西省推进建设丝绸之路经济带和 21 世纪海上丝绸之路实施方案（2015—2020 年）》，陕西一带一路网，2017 年 2 月 15 日，http://snydyl.shaanxi.gov.cn/article/2508.html。

3.科技教育中心。陕西省是中国西部地区的教育重镇。依托省内众多的高校和科研机构，陕西着力规划建设国际科技合作产业基地，建设国际科学家协同创新研究及信息共享平台。支持国外机构在陕设立全球研发中心、实验室和企业技术研究院等新型研发机构，鼓励陕西省内机构在海外设立研发中心。[1]同时，根据"一带一路"建设的实际需要，陕西省内高校灵活调整学科及专业设置，加快培养"一带一路"建设急需的非通用语种人才和国别区域研究人才。国际教育合作层次和水平进一步提高，合作机构和智库联盟的国际影响力有效提升，陕西已成为"一带一路"沿线国家学生首选出国留学目的地之一，陕西省正在成为国家西部国际学术交流合作高地。

4.国际旅游中心。陕西省历史文化悠久，人文积淀深厚，拥有丰富的旅游资源。近年来，陕西省面向境外积极拓展旅游产品，与"一带一路"沿线国家签订了多个旅游合作框架协议、合作备忘录，实施文化"走出去"战略，树立了"丝绸之路起点·兵马俑的故乡"这一旅游黄金品牌，全面展现了陕西对外新形象，吸引了大量境外游客来陕旅游。陕西省未来将持续办好丝绸之路国际艺术节、西安丝绸之路国际旅游博览会、世界文化旅游大会和丝绸之路万里行等丝路旅游品牌项目。陕西将大力开发、推广入境旅游产品，与北京、上海等国际航空枢纽城市达成入境旅游合作联盟，深入打造京沪陕中国入境旅游

---

[1]　吴绍礼、田立阳：《陕西将建"五大中心"推进"一带一路"建设》，《人民日报（海外版）》，2017年5月12日，第10版。

"金三角"，为培育金牌旅游品牌项目，打造世界一流特色旅游目的地而奋斗。

5. 区域金融中心。 西安是中国西北地区重要的金融中心，近年来陕西省依托这一区域金融中心，加快开展离岸金融业务和跨境双向人民币资金池业务工作，鼓励有离岸牌照的银行机构发挥优势，大力推介离岸业务，提升离岸业务知名度，扩大离岸业务客户群。陕西还将创新国际化融资模式，深化投融资体制改革，挖掘民间资金和社会资本潜力，推广政府和社会资本合作模式，多渠道拓宽资金来源，为"一带一路"建设注入金融支持。[1]陕西省未来将进一步为"一带一路"建设提供人民币国际化、跨境电子商务、综合物流保险和出口信用保险等金融服务，为互联互通基础设施重点项目建设和产能合作等提供金融支撑。

展望未来，陕西省建设"内陆型改革开放新高地"的中远期目标是建成连通内外、便捷高效的海陆空国际综合大通道，形成领先西部、通江达海、连接世界的交通优势；建成具有陕西特色的现代产业体系，形成具有国际竞争力的产业高地；建成具有陕西特点和优势的创新发展体系，成为全国创新网络的重要枢纽；建成丝绸之路风情体验旅游核心区，成为彰显华夏文明的历史文化、自然生态旅游首选地；建成丝绸之路经济带上的金融聚集区，成为具有重要影响、特色鲜明、辐射西部和

---

[1]　吴绍礼、田立阳：《陕西将建"五大中心"推进"一带一路"建设》，《人民日报（海外版）》，2017年5月12日，第10版。

欧亚国家的区域性金融中心。[①] 陕西省将紧紧围绕建设"一带一路"五大中心这一战略目标,全面建成内陆改革开放新高地,发挥催化剂作用,带动西北地区的高质量发展,加快西部城市群一体化开放进程。

三、
西南地区参与"一带一路"的经验及特色

西南地区自古以来就是丝绸之路的重要交通要道,拥有连接东西、贯穿南北的地理优势。西南地区是 21 世纪海上丝绸之路和丝绸之路经济带交汇的门户,可以为"一带一路"的发展提供交通便利和支撑。西南地区与周边国家山水相连,文化相通,合作基础坚固。通过深度融入"一带一路"建设,西南地区将释放发展潜力,形成中国全方位开放和区域协调发展新格局,构建开放型经济新体制,培育国际合作和竞争新优势。

(一)广西:"一带一路"有机衔接的重要门户

广西自古以来就在陆上、海上丝绸之路的建设中发挥着重要作用,由于地理区位上的优势,广西与东南亚、南亚各国保持着密切的经贸文化往来。改革开放以来,广西一直是中国面

---

① 陕西省推进"一带一路"建设办公室:《陕西省推进建设丝绸之路经济带和21世纪海上丝绸之路实施方案(2015—2020 年)》,陕西一带一路网,2017 年 2 月 15 日,http://snydyl.shaanxi.gov.cn/article/2508.html。

向东南亚地区开放的重要门户。在"一带一路"建设中，国家赋予广西的使命是发挥广西与东盟国家陆海相邻的独特优势，加快北部湾经济区和珠江–西江经济带开放发展，构建面向东盟区域的国际通道，打造西南、中南地区开放发展新的战略支点，形成21世纪海上丝绸之路与丝绸之路经济带有机衔接的重要门户。[①] 近年来，广西以中国–中南半岛国际经济走廊、中国–东盟港口城市合作网络、中国–东盟信息港建设（即"一廊两港"）为重点，大力构建国际大通道，打造多领域交流渠道，推动"一带一路"建设向纵深发展。

1. 中国–中南半岛国际经济走廊建设。 中国–中南半岛国际经济走廊是《推动共建丝绸之路经济带和21世纪海上丝绸之路的愿景与行动》中提出的六大经济走廊之一。[②] 这一经济走廊以南宁和昆明为起点，以新加坡为终点，纵贯中南半岛上的越南、老挝、柬埔寨、泰国和马来西亚等国家，是中国连接中南半岛的大陆桥，也是中国与东盟合作的跨国经济走廊。广西充分发挥"一带一路"有机衔接的重要门户优势，加快推进中国–中南半岛经济走廊广西境内段建设，加强与长江经济带综合立体交通走廊等衔接，积极推进西南地区由重庆经广西出海连通新加坡的"渝桂新"南向通道建设。广西以泛亚铁路东线、南宁–新

---

① 国家发展改革委、外交部、商务部：《推动共建丝绸之路经济带和21世纪海上丝绸之路的愿景与行动》，《人民日报》，2015年3月29日，第4版。

② "一带一路"六大经济走廊是指中蒙俄经济走廊、新亚欧大陆桥经济走廊、中国–中亚–西亚经济走廊、中国–中南半岛经济走廊、中巴经济走廊、孟中印缅经济走廊。

加坡公路为纽带，推进沿线基础设施和跨国（境）经贸园区建设，推动沿线通关和投资便利化合作，加快形成优势互补、区域协作、联动开发、共同发展的区域经济体。此外，广西还优化口岸通关，推进中越、中马"两国一检"合作，积极推动商贸、装备制造业、产业园区、物流基地等方面合作，促进互联互通，打造国际陆海贸易新通道，提升南宁国际化水平和辐射带动能力，通过举办高层论坛，提升泛北部湾经济合作论坛国际影响力，推动泛北部湾经济合作成为中国-东盟次区域合作机制，在南宁设立泛北合作机构。广西正在争取更多"一带一路"沿线国家在省内设立领事机构和商务办事机构，争取更多国际交流合作机制和平台落户广西。①

2. 中国-东盟港口城市合作网络加速互联互通。 促进互联互通是"一带一路"建设的题中之义。按照战略规划，广西以北部湾港口为依托，推进北部湾区域性国际航运中心和中国-东盟港口城市合作网络建设，积极参与沿海港口合作建设，开通海上客货运"穿梭巴士"，加密航线航班，建设面向东盟的航运交易所、港口物流公共信息平台，加快建成千万标箱港口，形成中国内陆腹地的出海大通道。同时，广西还在推进中国-东盟重要航空中转枢纽建设，提升南宁、桂林两大干线机场能力，加快相关支线机场、通用机场建设，加密空中航线，培育航空货运，形成与"一带一路"国家高效对接的航空网络，打造中

---

① 《西部大开发"十三五"规划广西实施方案》，广西壮族自治区政府网，2017年12月26日，http://www.gxzf.gov.cn/zwgk/zfwj/20171226-670129.shtml。

国与东盟的重要航空中转枢纽。目前，广西已经打造了贯通南北的海铁联运国际贸易物流主干线，巩固提升了连通中南半岛的跨境运输线；开行了北部湾港-重庆班列和北部湾港-新加坡、北部湾港-香港班轮3个"天天班"。目前，北部湾港集装箱年吞吐量超过300万标箱。广西互联互通建设近期的目标是全力推进西部陆海新通道建设，围绕北部湾港建成国际门户港的目标，开展集装箱业务全环节对标提升攻坚行动，建设多式联运全国先进港口；增开远洋集装箱航线，扩大海铁联运班列覆盖范围，力争北部湾港集装箱吞吐量达到500万标箱，海铁联运集装箱量超过20万标箱；新增跨境公路运输线路，开行中越（南宁-河内）跨境班列超过150列；加快保税物流、冷链仓储、港航服务等业态发展；打造国际贸易"单一窗口"升级版"智慧湾"项目，实现全港通行"一卡通"，提升新通道核心竞争力。① 到2025年，广西将基本建成面向东南亚的城市合作网络，形成开放包容、高效便捷的国际陆海贸易新通道。

3.建设中国-东盟信息港，打造"数字丝绸之路"。近年来，广西积极引进大数据、云计算、跨境电商、互联网金融等新一代信息技术产业及信息服务企业，将中国-东盟信息港南宁核心基地建设成数字经济基地，并向东盟国家及中国西南、中南省份全面推介中国-东盟信息港。广西立足区位优势，重点推动面向东盟的数字经济产业集聚，发展面向东盟的大数据、人工智

---

① 陈武:《广西壮族自治区2020年政府工作报告》,《广西日报》,2020年1月19日，第3版。

能、跨境电商、网络文化和北斗导航等数字产业，形成区域性的数字经济产业集聚高地。[①] 具体措施包括：建设面向东盟的大数据和人工智能服务基地，加快整机柜服务器、规模化数据中心、绿色智能服务器等新型 IT 设备的部署应用，促进面向东盟的大数据产业集群式发展；建设面向东盟的跨境电商集聚地，建设一批中国-东盟电子商务特色产业园，培育一批服务跨境贸易的跨境电商平台；建设面向东盟的网络文化产品集中输出地，培育一批具有国际竞争力的互联网文化企业，打造以数字化产品、网络化传播、个性化服务为核心的数字内容文化产业集群，促进网络文化产品向东盟市场输出；建设面向东盟的北斗导航服务基地，加强北斗导航信息技术服务产品体系宣传和展示，让北斗导航更好服务东盟市场。

（二）云南：面向南亚、东南亚的辐射中心

云南省地处中国与南亚、东南亚的结合部，是中国唯一一个能够通过公路、铁路、水路进入环太平洋和环印度洋地区的省份，是"一带一路"倡议和长江经济带战略的重要交汇点，区位优势得天独厚。云南与周边国家地缘相近，人缘相亲，商缘相通，具有建设面向南亚、东南亚辐射中心的先天条件。在国家"一带一路"建设蓝图中，云南承担的使命是发挥云南区位优势，推进与周边国家的国际运输通道建设，打造大湄公河

---

① 《广西数字经济发展规划（2018—2025 年）》，广西壮族自治区政府网，2018 年 9 月 17 日，http://www.gxzf.gov.cn/zwgk/zfwj/20180917-713374.shtml。

次区域经济合作新高地，建设成为面向南亚、东南亚的辐射中心。① 这是党中央着眼于"一带一路"建设全局，为云南省确定的新坐标，明确的新定位，赋予的新使命。近年来，云南省积极推进辐射南亚、东南亚地区的四大中心建设，取得了丰硕的成果。

1. 区域性国际经济贸易中心。云南省统筹利用国际、国内两个市场资源，全面提升区域经济实力和辐射带动能力，构建全面开放新格局，打造多元合作新平台，完善对外交流新机制，培育产业竞争新优势，形成中国面向南亚及东南亚商贸要素高度聚合、经贸环境开放宽松、服务业高度发达的国际经济贸易中心。在国家政策扶持下，云南省大力发展自贸试验区，各自贸区片区根据发展定位和目标，加强协作，优势互补，错位发展，相互促进。其中，昆明片区加强了与空港经济区的联动发展，重点发展高端制造、航空物流、数字经济、总部经济等产业，建设面向南亚及东南亚的互联互通枢纽、信息物流中心和文化教育中心。红河片区加强了与红河综合保税区和蒙自经济技术开发区联动发展，重点发展加工及贸易、大健康服务、跨境旅游、跨境电商等产业，全力打造面向东盟的加工制造基地、商贸物流中心和中越经济走廊创新合作示范区。德宏片区则重点发展跨境电商、跨境产能合作和跨境金融等。

得益于区域性国际经济贸易中心的形成，近年来，云南

---

① 国家发展改革委、外交部、商务部：《推动共建丝绸之路经济带和 21 世纪海上丝绸之路的愿景与行动》，《人民日报》，2015 年 3 月 29 日，第 4 版。

省的外贸进出口形势始终保持着稳中有进、稳中向好的发展态势。2019年，云南省外贸进出口额为2 323.7亿元，同比增长17.9%，外贸额首次突破2 000亿元，进出口增幅位居全国第三。2019年，云南省与"一带一路"沿线国家实现贸易额1 628.1亿元，同比增长14.9%，占同期全省外贸额的70.1%。云南省与周边市场共同创造条件，推动人员、资本、技术、信息等生产要素自由流动。一个基础设施完善、成本优势突出、充满创新活力的区域性国际经济贸易中心已经形成。

2. 区域性科技创新中心。 云南省围绕创新资源"引进来"和面向南亚、东南亚"走出去"两大主线，对内促进区域协同创新和产业转型升级，对外强化与南亚、东南亚的科技创新交流合作，在引进消化吸收再创新以及技术的转移、转化、扩散、服务等方面取得重大突破，基本建成创新要素集聚、创新实践活跃、创新合作领先的区域性科技创新中心。云南省立足现有一批实力较强的高校、国家级科研院所、创新性大型企业集团，在生物医药、装备制造、电子信息、新材料、化工、特色农业等领域加强与南亚、东南亚各国的合作交流，目前已成功搭建起一批开展科技合作交流的重要平台。展望未来，云南将继续深化科技对内、对外合作，提高创新要素的开放性和流动性，促进科技要素资源汇聚，形成具有国际化水平、区域性特征的科技合作新格局，成为南亚、东南亚与国内创新资源交汇的枢纽，加快与南亚、东南亚国家科技信息服务、技术转移、人才交流等合作交流平台建设，提升服务水平，形成科技设施联通、人才交流畅通的合作格局，提高科技创新互惠往来的效能。云南省作为中国-南亚技术转移中心、中国-东盟创新中心的地位将进一步强化，为南亚、东南亚的科技创新合作和技术转移提供数据资源支撑。

3.区域性金融服务中心。云南省在"一带一路"建设中进一步深化与周边国家金融合作，创新开展人民币跨境业务，加大对重大项目的金融支持力度。近年来，云南省以沿边金融综合改革试验区建设为主线，以昆明区域性国际金融中心建设为引领，在确保跨境资金流动风险可控和监管有序的前提下，扩大人民币跨境使用，显著提升了金融在资源配置、服务实体经济和促进投资贸易便利化等方面的支撑能力，基本建成了一个机构集聚、设施完善、功能完备的区域性金融服务中心。目前，云南省已基本打通与南亚、东南亚国家的结算通道，实现互联互通，基本建成人民币与周边国家非主要国际储备货币交易及现钞调剂中心，云南省已成为中国人民币周边区域化的重要区域，初步建成面向南亚、东南亚的区域性金融服务中心。① 展望未来，云南将积极争取亚投行、丝路基金等国际金融机构的支持，进一步扩大人民币跨境使用，推动市场主体在跨境贸易、投资中使用人民币计价结算，进一步畅通跨境人民币结算渠道，扩大跨境人民币结算范围，深化对外金融合作与交流，进一步

---

① 《云南省人民政府办公厅印发关于提升金融创新能力建设面向南亚东南亚金融服务中心等5个实施方案的通知》，云南省政府网，2016年10月29日，http://www.yn.gov.cn/zwgk/zcwj/yzfb/201611/t20161104_144247.html。

夯实区域性金融中心地位。

4.区域性人文交流中心。云南省以"一带一路"建设为统领，丰富对外开放内涵，夯实周边国家民意基础。云南致力于推进文化、旅游、教育等领域合作的"软辐射"，打造区域性人文交流中心。云南省大力开展教育科技文化医疗合作，充分发挥了云南省中国-南亚技术转移中心和中国-东盟创新中心作用，利用先进的科技资源，与南亚、东南亚国家在生态环境保护、卫生与健康、现代农业、矿冶和新材料、科技成果转化应用等领域开展合作。依托云南既有资源，建设区域性国际疾病预防控制中心、国际诊疗保健合作中心，以及高水平国际联合实验室、医学中心和传统医学交流中心。此外，云南还积极发挥西南边疆地域文化、民族文化、宗教文化和历史文化资源等优势，创新人文交流思路，完善人文交流机制，扩大人文交流领域，通过旅游带动、教育培训、文化贸易、卫生合作、媒体舆论、智力交流和艺术传播等方式，大力开展公共外交和民间交流，营造良好舆论环境，促进民心相通，努力形成相互支持、相互理解、相互尊重的人文格局，基本建成公共服务平台完善、文化传播能力较强的区域性人文交流中心。

第三章

新疆丝绸之路经济带
核心区建设

"一带一路"是丝绸之路经济带和21世纪海上丝绸之路的简称，在中国区域经济发展与对外经济和外交史上具有里程碑的意义。2013年11月，"一带一路"倡议写入党十八届三中全会通过的《中共中央关于全面深化改革若干重大问题的决定》，正式上升为国家对外开放战略的顶层设计。

　　新疆的总面积为166万平方公里，占中国总面积的1/6，含新疆维吾尔自治区和新疆生产建设兵团两个省（区）级行政单位，是中国面积最大的省级行政区。全疆现有56个民族，到2019年底共有常住人口2 523.22万人。作为丝绸之路经济带核心区，新疆地处亚欧大陆中心，毗邻蒙古国、俄罗斯、哈萨克斯坦、吉尔吉斯斯坦、塔吉克斯坦、阿富汗、巴基斯坦和印度8个国家，边界线长达5 600多公里，是中国邻国最多、边界线最长的省区。新疆具有得天独厚的地缘交通优势，古代丝绸之路中的北、中、南三条路线汇集于此，是中国内地到中亚、欧洲的最便捷的通道。

一、
丝绸之路经济带核心区定位及其比较优势

（一）新疆丝绸之路经济带核心区定位的确立

自国家"一带一路"顶层设计出台后，部分省份纷纷提出各自的战略定位。2013 年 11 月 16 日，新疆维吾尔自治区党委八届六次全委（扩大）会议提出，新疆要抓住机遇，以建设丝绸之路经济带为契机，全面推进对外开放，努力将新疆建设成丝绸之路经济带上重要的交通枢纽中心、商贸物流中心、金融中心、文化科技中心和医疗服务中心，建设成国家大型油气生产加工和储备基地、大型煤炭煤电煤化工基地、大型风电基地和国家能源资源陆上大通道，建设成丝绸之路经济带上的核心区，从而明确了新疆在丝绸之路经济带建设中的特殊地位。

核心区定位决定了新疆在"一带一路"建设中具有举足轻重的作用。对外，新亚欧大陆桥经济走廊、中巴经济走廊和中国-中亚-西亚经济走廊在新疆实现了"三廊合一"，辐射东亚、中亚、西亚、南亚和欧洲以及北非区域。对内，沿铁路线与珠三角、长三角、京津冀等国内三大经济圈相连。此外，新疆在中亚五国和阿富汗地区防范和打击"三股势力"，为国家创造和平发展的外部环境方面有着无可替代的地位。

新疆维吾尔自治区党委政府积极回应并对接融入党中央提出的"一带一路"倡议。2013 年 9 月 11 日和 13 日，新疆维吾尔自治区两次召开副省级以上领导干部会议，研究学习建设丝绸之路经济带的重大战略思想。2013 年 9 月 18 日，自治区党委举行常委（扩大）会议，提出当好共建丝绸之路经济带的排头兵。2013 年 12 月 25 日召开的自治区党委经济工作会议提出要以建设丝绸之路经济带为契机，加快形成大开放格局。2014年 2 月 22 日，自治区党委常委（扩大）会议通过的《自治区党委贯彻落实〈中共中央关于全面深化改革若干重大问题的决定〉的实施意见》指出，以建设丝绸之路经济带为契机，积极构建开放型经济体制，努力把新疆建成丝绸之路经济带的核心区；积极推进新疆与丝绸之路经济带沿线国家的全方位务实合作；加大"引进来""走出去"力度，构建全方位开放格局。

2014 年 12 月，国家出台了《丝绸之路经济带和 21 世纪海上丝绸之路建设战略规划》，对全国"一带一路"建设进行了总体部署，明确提出发挥新疆独特的区位优势和中国向西开放的重要窗口作用及新疆生产建设兵团的特殊作用，深化与周边国家和地区的交流合作，形成丝绸之路经济带上重要的交通枢纽、商贸物流和文化科教中心，打造丝绸之路经济带核心区。

2015 年 3 月，国家发改委、外交部、商务部联合发布了《推动共建丝绸之路经济带和 21 世纪海上丝绸之路的愿景与行动》，其中，新疆的定位为"丝绸之路经济带核心区"。

（二）新疆丝绸之路经济带核心区的比较优势

古丝绸之路上往来的大多是丝绸、茶叶、瓷器、香料、珠宝和药材等商品，而如今的丝绸之路上，产品类型与贸易量早已大不相同。新疆拥有丰富的煤炭、石油、天然气资源，风能、太阳能和水能蕴藏量均位居全国前列，而且新疆还是中国著名的"瓜果之乡"、最大的棉花基地和重要的天然牧场。新疆在丝绸之路经济带核心区建设中拥有诸多优势。

1. 地缘优势。新疆是中国边境线最长、接壤邻国最多的省区，自古以来就是连接欧亚大陆的重要通道，古丝绸之路的北、中、南三条线路都从这里经过。这种特殊的地理区位在中国全方位对外开放新格局中有着重要的战略意义。20世纪90年代初，苏联解体后，中亚诸国相继成为独立的主权国家，使得原来的中苏双边关系变成了多边的国际关系。新疆同这些国家产业互补性强，经贸合作潜力巨大。加快新疆向西开放，不仅对新疆发展外向型经济意义重大，也对开拓西部国际市场，优化全方位对外开放新格局有着特殊的意义。20多年来，中国与中亚国家的贸易额增长了100倍，能源合作已经成为中国与中亚互利合作的亮点和典范。

目前，中国已成为中亚国家最主要的贸易伙伴和最重要的投资来源国。中亚地区也成为中国企业开展境外投资和经济技术合作的热点地区。同时，建设丝绸之路经济带对于促进亚欧各国政治信任、文明互鉴以及合作打击"三股势力"，维护各国的安全与稳定，有着十分重要的意义。

2. 资源优势。新疆是中国正在腾飞的宝地，自然资源得天独厚。迄今为止，新疆的石油和天然气资源量分别占全国探明资源量的30%和34%，煤炭预测资源量占全国的40%，金属铁、铜、镍、铅、锌、铀等储量大，水能、风能、太阳能等可再生能源的开发潜力巨大，前景广阔。新疆是中国畜牧业基地和最大的棉花生产基地，也是国家开发绿色食品和加工业的新基地。同时，新疆还是中国石油、天然气进口的战略通道，有希望成为中国重要的"动力源"。中央新疆工作座谈会召开以来，新疆能源开发步伐不断加快，石油、天然气和石化产业稳步增长，一大批煤炭、煤电、煤化工项目纷纷上马，风、水、光伏发电快速增长。2018 年 2 月，新疆发布《丝绸之路经济带核心区能源规划》，明确了新疆丝绸之路经济带核心区能源发展总体思路、实施重点以及相应的保障措施。

新疆目前有通往中亚国家的国际油气管道——中哈石油管道和中国–中亚天然气管道，以及源自新疆的"西气东输一线"和接通与中国–中亚天气管道的"西气东输二线""西气东输三线"等诸多能源运输管道。中哈天然气与原油管道平行延伸，经由独山子、乌鲁木齐，再经过吐鲁番与中国西气东输管道并网。经过这两条巨大的运输管道，来自中亚的跨境油气不断地运往全国各地，在新疆地区初步形成了陆上能源安全大通道。[①]

这些能源工程对中国的能源战略安全和能源结构的优化升级有着全局性的影响。

3. 人文优势。新疆有着多民族的人文优势，拥有独特的地

---

① 阿斯亚·托乎提：《新疆在中国与中亚能源合作中的地位》，《经贸实践》，2017年第 7 期，第 55 页。

域多民族文化。2 000多年前丝绸之路的开通使东西方交流和交融日益频繁，新疆成为东西方文明交流、融汇之地，成为包容多元文化和谐共生的热土。新疆的维吾尔、哈萨克、回族、柯尔克孜、蒙古、塔吉克、乌孜别克、俄罗斯和塔塔尔等9个少数民族与周边国家的同族跨国而居，双方血缘相亲，语言相通，风俗相近。这种特殊的人文优势对于发展同周边国家的经济文化合作，共同建设丝绸之路经济带有着十分重要的意义。在新疆，多民族聚居由来已久。根据2010年全国第六次人口普查的资料，全国所有的民族都有人口在新疆分布，说明新疆是一块包容性很强的宝地。

4. 政策优势。2013年11月6日，新疆维吾尔自治区党委在八届六次会议上首次提出建设丝绸之路经济带新疆核心区。2014年5月底第二次中央新疆工作座谈会确定了新疆核心区发展目标，明确了打好产能输出、科技输出、资本输出和中国企业"走出去"的四大王牌。

近年来国家赋予新疆一系列优惠政策，为新疆发展特色优势产业提供了巨大的政策支持。国家推出了喀什和霍尔果斯国家级经济开发区，中哈霍尔果斯国际合作中心和阿拉山口保税区，以及19个国家级开发区，62个自治区级开发区，为吸引国内外资金和发展外向型经济提供了重要载体。19个省市对口援助新疆，引进全国特别是东中部地区的人才、技术、产业、资本、管理经验。上海大众汽车、三一重工西北产业园、世界500强的太平洋建设等一批现代化企业扎根新疆，基本改变了新疆历史上作为驿站的单一功能，为加速工业化转型以及获得持续发展能力提供了有力的物质和制度保障。新疆现已开放 17 个一类口岸（含 2 个空港岸），凸显了现代化"产业基地"功能，形成了以乌鲁木齐为中心，集公路、铁路、航空和管道四位一体的综合性交通网络枢纽。

表 3-1　十九个省市对口援助新疆

援助省份	援助地区
北京市	对口支援和田地区的和田市、和田县、墨玉县、洛浦县和兵团第十四师昆玉市
上海市	对口支援喀什地区巴楚县、莎车县、泽普县、叶城县
广东省	对口支援喀什地区疏附县、伽师县和兵团第三师图木舒克市
深圳市	对口支援喀什地区喀什市、塔什库尔干塔吉克自治县
天津市	对口支援和田地区民丰县、策勒县、于田县和兵团第十一师
辽宁省	对口支援塔城地区四县三市和兵团第八师、第九师
吉林省	对口支援阿勒泰地区阿勒泰市、哈巴河县、布尔津县和吉木乃县
黑龙江省	对口支援阿勒泰地区福海县、富蕴县、青河县和兵团第十师
浙江省	对口支援阿克苏地区七县两市和兵团第一师阿拉尔市
江西省	对口支援克孜勒苏柯尔克孜自治州阿克陶县
安徽省	对口支援和田地区皮山县
河北省	对口支援巴音郭楞蒙古自治州八县一市和兵团第二师、第十二师 222 团
山西省	对口支援第六师五家渠市、昌吉回族自治州阜康市
河南省	对口支援哈密地区和兵团第十三师
江苏省	对口支援克孜勒苏柯尔克孜自治州阿图什市、阿合奇县、乌恰县，伊犁哈萨克自治州州直八县三市和兵团第四师、第七师
福建省	对口支援昌吉回族自治州昌吉市、玛纳斯县、呼图壁县、奇台县、吉木萨尔县、木垒哈萨克自治县

（续表）

援助省份	援助地区
山东省	对口援助喀什地区疏勒县、英吉沙县、麦盖提县、岳普湖县和兵团第十二师
湖北省	对口支援博尔塔拉蒙古自治州博乐市、阿拉山口市、精河县、温泉县和兵团第五师
湖南省	对口支援吐鲁番地区和兵团第十二师

2019 年 4 月 28 日起，新疆出入境边防检查总站乌鲁木齐出入境边防检查站和霍尔果斯出入境边防检查站在口岸边检现场设置"一带一路"专用通道，为执行"一带一路"建设重点工程、重要合作、重大项目或参加"一带一路"有关会议和活动的中外人员办理边检手续提供便利。[①]

5. 兵团优势。新疆生产建设兵团屯垦是西域屯垦的延续，是中国几千年开发和保卫边疆的历史遗产。新疆生产建设兵团嵌入式的战略布局对打击"三股势力"和维护丝绸之路经济带通道安全发挥着重要作用。[②]《新疆生产建设兵团参与建设丝绸之路经济带的实施方案》和《新疆生产建设兵团参与丝绸之路经济带核心区交通枢纽中心建设实施方案（2016—2030 年）》提出努力构建兵团现代化综合交通运输体系，确保通道安全畅通。兵团实施"走出去"战略的重点包括加快农业"走出去"

[①] 李康强：《新疆两个口岸开通"一带一路"专用通道》，《大陆桥视野》，2019 年第 5 期，第 50 页。

[②] 《在"一带一路"建设中展现兵团作为》，中国社会科学网，2017 年 6 月 16 日，http://ex.cssn.cn/dzyx/dzyx_llsj/201706/t20170616_3552502.shtml。

步伐，扩大对外承包工程和劳务合作以及鼓励多领域境外投资。2015 年 11 月 12 日，兵团注册成立了中新建国际农业合作公司，对内对外统筹运作兵团农业"走出去"项目。兵团还与新疆维吾尔自治区共同投资组建了中泰新建新丝路国际农业合作公司，在塔吉克斯坦实施农业纺织合作示范园项目。

二、
丝绸之路经济带核心区目标规划

目标体系的规划是路径选择的引领和总纲。所谓目标，就是在一定时间内要达到的具有一定规模的期望标准。1961 年，美国学者查纳斯和库珀提出目标规划理论，其基础是线性规划。1967 年，奥地利裔英国经济学家哈耶克提出了"目标统制"（teleocracy）的概念，指的是人类有意识的设计，通过集体支配资源以及集体协作实现社会共同目标。[①] 20 世纪 90 年代，"新制度经济学"的命名者威廉姆森也提出了经济制度的有目的的治理模式。[②] 二者对于目标统制和目标治理的概念阐释都是针对自发治理，区别在于哈耶克意指国家的计划经济秩序，威廉姆森则意指企业组织的治理模式。中国学者鄢一龙则从国家目标

---

① 哈耶克：《致命的自负》，冯克利译，中国社会科学出版社 2000 年版，第 9-10 页。

② 威廉姆森：《治理机制》，王建等译，中国社会科学出版社 2001 年版，第 167-203 页。

形成宏观指导和调控框架引导发展的治理模式出发，将目标治理定义为通过有意识地运用整体知识，制定国家规划，引导资源配置，以推动目标实现的公共事务治理方式。他以中国五年规划推动国家发展的历程为例，详细论述了中国目标治理的实践深化与理论成长。①

（一）新疆"一带一路"建设的目标推进

与国家五年规划相比，"一带一路"倡议同样属于国家核心层面的顶层规划，《丝绸之路经济带和 21 世纪海上丝绸之路建设战略规划》是党和国家对"一带一路"建设进行的总体部署。

2014 年 9 月 4 日，新疆维吾尔自治区党委常委（扩大）会议审议通过了《关于推进新疆丝绸之路经济带核心区建设的实施意见》和《关于推进新疆丝绸之路经济带核心区建设行动计划（2014—2020 年）》，2015 年 2 月制定了《新疆关于贯彻落实国家〈丝绸之路经济带和 21 世纪海上丝绸之路建设战略规划〉，加快推进新疆丝绸之路经济带核心区建设的实施方案》，2017 年出台了《贯彻落实习近平总书记重要讲话精神加快推进丝绸之路经济带核心区建设的意见》，2018 年在全国率先公开发布了《丝绸之路经济带核心区建设发展报告（2018 年）》。2020 年新疆印发《2020 年自治区推进丝绸之路经济带核心区建设工作要点》，以"一港、两区、五大中心、口岸经济带"为主线，以

---

① 鄢一龙：《目标治理》，中国人民大学出版社 2013 年版，第 60-61 页。

扩大对内对外开放为引领，扎实推进核心区建设走深、走细、走实，确保取得一批标志性、引领性、可视性成果。

（二）新疆丝绸之路经济带核心区的精准定位

如果从"核心区"一般意义理解，新疆应该与丝绸之路经济带周边区域建立带动型关系。然而，从综合条件和经济发展实力来看，新疆要发挥核心区的凝聚辐射作用还不现实。要树立核心区地位，新疆不能只依靠经济发展，还要保持社会稳定，同时不断加强与周边区域的互利合作，在"一带一路"建设中主动提供优质服务，从而发挥核心区的支撑作用。

要把丝绸之路经济带核心区的建设落到实处，新疆需要一个精准定位。刘胜君在其博士论文中从三个维度出发，阐述了"核心区"的定位：一是自身发展水平的维度（基础），二是对外合作水平的维度（关键），三是对整个经济带服务和支撑水平的维度（价值）。[①] 学者王义桅将"一带一路"建设分为三个基本阶段：第一阶段，基础设施建设；第二阶段，对外贸易通道建成；第三阶段，"一带一路"共同体建成。[②] 二人论点中的三个维度与三个阶段正好吻合。

我认为，应该从"基础、重点、核心"三个维度设置新疆

①　刘胜君：《新疆丝绸之路经济带核心区建设研究》，吉林大学博士论文，2016年，第64-65页。

②　王义桅：《世界是通的："一带一路"的逻辑》，《时事报告（党委中心组学习）》，2017年第5期，第115-128页。

丝绸之路经济带核心区建设定位。"基础"包括中心、通道、基地和产业集聚平台等基础设施建设。"重点"是新疆与丝绸之路经济带沿线区域互动关系的维度。"核心"则是从多个层面,特别是价值维度助力区域经济一体化以及人类命运共同体目标的实现。具体来说,新疆丝绸之路经济带核心区建设目标规划主要包括近、中、远期三个阶段目标。

1. **基础层面:固本强基,提高新疆社会稳定和经济发展水平。** 稳定与发展互为基础,发展分为经济发展和社会发展。以新疆社会稳定与长治久安总目标为指导,核心区建设的基础也分为社会稳定与经济发展两方面基本内容。一方面,作为特殊地域,"核心区"的社会稳定至关重要。另一方面,"核心区"要实现可持久的社会稳定需要可持续的经济实力作为支撑。如果新疆发展滞后,就不能充分带动周围区域的共同发展,也就无法形成整体协同发展效应。

2. **重点层面:发挥溢出效应,推动整个区域的高质量对外开放与合作。** "核心区"要发挥联动与溢出效应,需要通过自身开放带动共同开放,包括推动与"一带一路"沿线国家的经贸交流与人文合作,以及国内关联省区的交流与共建;必须全方位、深层次、高水平打造区域联动机制,拓宽合作领域;建立区域开放市场,构筑新的经济增长极;加强顶层设计,探索更高规格的区域协同决策机制等。

3. **核心层面:从多个层面助力区域经济一体化以及人类命运共同体目标的实现。** "核心"并不代表拥有控制权和支配地位,实现"服务支撑"的功能作用应该是新疆发挥丝绸之路经济带核心区作用的关键体现。服务是确保实现"五通"建设，支撑是助力区域经济一体化以及人类命运共同体目标的实现。2018 年 6 月，中央外事工作会议召开，确立了习近平外交思想的指导地位，这一思想的总体框架和核心要义可以表述为"十个坚持"。其中，坚持以维护世界和平、促进共同发展为宗旨推动构建人类命运共同体是总目标，坚持以共商、共建、共享为原则推动"一带一路"建设是总规划。因此，"一带一路"不仅有经济定位，也有价值定位，这一倡议是构建人类命运共同体的重要实践。

（三）新疆丝绸之路经济带核心区的目标设定

2015 年 2 月 11 日，新疆推进实施"一带一路"建设领导小组召开第一次会议，专题研究《新疆关于贯彻落实国家〈丝绸之路经济带和 21 世纪海上丝绸之路建设战略规划〉，加快推进新疆丝绸之路经济带核心区建设的实施方案》和《2015 年新疆丝绸之路经济带核心区建设工作要点》，对 2015 年推进核心区建设进行安排部署。其中自治区发展改革委员会制定的实施方案明确了近、中、远期三个阶段具体目标的设定。

近期目标（2015—2019 年）：用 3~5 年时间夯实基础，打开局面，包括医疗服务、交通枢纽、商贸物流、文化科教等四大中心（没有包括金融中心），以及交通运输和能源通道的基础设施建设取得阶段性成果；产业集聚区带动周边国家交流合作，初步形成国内外商贸物流网络，拓展国内外市场等。

中期目标（2020—2030 年）：用 5~10 年时间重点突破，互联互通，包括区域国际金融中心基本建成，扩大人民币结算规模；国家重要能源基地、通道和新疆十大产业集聚区建设基本完成；以铁路建设推动中巴经济走廊建成，形成便捷高效的交通运输体系；向南亚、西亚及东欧等国家发展经贸合作，促进贸易投资自由化，加快"一带一路"沿线区域开放合作和交流。

远期目标（2031—2050 年）：21 世纪中叶，深化合作，全面收获，包括"三通道三基地""五大中心""十大进出口产业集聚区"以及现代综合交通网络全面建成；"一带一路"沿线区域经济一体化格局基本建立，新疆丝绸之路经济带核心区地位充分确立。

三、
新疆"核心区"近期建设成果与目标的对标分析

2018 年 7 月 31 日，新疆维吾尔自治区推进实施"一带一路"建设工作领导小组办公室组织编印的《丝绸之路经济带核心区建设发展报告（2018 年）》（以下简称《报告》）在乌鲁木齐正式对外发布。《报告》是全国首份地方版"一带一路"建设发展报告，主体由四大部分组成：综合发展报告、专题发展报告、重要对外开放平台发展报告以及重点研究成果，共计 41 万余字，系统地介绍了截至 2017 年，新疆各地、各重点领域推进丝绸之路经济带核心区建设取得的成绩。

　　《报告》提到，在国家"一带一路"大数据中心公布的2017年全国各省区"一带一路"建设综合指数排名中，新疆排名第9，首次进入前10名。《报告》从政策沟通、设施联通、经贸合作、人文交流、资金融通、创新活力等六大方面总结了现阶段新疆丝绸之路经济带核心区建设的工作成果。我将具体成果和阶段性目标进行对标分析，可以确定新疆丝绸之路经济带核心区在近期目标上的建设进度[①]（见表3-2）。

　　通过将《报告》中的"核心区"建设成果与预定的阶段目标进行对比，我们可以看出，现阶段新疆丝绸之路经济带核心区建设基本按照近期目标在推进。其中，中期目标下的"加强区域金融中心建设，扩大人民币结算范围工作"已经提前开始推进。空中通道、网上通道已经开始完善推动，为远期实现现代公路、铁路、航空、互联网综合交通网络全面建成打下坚实基础。但是，空中、网上通道建设并没有在近期、中期和远期目标中特别提出，下一步新疆应该将综合通道建设的中期目标继续细化。另外，从以上对比分析中我们可以看出，新疆"十大进出口产业集聚区"[②]的建设工作比较滞后，虽然近期建设目标明确提出十大产业基地建设任务，但《报告》未对其建设情况进行总结，我分析，原因之一在于产业集聚需要较长的时间周期。

---

① 参见《新疆丝绸之路经济带核心区建设发展报告（2018年）》，中国一带一路网，2018年7月17日，https://www.yidaiyilu.gov.cn/xwzx/dfdt/60337.htm。

② 十大进出口产业集聚区：机械装备出口、轻工产品出口加工、纺织服装产品出口加工、建材产品出口加工、化工产品出口加工、金属制品出口加工、信息服务业出口、进口油气资源加工、进口矿产品加工、进口农林牧产品加工产业集聚区。

表 3-2　新疆丝绸之路经济带核心区近期（2015—2019 年）建设成果对标分析 [1]

领　域		目　标	成　果
五大中心	医疗服务中心	制定规划、明确思路、优先启动建设	医疗服务方面，先行启动国际医疗服务的 5 家医院全年接诊外籍患者 5 000 余人次，跨境远程医疗服务平台已连接域内 27 所医院和境外 3 个国家的 24 所大型医院
	交通枢纽中心	制定规划、明确思路、优先启动建设	印发专项规划，优先启动并取得阶段性成果（交通运输体系建设成果）
	商贸物流中心	制定规划、明确思路、优先启动建设	印发专项规划，优先启动取得阶段性成果
	文化科教中心	制定规划、明确思路、优先启动建设	丝绸之路经济带创新驱动发展试验区获国家科技部和发改委联合批复。旅游方面，全疆跨境旅游合作不断深化，全年入境游客 234.82 万人次，增长 17.1%
	区域金融中心	近期目标：无。中期目标：基本建成丝绸之路经济带上重要的区域国际金融中心，人民币结算规模和范围进一步扩大	印发专项规划，以中哈霍尔果斯国际边境合作中心金融创新为突破口，人民币与哈萨克斯坦等国货币直接交易规模逐步扩大，跨境人民币业务快速发展，涉及境外国家和地区从 43 个扩大到 90 个。新疆自 2010 年开展跨境人民币试点至今，业务累计结算量已突破 2 558 亿元，其中 2013 年至 2017 年 4 年间，跨境人民币业务累计结算量增长了 5 倍。乌鲁木齐中心支行数据显示，2017 年 1 月至 11 月，辖区跨境人民币实际收付结算额为 326 亿元，同比增长 39.4%；经常项目跨境人民币实际收付结算额为 172 亿元，同比增长 28.5%；资本项下跨境人民币结算额为 154 亿元，同比增长 54.2%

---

① 相关数据参见新疆发展改革委员会《新疆维吾尔自治区发改委参与新疆丝绸之路经济带核心区建设情况报告》，2018 年 7 月。

（续表）

领 域		目 标	成 果
运输通道	陆上通道	中通道功能得到完善提升	"一带一路"标志性工程 G7 京新高速明水至哈密段全面建成通车，形成了第二条全天候进出新疆的交通大动脉
		北通道建设全面展开	多条与周边国家连接公路抓紧升级改造，"双西公路"G218 线霍尔果斯口岸段建成通车
		南通道建设全面展开	建成南疆铁路至兰新铁路联络线，一批重点交通项目相继建成和加快推进
	空中通道		全疆民用运输机场总数达 21 个，开通国内航线 237 条、国际（地区）航线 24 条。2017 年旅客吞吐量突破 3 000 万人次大关，达 3 007.6 万人次，货邮吞吐量 18.7 万吨，分别比上年增长 8.2%、2.9%
	网上通道		"网上丝绸之路"进一步完善，加快建设和完善中巴、中俄、中吉、中塔和中哈等跨境光缆系统
能源发展	能源通道	新疆能源资源战略地位得到巩固，能源通道建设得到提升	国家能源资源陆上大通道建设，积极推进周边国家的油气资源进口，全区油气陆上大通道已基本建成，2015 年全年中哈原油管道进口原油 1 175.1 万吨，中亚天然气管道进口天然气 305.7 亿立方米。2014 年 8 月，西气东输三线西段工程（霍尔果斯-中卫）建成投产
	能源安全	能源安全得到提升	积极争取新疆电力参与全国市场平衡，重点建设哈密、准东疆电外送特高压输电工程。哈密-郑州 ±800 千伏特高压直流线路工程于 2014 年初建成投产，准东-华东（皖南）±1 100 千伏特高压直流输电工程项目于 2016 年 1 月启动开工仪式

（续表）

领 域	目 标	成 果
商贸物流	面向国内和周边国家的现代商贸物流网络初步形成	以乌鲁木齐国际陆港区建设为龙头，突出抓好中欧班列运行服务和配套改革建设，新疆-中亚班列乌鲁木齐集结中心初步形成，全年开行西行货运班列806列，是2016年的3.6倍。乌鲁木齐国际陆港区已与国内主要港口及白俄罗斯、立陶宛、哈萨克斯坦等国家建立了合作关系。全年实现外贸进出口总额1 398.4亿元，增长19.9%，与周边及沿线国家贸易额稳步增长
对外合作	与周边国家的交流和合作得到加强，国内外市场得到拓展	研究制定了新疆参与中哈、中蒙俄合作实施意见，先后与巴基斯坦、塔吉克斯坦等周边国家政府代表团开展推进"一带一路"建设交流研讨，强化了政策沟通和发展规划对接。举办2017核心区建设项目对接会，签署贷款合同项目16个，贷款总金额1 542亿元
产业集聚区	十大进出口产业集聚区初具规模	

《报告》明确指出，当前和今后一个时期，新疆核心区建设将按照《推动共建丝绸之路经济带和21世纪海上丝绸之路的愿景和行动》，以核心区商贸物流中心建设为突破口，带动交通枢纽中心、文化科教中心发展；坚持重点抓和抓重点相统筹，坚持"引进来"和"走出去"并重，坚持市场导向和企业主体工作导向，着力形成全方位对外开放新格局。"突破口"和"三个坚持"重点原则的明确，反映出新疆核心区建设工作方式的与时俱进与深度调整。如果按照目标遵循的"基础-重点-核心"三层次进度，新疆丝绸之路经济带核心区建设已迈进中期目标

的"重点"层次（见表3-3）。

表3-3 新疆丝绸之路经济带核心区建设进程

时间阶段	层次划分	目标设定	发展定位	突破口	建设重点
近期阶段 （2015—2019年）	基础	夯实基础 打开局面	自身发展	五大中心	五通基础 设施
中期阶段 （2020—2030年）	重点	溢出效应 互联互通	对外合作	商贸物流中心 （国际陆港）	产业集聚 平台
远期阶段 （2031—2050年）	核心	一体化 格局 命运 共同体	服务支撑	服务中心 （利益-命运共 同体）	核心区

2020年，新疆丝绸之路经济带核心区中期阶段建设即将开始，标志着新疆"一带一路"建设将向纵深层次拓展。在未来中远期建设中，新疆核心区工作应遵循以下原则。

1. 自身发展维度，从"通道经济"和"能源经济"迈向现代产业经济。坚持三个中心定位：社会稳定中心，经济发展中心，服务支撑中心。

2. 对外合作维度，追求两大目标。从地理导向迈向需求导向，巩固提高与中亚国家的合作水平，实现同南亚、俄欧和东盟等重点区域的合作突破。

3. 服务支撑维度，在健康丝绸之路、数字丝绸之路和绿色丝绸之路等建设方面精准发力，展现新疆作为。

根据新疆维吾尔自治区党委做出的"1+3+3+改革开放"战

略部署①，新疆丝绸之路经济带核心区建设已经进入中期阶段，也就是重要战略窗口期和发展攻坚期。为实现"溢出效应、互联互通"目标，新疆将以国际陆港建设为重点抓手，建设商贸物流中心，形成产业集群平台。国际陆港的发展将是中国未来"一带一路"建设的重中之重，陆港城市的产生催生了一种新的经济形式——陆港经济。陆港经济是指依托内陆腹地，以优良陆港及临近区域为中心，以其所在城市为载体，依靠陆港相关产业和便利的运输体系开展生产力布局的一种产业经济模式。②

作为新疆丝绸之路经济带建设的重要引擎，国际陆港已经成为实现"核心区"中期建设目标的载体及抓手。新疆国际陆港建设必须抢抓"一带一路"和西部大开发新格局建设的战略机遇，按照"集货、建园、聚产业"的发展思路，加快基础设施及综合服务平台建设，推进资源整合和功能协同；加快中欧班列和国际多式联运发展，推动形成覆盖全疆、连接欧亚的双

---

① "1"是紧紧围绕总目标，抓好反恐维稳工作，扎扎实实推进"一年稳住、两年巩固、三年基本常态、五年全面稳定"的工作规划。第一个"3"是全面贯彻落实新发展理念，抓好"三大攻坚战"（即防范化解重大风险、精准脱贫和污染防治）。第二个"3"是全力推动高质量发展，抓好三项重点工作（即丝绸之路经济带核心区建设、乡村振兴战略和旅游产业发展）。改革开放是不断深化改革、扩大开放，进一步用好稳定红利，发挥新疆劳动力成本低、能源资源丰富等优势，充分发挥市场机制的作用，最大限度地吸引国内外各类企业来疆投资兴业。

② 王志民：《"一带一路"背景下的西南对外开放路径思考》，《新丝路》，2015年第6期，第33-36页。

向通道网络，提升国际供应链组织服务水平；加快发展枢纽经济，集成要素资源，构建现代物流、国际商贸、先进制造和高端服务协同发展的开放型产业体系；探索建设内陆自由贸易核心港区，推动新疆经济实现高质量发展，构筑丝绸之路经济带更高层次的开放型经济建设新高地。

四、
新疆企业参与"一带一路"的生动实践

新疆是丝绸之路经济带核心区，连接两个"14亿人市场"，近年来受到越来越多企业的青睐。例如，世界500强企业正威集团看中这里的区位优势，在2018年投资200亿元兴建"一带一路"产业园，并在智能手机、IT高端制造领域与南亚、中亚市场进行贸易合作，目前已累计出口手机150万台。

在"一带一路"建设中，如特变电工、野马集团、广汇能源、金风科技等新疆企业已经展现出了积极态度并取得了优秀成绩。

2020年9月，新疆金风科技股份有限公司与渣打银行（新加坡）有限公司签署了东南亚市场战略合作协议，旨在加深双方在东南亚市场的合作，共同推动绿色能源国际合作的健康有序发展，为"一带一路"沿线国家的能源转型贡献力量。作为中国风电产品出口的领军企业，金风科技风电机组的出口量占中国风电机组出口总量的比例超过50%。

表 3-4　新疆品牌企业参与"一带一路"情况

企业名称	企业定位	走出去进程	"一带一路"标志性项目
特变电工	"输变电高端装备制造业、新能源、新材料"一高两新国家三大战略性新兴产业，成功构建了特变电工、新特能源三大上市公司。有1.3万多名员工	致力于把中国先进的电力建设经验与世界分享，先后为美国、俄罗斯、巴西、塔吉克斯坦、吉尔吉斯斯坦等60余个国家和地区提供绿色科技、智能环保、可靠高效的能源装备，提供从勘测到设计、施工、安装、调试、到培训、运营、维护扩一体化的交钥匙工程及系统解决方案，推动了绿色高效能源电网建设	塔吉克斯坦首都杜尚别热电厂项目
新疆中泰（集团）有限责任公司	是由新疆维吾尔自治区人民政府出资、自治区国资委直接监管的国有独资公司。前身是始建于1958年的新疆烧碱厂，2001年12月完成股份制改造，设立新疆中泰化学股份有限公司（简称"中泰化学"），2006年在深交所上市。2012年7月，自治区人民政府在中泰化学的基础上设立中泰集团	2014年7月21日，中泰集团与塔吉克斯坦工业和新技术部签署了《新疆中泰新丝路农业投资有限公司与塔吉克斯坦和新技术部的纺织发展合作备忘录》，并列入塔吉克斯坦国家项目和中塔合作重点项目。2014年9月，分别在哈特隆州（丹加拉）新丹加拉区、库尔干秋别市注册中泰（恰特隆）新丝路丝绸纺织产业有限公司、中泰（恰特隆）农业产业有限公司	中新丝路塔吉克斯坦农业纺织产业园
野马集团	前身是1993年在阿勒泰成立的野马实业公司，经过20多年的发展和数次转型，目前业务涉及三大领域：外经外贸、金融投资、文化旅游，是一家跨行业、多元化发展的民营企业集团	2015年，野马集团成立了野马电子商务公司，开展主要针对俄语系国家的跨境电商业务。公司整合了原有传统外贸资源，自主研发的电商平台Y.M.R.U已上线运营，形成了"互联网+外贸"的经营新格局	新疆古生态园、野马主题酒店已经成为新疆旅游文化和特色地民产的域文化和特色地民产的重要景区、汗血马宝马基地成为联系俄罗斯与中亚各国的新纽带
新疆华凌工贸（集团）有限公司	是一个以商品批发市场为主体，对外贸易、现代畜牧产业开发、资源性项目开发等为一体的民营企业集团。有3000多名员工	华凌集团2007年到格鲁吉亚投资发展，先后购买了每年8.8万方，共计20年的森林采伐权，已兴建四个林场了金矿、石材矿等资源类项目的勘探开发业务。集团在库皆伊宁西市购买了1000多亩土地，以建设免税自由工业园	格鲁吉亚自由工业园、华凌主题园区。第比利斯华凌帕佛伦斯大饭店荣获2016年"蒙华城市酒店"奖

（续表）

企业名称	企业定位	走出去进程	"一带一路"标志性项目
广汇能源股份有限公司	立足于新疆本土及中亚丰富的石油、天然气和煤炭资源，确立了以能源产业为经营中心，以资源获取与转换为方向的产业发展格局	致力于能源开发全产业链经营模式，稳定发展中亚市场，积极开拓北美市场，重点做好"四个三工程"。三种资源：煤炭、天然气、石油。三个基地：煤炭清洁高效利用转化基地、中亚油气综合开发基地、北美油气综合开发基地。三个园区：江苏启东园区、甘肃酒泉嘉园区、宁夏中卫园区。三条物流通道（含铁路和公路）。中哈跨境管道、海运油气接收通道	中哈跨境管道是中国第三条跨境油气管道，也是首条由民营资本投资建设的跨境油气管道
金风科技	致力于成为国际化的清洁能源和节能环保整体解决方案提供商，多次入选"全球最具创新能力企业50强"。有8 000多名员工	成立至今实现全球风电机组装机容量超过44GW，28 500台风电机组在全球6大洲、近20个国家稳定运行。公司目前专注于风电系统解决方案、可再生能源、新业务投资孵化。公司在全球范围拥有7大研发中心，与7所全球顶级院校合作	Plandiste项目是塞尔维亚计划建设的第一个风电项目，是继巴基斯坦、罗马尼亚项目之后，金风科技参与"一带一路"建设的又一个重要成果
太平洋建设	成立于1995年，是一家以基础设施投资与建设为核心产业，拥有公路、市政、水利、建筑等多家总承包及若干专业承包一级资质的民营企业	连续入选《财富》世界500强，2016年排名第99位，位列中国私营实体企业之首，全球建筑业私企第一，开辟中国民营企业入主世界前100强企业的先河	哈萨克斯坦共和国的地铁项目，巴基斯坦伊斯兰共和国的铁路项目，吉尔吉斯斯坦共和国的能源项目，乌兹别克斯坦共和国的基础设施项目等

在"一带一路"建设中，核心区定位已经使新疆获益，这一政策除了可以孵化本地企业外，还能够吸引优秀的外地企业。2016 年底，太平洋建设正式注册落户新疆，完成了挺进大西北的重大战略转移，成为第一家总部设在新疆的世界 500 强企业（原来的总部在南京）。迁址新疆后，太平洋建设按照国家"一带一路"部署，以新疆本土企业的身份参与丝绸之路经济带核心区建设。与此同时，太平洋建设积极参与同新疆周边国家的良好互动，特别是参与哈萨克斯坦共和国的地铁项目、巴基斯坦伊斯兰共和国的铁路项目、吉尔吉斯斯坦共和国 10 亿美元的能源项目、乌兹别克斯坦共和国 30 亿美元的基础设施项目。在海上，太平洋建设重点推进同印度尼西亚和菲律宾的合作。在西亚，太平洋建设强化了同伊朗、沙特阿拉伯和阿联酋等国的联系。

此外，新疆生产建设兵团实施"走出去"战略，其中农业"走出去"是重点方向。兵团于 2015 年成立了中新建国际农业合作有限责任公司，承担农业"走出去"战略的投资运营。同时，农业是中亚国家的传统主导产业，但中亚各国农业的整体生产能力比较落后。在此背景下，兵团以中新建国际农业合作有限责任公司为主体和平台，与自治区共同成立中泰新建新丝路国际农业投资有限公司，在塔吉克斯坦实施农业纺织合作示范园项目。示范园成立于 2014 年，位于塔吉克斯坦哈特隆州丹加拉区，总投资 13.9 亿元人民币，项目包括 20 万亩棉花农业园和 15 万锭纺纱项目，为当地提供了 300

个就业岗位。①

对塔吉克斯坦来说，项目为本国带来了整套的纺织业生产体系，推动了纺织产业及周边产业的发展，同时为当地提供了就业岗位，培养了熟练技工。更为重要的是，产品出口也为当地创造了外汇收入。对兵团及新疆当地发展而言，这是"一带一路"农业"走出去"的成就，有利于农业品牌与形象的提升。

在非洲，为协助安哥拉政府和民众解决农业领域存在的问题，中国无偿援建了安哥拉农业技术示范中心项目。这是两国政府在农业领域的第一个合作项目，也是两国"一带一路"农业合作的重要标志。该项目由兵团建工承建，兵团建工在安哥拉深耕多年，曾参与安哥拉战后重建和安哥拉马兰热省农业开发等项目建设，在安哥拉赢得了良好的声誉。

安哥拉农业技术示范中心项目位于罗安达省依库洛和本戈市，于 2016 年开工建设，2019 年建成并交付使用。项目占地 54 公顷，包括种植示范区、养殖示范区、生产加工区和办公生活区四个区域，配备必要的农业生产、技术示范和研究发展所需的农业机械和其他设备。兵团建工在建设中坚持高标准、严要求，克服一切困难，按期保质保量完成项目的建设，树立了良好形象。

2005 年，塔城市永利商贸有限责任公司（塔城永利）在新疆塔城成立，是兵团农业产业化的龙头企业。塔城永利是以出

---

① 《中泰新丝路塔吉克斯坦农业纺织产业园奠基》，环球网，2014 年 12 月 19 日，https://finance.huanqiu.com/article/9CaKrnJG67B。

口新疆鲜食果蔬为主的外贸企业，产品主要销往哈萨克斯坦、俄罗斯、吉尔吉斯斯坦、阿塞拜疆、德国、波兰、阿富汗和伊朗等国家。自"一带一路"倡议提出后，塔城永利每年的出口量都在增加，平均增速达到 5%~10%。[1]

由于中外饮食文化差异，新疆有些水果、蔬菜无法得到国外客户的认可。为开拓市场，塔城永利免费为客户培训中餐厨师，推广中国餐饮文化。免费培训厨师的做法让公司成功拓宽了新疆蔬菜在国外的销路，每年的果蔬出口量6万多吨。[2]目前，塔城永利已在哈萨克斯坦、俄罗斯设立 20 多个销售网点，在海外其他地区建立了 40 多个销售网点。[3]

塔城永利"走出去"取得了很好的成绩，已成为西北地区第三大果蔬出口企业。塔城永利的"一带一路"实践具有重要意义。一方面，为兵团乃至新疆解决了农产品销售问题，不仅增加了种植者的收入，也提高了新疆农产品的知名度；另一方面，丰富了国外，特别是中亚地区人民的生活，实现互利共赢，增进民心相通。而且塔城永利的相关经验值得西部地区的其他企业学习借鉴。

---

[1] 《开放大门敞开，百姓尽享红利》，《新疆日报》，2019 年 4 月 29 日，第 A4 版。

[2] 《"我们的蔬菜都出国了"》，《新疆日报》，2018 年 10 月 18 日，第 A2 版。

[3] 《新疆生产建设兵团商务发展"十三五"规划纲要》，新疆生产建设兵团商务局，2016 年 4 月 5 日，http://swj.xjbt.gov.cn/c/2016-04-05/2975023.shtml。

第四章

"一带一路"框架下西部地区与
中亚五国合作共赢

中国西部地区与中亚国家都面临着经济转型，双方在经济合作上具有很强的互补性。这种互补性不仅体现在货物贸易层面上，更是体现在产业资本合作的层面上。相比于产品贸易，中亚国家更愿意接受外国直接投资以提升自身工业发展水平，而中国西部地区有实力推动一批国际化品牌、国际化企业以及优势工业产能走进中亚五国，实现合作共赢。

一、
中亚五国对接"一带一路"方兴未艾

在推进"一带一路"建设的过程中，中亚国家扮演着非常重要的角色。认识中亚国家的地缘特征，理解中亚国家与中国基于历史、文化与现实层面的合作交流，将有力地推动"一带一路"倡议的深化与实践。1991 年苏联解体，中亚五国突如其来的独立导致原有的大苏联一体化地缘政治被打破，在这块大陆腹地逐渐出现了新的地缘政治经济。其中的一个标志性事件就是当时新独立的中亚五国领导人于 1993 年举行峰会，宣布五国构成并归属于一个新的地缘政治单位。自提出"一带一路"倡议后，中国与中亚五国的关系出现了一个新的历史性变化。

（一）中亚五国经济地理资源概况

从地理位置来看，由哈萨克斯坦、乌兹别克斯坦、吉尔吉斯斯坦、土库曼斯坦和塔吉克斯坦构成的当代中亚地区位于世界最大的连片陆地——欧亚大陆的中心位置。中亚五国在世界文明史上曾经长期扮演着欧亚大陆东西方文明交往桥梁的重要角色，是"丝绸之路"贸易活动与信息交流的重要中转地区。在近代，整个世界力量中心从陆地逐渐转向海洋，这一区域又成了世界列强大博弈的舞台。随着苏联的解体和中亚五国的独立，哈萨克斯坦、乌兹别克斯坦、吉尔吉斯斯坦、土库曼斯坦和塔吉克斯坦开始形成了新的身份认同与对外认知框架，从而为这一区域的未来发展打上了新的时代烙印。

中国是世界上拥有邻国最多的国家。如果我们考察当代中国周边邻国的地理位置及其与中国的历史-文化关联性，大致可分为如下几类：

（1）域外海岛型，如菲律宾；

（2）儒家文化圈型，如朝鲜、韩国、越南等，日本大致也可归入此类；

（3）佛教文化圈型，如缅甸、老挝、尼泊尔、不丹等；

（4）其他文明型，如俄罗斯、印度、巴基斯坦、阿富汗等；

（5）某些阶段共享历史型，如蒙古国；

（6）部分互嵌型，如中亚五国。

中亚国家属于典型的资源型国家，长期以来过分依赖油气矿产的开采和出口，基础设施建设很不完善，迄今为止还是没能摆脱苏联时期开始的"重重工、轻轻工"的经济模式。中亚五国政府目前致力于调整经济发展战略，希望促进产业结构升级，逐步实现本国产业多元化良性发展。

哈萨克斯坦是世界上最大的内陆国，国土面积排在世界第九位，共272.49万平方公里，总人口1 900.33万①，首都为努尔苏丹（是首任总统的姓氏）。全国约有140个民族，其中哈萨克族占68%，俄罗斯族占20%。哈萨克斯坦的石油总储量估计为158亿~195亿吨，在世界排第七位，在中亚五国中居首位。天然气储量约为4万亿立方米。哈萨克斯坦的金属矿藏丰富，已探明的矿藏有90多种，其中钨储量居世界第一，铬和磷矿石居世界第二，铜、锌、钼的储量居亚洲第一位。哈萨克斯坦的GDP多年来一直居中亚五国首位，2017年的GDP为1 581.42亿美元，同比增长15.1%，约为中亚及高加索地区其他国家的GDP总和。哈萨克斯坦是中国在中亚的第一大贸易伙伴，2013年中哈贸易额达286亿美元，约占中国和中亚五国贸易额的71%。2017年中哈贸易额为180亿美元，2018年中哈贸易额为116.6亿美元，2019年中哈贸易额为219.9亿美元。

———————————

① 截至2021年2月。

中国和哈萨克斯坦的贸易额基本上在 2013 年达到高峰，之后从 2015 年开始到 2018 年一直在下降，主要原因有三。第一是受世界经济危机的影响，中亚经济疲软。第二是受美国、欧盟制裁俄罗斯的影响，哈萨克斯坦是欧亚经济联盟的成员，受到了直接的影响。第三是"一带一路"倡议提出以来，中国在哈萨克斯坦陆续建设了一些工业园，这些工业园把中国好的产能和品牌带过去就地生产，生产的产品在当地市场销售。中亚五国的总人口不到 8 000 万，市场有限，承接中国产品出口的能力有限。这三方面原因造成了中国同哈萨克斯坦贸易额的下滑。但 2019 年，中哈贸易额有了一定程度的提升，自 2015 年以来首次重回 200 亿美元大关。

中国在哈萨克斯坦的投资累计已有 557 亿多美元。引进中国先进的产能不仅能促进该国经济转型，而且有利于该国建立独立的民族工业。2015 年 3 月，中哈两国达成了 236 亿美元的产能合作协议，涉及有色金属、平板玻璃、炼油、水电和汽车等领域，为中国与中亚其他国家推进产能合作提供了范例。

乌兹别克斯坦的总面积为 44.89 万多平方公里，总人口 3 455 万[①]，首都为塔什干（乌兹别克语中"石头城"的意思）。该国共有 130 多个民族，乌兹别克族占 80%，俄罗斯族占 5.5%，塔吉克族占 4%，哈萨克族占 3%，卡拉卡尔帕克族占 2.5%，鞑靼族占 1.5%，吉尔吉斯族占 1%，朝鲜族占 0.7%。乌兹别克斯

---

① 截至 2021 年 1 月。

坦是中亚人口最多的国家,也是中亚唯一一个双重内陆国。能源资源主要有石油、天然气和煤炭,三者目前探明储量分别为53亿吨、5万多亿立方米和20亿吨。乌兹别克斯坦是世界天然气十大开采国之一。此外,乌兹别克斯坦的黄金储量位居世界第四位,铀储量位居世界第七位。2017年乌兹别克斯坦的GDP为679.05亿美元,中乌贸易总额为49.61亿美元。2018年,中乌贸易额为64.28亿美元,同比增长35.2%。2019年中乌贸易额为76.2亿美元。中国是乌兹别克斯坦第一大贸易伙伴和第一大投资国,中国在乌兹别克斯坦的投资累计共87亿美元。

土库曼斯坦的总面积为49.12万平方公里,总人口572万[1],首都为阿什哈巴德(土库曼语中"爱城"的意思)。该国共有120多个民族,其中土库曼族占94.7%,乌兹别克族占2%,俄罗斯族占1.8%。1995年12月12日,第50届联合国大会通过决议,承认土库曼斯坦为永久中立国。该国地下蕴藏丰富的石油和天然气资源,天然气储量高达24.6万亿立方米,居中亚第一位、世界第四位。石油储量约有120亿吨,居中亚国家第二位,仅次于哈萨克斯坦。2017年土库曼斯坦的GDP为416.7亿美元,中土贸易额为69.4亿美元,2018年中土贸易额为84.36亿美元。

吉尔吉斯斯坦的总面积为19.99万平方公里,总人口663.68万[2],首都为比什凯克(吉尔吉斯语中"马奶搅棒"的意

---

① 截至2020年6月。

② 截至2021年3月。

思）。该国共有 80 多个民族，其中吉尔吉斯族占 73.6%，乌兹别克族占 14.8%，俄罗斯族占 5.3%，东干族占 1.1%，维吾尔族占 0.9%，塔吉克族占 0.9%，土耳其族占 0.7%，哈萨克族占 0.6%。吉尔吉斯斯坦的煤炭储量为 296 亿吨，被称为"中亚煤斗"。该国主要矿产资源为有色金属和稀有金属，其中黄金储量丰富，铀矿、汞和锑矿储量也极为丰富。2017 年吉尔吉斯斯坦的 GDP 为 70.61 亿美元，中吉贸易额为 15.976 亿美元，2018 年中吉贸易额为 20.03 亿美元。

塔吉克斯坦的总面积为 14.31 万平方公里，总人口 960 万[①]，首都是杜尚别（塔吉克语中"星期一"的意思）。该国共有 86 个民族，其中塔吉克族占 80%，乌兹别克族占 15.3%，俄罗斯族占 1%。塔吉克斯坦的水力资源极为丰富，总蕴藏量在 6 400 万千瓦以上，年发电量可达 5 270 亿千瓦时。塔吉克斯坦 2017 年的 GDP 为 72.3 亿美元，2017 年中塔贸易额为 13.7 亿美元，2018 年中塔贸易额为 42 亿美元。

（二）中亚五国积极响应"一带一路"倡议

当前，中亚五国虽然独立已有近 30 年的时间，但作为总体上的发展中区域，中亚各国依然面临着保障经济发展、维护社会稳定与建设国家认同这三大重要任务。由于各国内部和外部环境的不同，中亚各国在国家治理层面形成了三个梯度，其中

---

① 截至 2021 年 3 月。

哈萨克斯坦的国家治理成效最为明显，乌兹别克斯坦、吉尔吉斯斯坦和土库曼斯坦处于中间位置，塔吉克斯坦由于独立之后经历内战，目前经济与社会发展尚在恢复阶段。近几年来，中亚国家的经济基本保持增长态势，但受石油等大宗能源产品价格起落的影响，某些年份的经济形势有所波动。目前在政治经济层面，中亚各国处在一个从稳定到发展的转折期。在保障各国内部政治局势安全的同时，加强与中国基于"一带一路"倡议的深度合作，是中亚各国促进发展的重要实践路径。

近年来，中国与中亚五国战略伙伴关系全面升级。中哈两国分别于2011年6月和2013年9月签署了《中哈关于发展全面战略伙伴关系的联合声明》和《中哈关于进一步深化全面战略伙伴关系的联合宣言》。2011年6月，中国与乌兹别克斯坦签署了《中乌关于建立和发展战略伙伴关系的联合声明》。2013年5月和9月，中国先后与塔吉克斯坦、土库曼斯坦和吉尔吉斯斯坦三国签署了《关于建立战略伙伴关系的联合宣言》。中国和五个中亚国家全部都建立了战略伙伴关系，实现了中国和中亚国家关系的全面战略升级，为中国企业走向中亚市场提供了比较和谐的政治氛围和发展环境。

"一带一路"倡议提出多年来，中亚五国政府和民众反应良好、普遍认同，积极同中国拓宽全方位合作。

哈萨克斯坦时任总统纳扎尔巴耶夫于2014年11月11日提出"光明之路"新经济政策，意图大力推动以完善交通道路为主要内容的基础设施建设，进一步推进本国经济增长，提升哈萨克斯坦在全世界的经济地位，提高人民的生活水平。该政策计划在 3 年之内将共计 90 亿美元的资金投入运输物流业建设、工业和能源基础设施建设、公共设施和水热供应网络改善、住房与社会基础设施建设、中小型企业扶持等多个领域，通过对运输和物流基础设施项目的大规模投资，进一步发展和完善哈萨克斯坦的国内运输网络。在上述政策落地的过程中，哈萨克斯坦学者认为，"光明之路"与中国提出的丝绸之路经济带可对接成为"光明的丝绸之路"，从而实现两国政策的协调共赢。2015 年 5 月，纳扎尔巴耶夫总统访问中国，在两国元首签订的联合声明中表示，哈萨克斯坦将积极参与"一带一路"框架内的基础设施建设，在经贸投资等领域进行合作。

纳扎尔巴耶夫总统在 2018 年的国情咨文中提到，"一带一路"倡议不仅为哈中合作带来了新动力，而且改变了中亚的地缘经济状况。2019 年 9 月 11 日，哈萨克斯坦新总统托卡耶夫在访问中国社会科学院时表示，中国是哈萨克斯坦最主要的贸易和投资伙伴，双方合作潜力巨大，共同推进"一带一路"建设的前景十分广阔。哈萨克斯坦和中国正在积极推动高度冶炼产品的生产合作，包括石油、天然气，以及核能、采矿和石化领域。2019 年 3 月 19 日，哈萨克斯坦开国总统纳扎尔巴耶夫在辞职讲话时强调："中亚虽然是内陆，但我们有两片海洋，一片叫中国，一片叫俄罗斯。只要打通陆路运输，它们就是我们最好的海洋。"

2014 年 5 月，乌兹别克斯坦总统卡里莫夫来上海参加亚洲相互协作与信任措施会议期间，向习近平主席明确表示乌兹别克斯坦将积极参加"一带一路"建设，并推动"一带一路"倡议与本国的发展战略相结合。2017年5月，乌兹别克斯坦继任新总统米尔济约耶夫在北京参加"一带一路"国际合作高峰论坛期间表示，"一带一路"倡议对推动中亚地区及欧亚大陆的交通、贸易、能源、金融发展潜力巨大，乌兹别克斯坦将会在其中扮演重要角色。2017年12月22日，米尔济约耶夫总统在首次对议会两院发表的国情咨文中提到，在同中国"一带一路"项目合作的框架下有必要提高乌兹别克斯坦的交通运输能力。2018年6月，米尔济约耶夫总统在上海合作组织青岛峰会上表示，乌兹别克斯坦正以"一带一路"为契机，在经贸、投资、产能、基础设施等方面同中国深化合作，努力促进两国发展战略对接。

土库曼斯坦支持中国"一带一路"倡议，中土经贸能源合作一直平稳发展。2017年6月9日，土库曼斯坦总统别尔德穆哈梅多夫在阿斯塔纳向中国国家主席习近平表示，土库曼斯坦致力于深化土中两国战略性关系，愿同中方密切高层交往，在"一带一路"框架下拓展天然气、清洁能源、产能、交通运输基础设施等领域的合作，加强教育、文化等人文交流，衷心希望土中关系像奔驰的汗血宝马一样快速发展。土库曼斯坦为把其打造成为国际交通运输枢纽，近年来制定了相关战略规划，实施了一批交通基础设施建设项目。

吉尔吉斯斯坦政府欢迎中国的"一带一路"倡议，《吉尔吉斯共和国政府新纲领》提出，努力修复和养护公路、发展国际运输走廊和扩大国内公路网。2014 年，时任总统的阿坦巴耶夫明确表示，吉尔吉斯斯坦将全力支持"一带一路"倡议。2018 年 6 月，新任总统热恩别科夫在参加上海合作组织青岛峰会时表示，吉尔吉斯斯坦将一如既往地支持"一带一路"倡议，发展对华经贸与基础设施建设项目。

《中华人民共和国和吉尔吉斯共和国关于进一步深化全面战略伙伴关系的联合声明》强调，吉尔吉斯斯坦支持中方"一带一路"倡议。中方提出的共建"一带一路"倡议和吉尔吉斯斯坦《2018—2040 年国家发展战略》的合作潜力巨大，两国将本着互利共赢的原则寻找更多利益交汇点，努力实现共同发展。

塔吉克斯坦是最早与中国签署"一带一路"合作备忘录的国家。塔吉克斯坦政府为了借力"一带一路"倡议发展本国经济，制定了《塔吉克斯坦至 2030 年国家发展战略》，明确提出要把国家由交通孤岛转变为过境运输走廊作为落实战略的主要行动。2016 年 6 月，拉赫蒙总统在塔什干会晤习近平主席时表示，塔吉克斯坦已将参与丝绸之路经济带定位在基础设施、电力开发、农业、地方、人文、安全合作等领域。2018 年 6 月，拉赫蒙总统在参加上海合作组织青岛峰会时强调，愿意将塔吉克斯坦的发展战略与丝绸之路经济带建设进行对接。

表 4-1 中亚国家签署"一带一路"合作文件概况

国家	签署年份	签署文件
哈萨克斯坦	2014 年	《中华人民共和国国家发展和改革委员会与哈萨克斯坦共和国国民经济部关于共同推进丝绸之路经济带建设的谅解备忘录》
塔吉克斯坦	2014 年	《关于共同推进丝绸之路经济带建设的谅解备忘录》
	2015 年	《关于编制中塔合作规划纲要的谅解备忘录》
乌兹别克斯坦	2015 年	《关于在落实建设丝绸之路经济带倡议框架下扩大互利经贸合作的议定书》
吉尔吉斯斯坦	2018 年	《中华人民共和国和吉尔吉斯共和国关于建立全面战略伙伴关系联合声明》

总体来看,基础设施互联互通是"一带一路"建设的优先领域。从中亚国家内部的铁路建设情况来看,哈萨克斯坦的水平最高。在哈萨克斯坦国内,铁路运输是其国家经济发展的命脉,但由于历史原因,该国缺乏横贯东西的大铁路。近些年来,为推进国际合作和国内发展,哈萨克斯坦积极修建连接哈萨克斯坦、土库曼斯坦和伊朗的国际铁路,力图形成东西纵横的国内铁路网络。所以,中哈双方对接的重中之重在于推动两国之间的交通走廊建设。具体而言,中哈两国将致力于海陆空立体交通联动发展,同时推进公路、铁路、航空设施与边境口岸的建造与升级,推动中国-哈萨克斯坦-西亚、中国-哈萨克斯坦-俄罗斯-西欧以及中国-哈萨克斯坦-南高加索 / 土耳其-欧洲

交通走廊建设等项目建设。①

　　而中亚其他四国的交通状况有待改进。吉尔吉斯斯坦的海拔多在 3 000~4 000 米之间，交通非常不便，目前还是以公路为主。中吉乌铁路另一端通往土库曼斯坦，但该铁路陈旧不堪。为推进发展，乌兹别克斯坦正在修建由首都塔什干通往费尔干纳的铁路。该铁路的咽喉工程——由中国承建的卡姆奇克隧道已于 2016 年 6 月顺利完工。2017 年，乌兹别克斯坦总统米尔济约耶夫在对中国进行国事访问期间，又签署了中国企业参与乌兹别克斯坦卡姆奇克山口第二条隧道建设的文件。乌兹别克斯坦铁路总长度为 4 000 公里。2017 年 10 月 27 日，吉尔吉斯斯坦总统意图与乌兹别克斯坦联手推进之前中断的中吉乌铁路建设。铁路是塔吉克斯坦外贸货运的重要手段，但由于历史原因，在通行和过境费用等诸多方面受到乌兹别克斯坦的制约。此外，土库曼斯坦也积极参与国际交通领域的合作，参加哈萨克斯坦-土库曼斯坦-伊朗铁路项目的建设，不断扩大与乌兹别克斯坦的交通合作。随着建设规划的推进，南北走向的哈萨克斯坦-土库曼斯坦-伊朗铁路干线有可能同中国和哈萨克斯坦之间的跨境铁路实现对接。

　　自"一带一路"倡议实施以来，中国与中亚国家在能源资源领域开展了广泛合作。其中，于 2012 年开通的中国-中亚天然气管道工程是中国第一条引进境外天然气资源的陆上能源管

---

① 王承玥、王心怡：《试论"一带一路"背景与"光明之路"计划的对接——兼论其对中哈关系的意义》，《中共济南市委党校学报》，2018 年第 1 期，第 59 页。

道。该管道的起点是位于土库曼斯坦和乌兹别克斯坦交界处的格达伊姆，终点是位于中国新疆的霍尔果斯，单线长度为 1 833 公里。其中，乌兹别克斯坦境内 529 公里，哈萨克斯坦境内 1 300 公里，中国境内 4 公里，气源来自土库曼斯坦。在 30 年运营期内，土库曼斯坦将通过这条管道每年向中国供应 300 亿方天然气。值得注意的是，该工程将与中国国内西气东输二线相连，供气范围覆盖全国 23 个省份，受益人口达 5 亿，将对提高中国清洁能源利用水平、促进节能减排、改善民生做出重大贡献。[①] 目前，中亚天然气管道 A/B/C 线和哈南线已拥有 570×108 立方米的年输气能力，形成了四国多方运行的协调机制。中亚地缘政治复杂，国家之间矛盾很多，完成管道建设并成功运营非常不易，四国的多方运行机制具有代表性，是全球能源治理机制的新探索，为共建"一带一路"提供了创新的案例和范本。[②]

除了油气资源之外，中亚国家的金、锌、铝、锰、铬等矿产资源储量也位居世界前列，已发现世界级特大型金属矿床 32 个，且与新疆同属一个成矿域。以吉尔吉斯斯坦为例，采矿业是该国的主要经济来源之一，目前占其国内生产总值的 11%。吉尔吉斯斯坦有丰富的金矿石和褐煤、锡、汞等矿产资源。目

---

① 中国土木工程学会燃气分会：《中国-中亚天然气管道工程》，《城乡建设》，2019 年第 21 期，第 60-61 页。

② 王震、董宣：《"一带一路"背景下中亚油气合作的前景及建议》，《油气储运》，2020 年第 1 期，第 12 页。

前，在该国采矿业的生产结构中，黄金占比最高，达到 75%，其次为砂石、石灰石等非金属原料。由于吉尔吉斯斯坦国内缺乏必要的开发资金和技术设备，因此迫切希望能够通过与中国企业进行合作推进本国相关产业的开发，从而提升经济发展水平、造福民生。[①]

中亚地区已经成为中国企业"走出去"的重要目的地。随着"一带一路"的推进，中国已在中亚地区建设了 6 个海外园区（见表 4-2），注册企业约有 3 356 家。[②] 随着企业"走出去"，中国在中亚各国的劳工规模也不断扩大。2015 年，吉尔吉斯斯坦的外国劳务许可配额为 12 900 人，实际注册的外国劳工为 12 259 人，共来自 83 个国家。其中，来自中国的劳工有 9 848 人，占总数的 80%。2017 年，吉尔吉斯斯坦共发放超过 1.47 万个外国劳务人员许可，其中 1.1 万个名额由中国公民获得，约占总数的 70%，其次为土耳其、韩国和美国。据吉尔吉斯斯坦国家移民局统计，近 5 年来，来自中国的劳务移民占其外国劳务总数的 67%~75%，主要从事道路建设、首都热电站改造以及采矿等工作。随着"一带一路"建设的推进，中亚地区已成为中国企业投资和中国劳工派出的重要目的地。2019 年，新疆赴中亚务工人员达 13 000 余人。

---

① 托亚、周琪：《"一带一路"战略推动中亚矿产投资展现新魅力》，《新疆日报》，2015 年 7 月 21 日，第 3 版。

② 数据截至 2016 年，参见韩璐：《丝绸之路经济带在中亚的推进：成就与前景》，《国际问题研究》，2017 年第 3 期，第 108-124 页。

表4-2 中国在中亚国家的工业园区

国家	数量	工业园名称
哈萨克斯坦	2	中哈边境合作中心、中国产业园
塔吉克斯坦	2	中塔产业园、中塔农业纺织产业园
吉尔吉斯斯坦	1	亚洲之星农业产业合作园区
乌兹别克斯坦	1	吉扎克工业园区

资料来源：根据中国一带一路网信息整理。

但是，随着中亚国家的产业升级，哈萨克斯坦等国开始将外国劳务许可配额给予更多高素质的人员。2019年9月，哈萨克斯坦政府副总理萨帕尔巴耶夫在与科技创作界代表会面时表示：现在有很多关于中国在哈萨克斯坦建厂的讨论和传言，任何一个国家的经济发展都离不开投资，与中国合作建设55个项目，可以为哈萨克斯坦带来超过280亿美元的投资，并且能够在这些工厂和关联行业为哈萨克斯坦公民增加更多就业机会。萨帕尔巴耶夫强调，新建工厂不会采用过时落后的技术，而是将采用现代化技术，确保可靠的销售市场。社会上有很多传言，称哈萨克斯坦引进大量外国劳工，事实并非如此。三年来，在哈萨克斯坦的中国劳工数量减少了2/3。2016年在哈萨克斯坦工作的中国劳工有1.27万人，到2019年时大约有4 300人。这一数量每年都会减少，劳务移民配额只会给予本国缺乏的高水平专业人才。

在人员交流方面，中国公民赴中亚地区人数逐年上升（见表4-3），仅2019年，双方来往人员近百万人次，每周约有 209 个航班往返中国与中亚之间。中国与中亚地区交流增多催生了赴中亚地区旅游的热潮，如乌兹别克斯坦已经成为中国公民旅游热点地区。随着中亚各国对中国免签，预计会有更多旅客赴中亚地区旅游。

表 4-3　2015—2019 年中国公民入境中亚五国的人数（单位：人次）

年份 国家	2015 年	2016 年	2017 年	2018 年	2019 年
哈萨克斯坦	241 478	225 498	223 067	264 840	256 700
乌兹别克斯坦	21 087	22 350	23 656	31 700	54 000
塔吉克斯坦	25 300	26 190	28 450	29 350	30 500
土库曼斯坦	26 500	28 050	29 400	30 550	32 455
吉尔吉斯斯坦	31 282	34 463	41 307	35 215	34 000

资料来源：Knoema 数据库，截至 2020 年 2 月 22 日。

在文化交流层面，中亚地区的孔子学院和中亚来华学习的留学生不断增多。自 2005 年乌兹别克斯坦塔什干的第一所孔子学院建成以来，中亚地区的孔子学院迅速发展，截至目前中国在中亚地区已设立 13 所孔子学院，其中哈萨克斯坦 5 所，吉尔吉斯斯坦 4 所，塔吉克斯坦和乌兹别克斯坦各 2 所。同时，中亚来华学习的留学生规模不断扩大。以新疆为例，每年在校外国留学生达 6 000 人左右，在国内排名前列，生源主要来自中亚各国。此外，陕西也是中亚留学生的热选地。2017 年底，在陕中亚留学生已达 1 400 余人，主要分布在西安交通大学、陕西师范大学、长安大学、西北大学、西北工业大学和西安外国语大学等高校。

表 4-4 中亚地区孔子学院情况

国家	孔子学院名称	所在城市	合建机构	下设孔子课堂	启动时间
哈萨克斯坦（5所）	欧亚大学孔子学院	阿斯塔纳	西安外国语大学	0	2007年12月5日
	哈萨克国立民族大学孔子学院	阿拉木图	兰州大学	0	2009年2月23日
	哈萨克阿克托别朱巴诺夫国立大学孔子学院	阿克纠宾	新疆财经大学	0	2011年3月24日
	卡拉干达国立技术大学孔子学院	卡拉干达	新疆石河子大学	0	2011年11月1日
	阿布莱汗国际关系与外国语大学孔子学院	阿拉木图	西南大学	0	2017年4月28日
吉尔吉斯斯坦（4所）	吉尔吉斯国立民族大学孔子学院	比什凯克	新疆师范大学	10	2007年11月6日
	比什凯克人文大学孔子学院	比什凯克	新疆大学	10	2008年6月15日
	奥什国立大学孔子学院	奥什	新疆师范大学	0	2013年1月24日
	贾拉拉巴德国立大学孔子学院	贾拉拉巴德	新疆大学	0	2016年12月26日
塔吉克斯坦（2所）	塔吉克国立民族大学孔子学院	杜尚别	新疆师范大学	1	2009年2月26日
	冶金学院孔子学院	胡占德	中国石油大学（华东）	0	2015年8月20日
乌兹别克斯坦（2所）	塔什干孔子学院	塔什干	兰州大学	0	2005年5月7日
	撒马尔罕国立外国语学院孔子学院	撒马尔罕	上海外国语大学	0	2014年11月28日
土库曼斯坦（0所）					

目前，中国成为哈萨克斯坦留学生的第二大目的国（仅次于俄罗斯），2003 年时，仅有 8 名哈萨克斯坦留学生在中国毕业，这一数字在 2013 年增长至 700 余名。2018 年，哈萨克斯坦来华留学生已达 11 784 人，位列外国在华留学生来源国第十位。

二、
中国西部与中亚五国合作的初步成果

目前，中亚五国总体上处于工业化初中期阶段，其中哈萨克斯坦处于工业化中期，土库曼斯坦刚进入工业化中期，乌兹别克斯坦处于工业化初期，吉尔吉斯斯坦和塔吉克斯坦两国尚处于工业化起始阶段。

中亚国家因加工制造能力不足，迫切希望提升工业发展水平。当前中亚五国的基础设施建设还比较薄弱，特别欢迎中国企业对其基础设施建设领域进行投资，这与亚洲基础设施投资银行和丝路基金的资金支持方向相吻合。

中亚五国均属于传统型贸易出口国，其出口商品结构与中国存在很强的互补性。近几年，中亚五国的整体经济实力普遍上升，国内生产总值增幅高于世界平均水平，对外贸易和投资持续增长，国际收支状况改善，通货膨胀低于预期，固定资产投资规模继续扩大，外债规模增加但总体可控，进口替代和出口导向的经济发展战略部分目标已经实现。

2015 年 5 月，国务院印发《关于推进国际产能和装备制造合作的指导意见》，指出把推进国际产能和装备制造合作作为保持中国经济中高速增长，推动高水平对外开放以及开展互利合作的关键举措。中亚国家普遍愿意接受外国直接投资以提升自身工业发展水平，而中国有实力、有条件、有动力推动优势工业产能"走出去"。

（一）新疆对中亚五国的直接投资概况

在"一带一路"建设中，新疆逐步加强政府的宏观指导和协调，制定投资中亚国家市场总体发展战略，做好投资项目规划，以点带面编制投资发展的重点区域、重点产业、重点产品的具体指导目录，制定指导性投资政策，引导企业做好境外投资项目的可行性研究等。

除进出口贸易外，直接投资是新疆与中亚五国最主要的合作内容。新疆通过投资与中亚国家进行经济技术合作的历程大致分为三个阶段。

2000 年之前，新疆对外投资的主体主要是一些小规模、贸易型的小企业，项目的平均投资额不足 5 万美元。而在境外工程承包方面新疆仅参与过一些额度非常小的国家对外援建项目。

2001 年至 2012 年为缓慢发展阶段，新疆的对外投资规模仍然较小，但投资领域不断扩张，境外工程承包领域逐渐涌现出一批具备较强市场竞争力的企业，如新疆特变电工等。2007 年，新疆对中亚地区的直接投资额首次突破 1 亿美元，达到

1.74 亿美元。2010 年和 2011 年，新疆对中亚五国直接投资额突破 2 亿美元，约为 2.1 亿美元。2012 年，新疆对中亚五国的投资再次下滑至 1.56 亿美元。

2013 年至今为快速发展阶段，新疆的对外投资规模不断扩大，各领域深度发展。2013 年至 2015 年，新疆对中亚五国的投资额快速增长，分别为 2.17 亿美元、3.23 亿美元和 4.92 亿美元，年增长分别为 39%、49% 和 52%。这几年新疆企业在中亚国家的投资额不断增大，目前已累计直接投资 29.9 亿美元（其中新疆维吾尔自治区政府投资 21.5 亿美元，兵团投资 8.4 亿美元），对外承包工程营业额达 98.8 亿美元。

从新疆对中亚五国直接投资的国别分布来看，新疆对哈萨克斯坦的投资最多，大约占 50% 以上，其次是塔吉克斯坦、吉尔吉斯斯坦和乌兹别克斯坦，对土库曼斯坦的投资最少。新疆在中亚五国共有 338 家境外投资企业，其中在哈萨克斯坦设立的投资企业最多，共有 162 家，占新疆境外投资企业总数的 47.9%；在乌兹别克斯坦有 74 家，占 21.9%；在吉尔吉斯斯坦有 55 家，占 16.3%；在塔吉克斯坦有 42 家，占 12.4%；在土库曼斯坦只有 5 家，占 1.5%。由于签证难等原因，新疆在土库曼斯坦的这几家境外投资企业都是在 2009 年和 2010 年设立的。而新疆在哈、吉、塔、乌每年都有新的企业设立，在乌兹别克斯坦成立的企业最多。2019 年，在乌兹别克斯坦运营的中国企业已达 1 611 家，这一数字在中亚五国中名列前茅，最具发展潜力。

　　根据商务部的中国对外投资和经济合作境外企业（机构）统计数据库中的数据，新疆对中亚国家的投资中，拥有一家境外投资企业的境内投资主体有222家，其中投资哈萨克斯坦的企业有107家，投资乌兹别克斯坦的企业有53家，投资吉尔吉斯斯坦的企业有38家，投资塔吉克斯坦的企业有22家，投资土库曼斯坦的企业有2家。拥有2家境外投资企业的境内投资主体共有27家，其中哈萨克斯坦有9家企业，塔吉克斯坦有2家企业，吉尔吉斯斯坦有1家企业，另有15家境内投资主体投资分散在两个国家（如表4-5所示）。

表4-5　新疆拥有2家境外投资企业的境内投资主体

境内投资主体	哈萨克斯坦	吉尔吉斯斯坦	塔吉克斯坦	乌兹别克斯坦	土库曼斯坦
新疆敖北贸易有限公司	2				
新疆石油工程设计有限公司	2				
新疆广汇石油有限公司	2				
霍尔果斯盛天贸易有限责任公司	2				
新疆萨木哈尔国际贸易有限公司	2				
新疆科力新技术发展股份有限公司	2				
乌鲁木齐旭程元商贸有限公司	2				
新疆汇商通工贸有限公司	2				
博尔塔拉蒙古自治州雪克皮业有限	2				
新疆恒久欧亚贸易有限公司		2			
新疆中泰新丝路农业投资有限公司			2		
紫金矿业集团西北有限公司			2		

（续表）

境内投资主体	哈萨克斯坦	吉尔吉斯斯坦	塔吉克斯坦	乌兹别克斯坦	土库曼斯坦
新疆华油技术服务股份有限公司	1	1			
中国有色金属进出口新疆公司	1	1			
新疆野林酒业股份有限公司	1	1			
乌鲁木齐集成多维电子科技有限公司	1	1			
新疆隆博实业有限公司	1		1		
新疆艾热克国际贸易有限公司	1			1	
新疆国际实业股份有限公司	1			1	
新疆银星永固钢结构有限公司	1			1	
乌鲁木齐鼎力盛国际贸易有限公司	1			1	
新疆正和经贸有限公司	1			1	
霍尔果斯金海巍贸易有限公司	1			1	
中国石油集团西部钻探工程有限公司	1			1	
岳普湖益华纸业包装有限公司		1		1	
新疆华和国际商务咨询有限公司		1	1		
克拉玛依奥斯特石化设备有限公司	1				1

注：截至 2016 年 1 月 21 日。

资料来源：商务部中国对外投资和经济合作境外企业（机构）统计数据库。

从表 4-6 可以看出，拥有 3 家境外投资企业的新疆境内投资主体共有 9 家，其中有 1 家境内投资主体只在一个国家投资，即喀什鑫豫大地矿业投资有限公司，其他 8 家境内投资主体则分别在两个国家投资。从表 4-7 可以看出，在境外设立有 4 家和 5 家投资企业的境内投资主体只有 2 家，境外设立有 6 家和 9 家企业的境内投资主体只有 1 家。

表4-6 新疆拥有3家境外投资企业的境内投资主体

境内投资主体	哈萨克斯坦	吉尔吉斯斯坦	塔吉克斯坦	乌兹别克斯坦	土库曼斯坦
新疆古鼎贸易有限公司	2			1	
新疆英派生物科技开发有限公司	1	2			
新疆金海达国际贸易有限公司	2	1			
新疆八钢国际贸易股份有限公司	1			2	
新疆诚志拓海经贸有限公司	2		1		
新疆建工（集团）有限责任公司	2	1			
新疆塔城国际资源有限公司		1	2		
新疆天山纺织（集团）有限公司		1		2	
喀什鑫豫大地矿业投资有限公司			3		

注：截至2016年1月21日。

资料来源：商务部中国对外投资和经济合作境外企业（机构）统计数据库。

表4-7 新疆拥有4家及以上境外投资企业的境内投资主体

境内投资主体	哈萨克斯坦	吉尔吉斯斯坦	塔吉克斯坦	乌兹别克斯坦	土库曼斯坦	小计
特变电工股份有限公司	1		3			4
新疆华油新科能源技术有限公司	1	1	1	1		4

（续表）

境内投资主体	哈萨克斯坦	吉尔吉斯斯坦	塔吉克斯坦	乌兹别克斯坦	土库曼斯坦	小计
新疆恒安丰国际贸易（集团）有限公司	5					5
野马集团有限公司	3			2		5
伊犁星河商贸有限责任公司	1	1	2	1	1	6
新疆三宝实业集团有限公司	3	1	2	2	1	9

注：截至 2016 年 1 月 21 日。

资料来源：商务部中国对外投资和经济合作境外企业（机构）统计数据库。

　　多年来，新疆对中亚五国的投资主要集中在能源、矿产、商贸等传统领域，每年都有一批新企业到中亚国家投资，这些企业所涉及的行业见表 4-8。具体来说，新疆对中亚五国直接投资分布的行业主要集中在矿产资源开发利用、机械设备生产销售、建材设备和建筑材料生产加工销售、信息咨询和电商等领域。我们可以形象地用金字塔来比喻新疆在中亚投资企业的构成：塔顶是大型国有企业和上市公司，塔底是众多的小型贸易企业和个体商户，而作为支撑塔腰部分的中型企业并不多。这导致金字塔的基础不太牢固，相对缺乏稳定性。

表4-8 新疆对中亚五国直接投资主要涉及的行业

国家\年份	哈萨克斯坦	吉尔吉斯斯坦	塔吉克斯坦	乌兹别克斯坦	土库曼斯坦
2004年		建材、钢材			
2005年	塑料制品、信息收集及协调工作,建筑施工及建材生产销售	建筑工程施工、建材、啤酒生产销售	钢铁制品、房地产开发经营、建材生产经营		
2006年	复合材料及家具生产销售、业务咨询、建材生产销售	泡沫塑料的加工和销售、饮食服务、铝	业务咨询及市场信息收集、协助国际贸易、业务的开拓工作	业务咨询及市场信息收集整理分析、编织袋的加工与销售	
2007年	机电产品、机械设备、信息收集及协调工作,建材生产销售、餐饮业、农副产品	业务咨询及市场信息分析、收集整理各类金属及非金属矿产的勘探开采和加工、彩板房	业务咨询及市场信息收集、协助国际贸易、业务的开拓工作、纺织品经营	日用品、甘草制品、加工销售建材产品、家具,业务咨询及市场信息收集、防水卷材、皮革、丝绸生产销售	
2008年	业务联系及信息收集、钢生产及销售、汽车及配件销售,农副产品批发零售	锡矿的开采开发、矿产品销售		业务联系及信息咨询、原棉包装布	

（续表）

年份\国家	哈萨克斯坦	吉尔吉斯斯坦	塔吉克斯坦	乌兹别克斯坦	土库曼斯坦
2009年	业务联系及信息收集、汽车销售、电器及汽配加工与销售、食品及养殖、油田化学助剂销售	房地产开发经营、餐饮、房屋及柜台出租、建材销售、矿产勘察、开采、冶炼及相应的生产销售	业务联系及信息咨询、建材生产销售、五金交电及机电设备进出口	饮品、家电、业务联系及信息咨询、纸面石膏板、轻钢龙骨的生产和销售	机械设备、车辆、工器具等产品销售、建材产品销售、业务联系及信息咨询
2010年	机械设备、车辆、工器具等销售、调味品及速食食料制品的生产销售、业务联系及信息咨询、塑建材及五金、汽配汽修	业务联系及信息咨询、矿产勘探开采、医疗卫生、调味品速食品、农副产品、照明、饲料生产销售、广告	日用百货、建材、食品的销售	PVC型材、扣板、业务联系及信息咨询、酒店经营、焊接材料	业务联系及信息咨询
2011年	家电销售维修、建材、机电及机械设备、汽车、业务联系及信息咨询、农产品生产加工销售	矿产的开采、冶炼、加工、销售	矿物开采及加工、汽车及机械销售维修	农副产品、建材生产、业务联系、电子产品、机械设备、车辆、工器具等产品销售及售后服务、工程项目承包	

（续表）

国家 / 年份	哈萨克斯坦	吉尔吉斯斯坦	塔吉克斯坦	乌兹别克斯坦	土库曼斯坦
2012年	石油液化气及金属矿产、农副产品的仓储物流、玻璃产品、调味品及速食销售、建材、货运机械设备代理	金属矿勘探及开采、信息咨询服务、医疗器械、性畜家禽饲料	汽车和各种机械设备的维修技术培训及售后、建设电厂、供热供气、机电产品、化工产品、装饰和建筑材料的销售、原材料和设备的进出口、农产品的销售	药品、农副产品、仪表的研发生产和销售、家具、业务联系及信息咨询	
2013年	建材、餐饮、商业服务、资源开发、工程机械、机电、纸品、石油装备	成套设备、机械设备、车辆、工机具、矿产资源开发、农副产品、信息收集、项目考察	建筑材料的生产及销售、金属矿勘探和开采、货物进出口业务、火电站水电站的承包和建设、热电产品的销售、仓储物流	塑料制品、陶瓷制品、市场调研及信息咨询、能源类产品、甘草加工	
2014年	能源、建筑、电商、钢材、信息技术、管道、货物与技术进出口业务、商业信息咨询、花卉、机械设备、医药	信息技术、医疗保健、服装、油气田勘探开发、输液器材的生产及销售	电子文化产品的自主设计和制造、棉花及副产品种植加工销售、机械设备和电子产品的销售、基础设施开发、管道销售及技术服务、煤矿开采	管道、配件、标准件、纸管生产加工及废棉处理、业务咨询	

（续表）

国家 / 年份	哈萨克斯坦	吉尔吉斯斯坦	塔吉克斯坦	乌兹别克斯坦	土库曼斯坦
2015 年	新能源、农副产品、机电产品、建筑材料、油田化学、毛皮加工、农业、跨境电子商务、建筑、玻璃	矿产资源勘探开采加工销售、水泥、卫生用品（纸巾）销售、医药保健、建材、电商、机电、生物科技	路桥承包工程、矿产开采、信息咨询、地产开发、棉花生产加工	塑料制品和金属制品的生产和销售、机械设备、水暖器材、建筑材料、钢材、生活消费品的加工销售、农产品的加工销售、棉纱生产、轻重型汽车销售生产、售重型汽车销售维修、业务咨询	
2016 年	石油工程咨询、物资采购、金属材料、五金交电、机械设备、建筑材料、农副产品、市政及水利水电工程施工、农业技术推广、资源开发	销售维修工程机械设备、工程车辆、工程机械配件	矿产勘探开采及销售	甘草酸生产并销售	

注：截至 2016 年 1 月 21 日。

资料来源：商务部中国对外投资和经济合作境外企业（机构）统计数据库。

新疆深耕中亚，积极拓展"一带一路"合作区域。截至2020年11月末，新疆的境外投资项目达441个，较2014年底增加了206个，实现境外投资项目中方协议投资额136.07亿美元，实际汇出额43.68亿美元，较2014年底分别增长了50.7%和58.4%。

同时，新疆企业的境外资产规模不断扩大，盈利行业主要集中在矿产及能源开采、批发业和商务服务业。其中在矿产及能源开采行业实现盈利的企业有18家，盈利金额达3.04亿美元。

截至2020年11月末，新疆的境外投资项目涉及以制造业为主的49个行业，较2014年底增加资本市场服务、租赁等10个行业。其中，电力和热力生产、其他采矿业、石油和天然气开采、批发业、互联网和相关服务行业的中方协议投资额占总协议额的比重达68.4%，资金累计汇出13.17亿美元，较2014年增长50.2%。

新疆的境外经贸合作区建设起步良好，带动了跨国产业衔接和集群式投资。2015年以来，新疆在格鲁吉亚和塔吉克斯坦建设的4个经贸合作区总规划面积为1 432公顷，计划投资总额为11.72亿美元，截至2020年11月末，实际投资总额已达5.17亿美元，投资主要集中于农业、纺织、商贸物流和矿产资源等产业，较好地实现了与东道国互利共赢、共同发展。华凌国际经济特区和华凌自由工业园区已累计吸引218家企业，在东道国创造了320个就业岗位，累计向东道国缴纳近8 000万元人民币税款。中塔·中泰新建新丝路农业产业合作区建设的丹加拉纺织园项目，自 2015 年开工建设以来累计实现 8.3 亿元人民币的销售收入。[①]

（二）西部其他省区同中亚五国的经济合作

作为"一带一路"新起点，陕西省与中亚五国的合作正在不断加强。2015 年，陕西省委书记娄勤俭指出，陕西与中亚五国在基础设施、地质勘探、能源和农业等领域的合作项目已超过 100 个。截至 2015 年底，仅陕西在中亚五国的重点项目投资额就已超过 6.49 亿美元。这些项目主要分布在吉尔吉斯斯坦和塔吉克斯坦，涉及石油化工、能源、矿产资源开发、建材等行业。

陕西省几家最大的国企，包括陕西煤业化工集团有限责任公司（陕煤集团）、陕西延长石油集团（延长石油）、陕西重型汽车有限公司（陕西重汽）等企业均已在中亚国家投资设厂。陕煤集团的参股子公司中亚能源有限责任公司在吉尔吉斯斯坦投资了一个 80 万吨石油炼化项目，已累计投资 24.6 亿元人民币。延长石油已在吉尔吉斯斯坦设立了中能石油勘探有限公司，目前累计出资 2 520 万美元，占股 54%，主要从事油气风险勘探。此外，扶风法门寺水泥有限公司以及陕西恒基混凝土有限公司也分别在吉尔吉斯斯坦和塔吉克斯坦投资设厂。

不只是国企，陕西的民营企业也与中亚国家开展了广泛的

---

① 《新疆境外投资项目及投资额实现双翻番》，中国金融新闻网，2020 年 12 月 16 日，https://www.financialnews.com.cn/qy/dfjr/202012/t20201216_207800.html。

合作。2016 年 12 月 6 日,西安爱菊粮油工业集团有限公司董事长贾合义和哈萨克斯坦北哈州州长叶利克·苏尔坦诺夫共同按下了启动按钮,标志着中哈爱菊农产品加工园区一期工程建设完成并顺利投产,该园区主要从事现代农业和食品加工。

在陕西与中亚各国合作的项目中,装备制造业和农业是两大重点合作领域。目前,陕西可为中亚国家提供能源装备、化工装备、冶金装备、交通运输装备及轻工纺织装备等。除机床、石油机械等装备制造业外,陕西也在汽车装备制造业与中亚国家开展合作。2013 年,陕西重型汽车进出口公司出口 1.8 万辆重型卡车,其中 51% 销往中亚五国和俄罗斯。2014 年 5 月,陕西重汽还与乌兹别克斯坦创新建筑公司签订了 1 000 台重型卡车出口合同。陕西重汽已在哈萨克斯坦与经销商合建了一个装配厂,实现了本地化生产。

在农业领域,除西安爱菊粮油工业集团有限公司在哈萨克斯坦设立的项目外,杨凌千禄宽生物科技有限公司拟投资 1 800 万美元在吉尔吉斯斯坦设立公司,进行现代农业加工。陕西与中亚的合作主要表现为技术输出。陕西通过杨凌现代农业国际合作中心这一平台,为中亚国家提供着农业技术培训和技术支撑。陕西将建设"一带一路"农业技术援外培训基地,在中亚运营节水农业、良种繁育和生物工程项目,"中国-哈萨克斯坦苹果友谊园"便是其中之一。

2016 年 9 月,甘肃省政府印发《甘肃省建材工业转型发展实施方案》(以下简称《方案》)。《方案》指出,以国家实施

"一带一路"倡议为契机，鼓励建材生产企业与工程建设单位开展全方位合作，到中亚等国家投资兴办建材及建材制品生产线，进一步提高国际产能合作水平。目前，甘肃进入中亚的企业主要是工程基建企业，如八冶集团、甘肃七建集团等，企业类型相对单一。

2016年10月18日，第四届中国-中亚合作论坛在四川成都召开。论坛期间，四川与吉尔吉斯斯坦和哈萨克斯坦共签署九项合作协议，涉及医疗卫生、教师和留学生培训、学术交流、旅游等多个领域。四川省中医药管理局还与哈萨克斯坦阿拉木图州卫生管理局合作开办了阿拉木图州中医医疗中心，推动中医药走向中亚。四川的一家旅行社分别与哈萨克斯坦的两家旅行公司达成合作协议，通过开拓包机等方式互送客源，拓展旅游市场。2016年1月至8月，四川与中亚五国的进出口总额达7 107万美元，已有4家川企在中亚五国投资设立企业，投资额达5 018万美元。

中哈合资的科伦（哈萨克）药业有限公司坐落在哈萨克斯坦最大的城市阿拉木图市郊。这家由四川民营企业科伦药业控股的制造企业于2014年7月建成投产，是哈萨克斯坦乃至中亚地区规模最大的药厂。建成以来，该公司生产的药品达到20多种，年产量超过3 000万瓶，不仅满足了哈萨克斯坦本国的市场，还销往吉尔吉斯斯坦、乌兹别克斯坦等其他中亚国家。为当地群众带来优质药品的同时，科伦制药厂还为当地培养了大批技术人才，促进了哈萨克斯坦制药产业的发展。科伦制药厂目前有200

多当地员工，其中许多都是药品工艺检验方面的专业人才。

制药厂已经成为阿拉木图本地医学院和肿瘤研究所的定点实习单位，每年都有不少毕业生进入公司工作，公司还会选派其中的佼佼者赴中国学习。2014 年，科伦制药厂申报的"输液关键共性技术研究及产业化示范"项目还获得了中国科技部对发展中国家科技援助项目的立项支持。制药业是哈萨克斯坦政府大力扶持的朝阳产业，科伦制药厂生产的药品占哈萨克斯坦输液制品市场份额的 90% 多。目前，科伦制药厂的发展规划已被列入哈萨克斯坦国家发展战略《哈萨克斯坦——2050 战略》中，企业多次获得哈萨克斯坦投资发展部的奖励。2014 年 7 月，时任总理的马西莫夫在视察科伦制药厂时，称赞它是哈萨克斯坦先进科技企业的典型代表。

三、
与中亚五国的经济合作尚存风险

中国西部地区与中亚五国的合作虽然取得了一定成绩，但目前中亚地区的投资环境仍十分复杂，市场竞争也更加激烈，中亚市场始终存在着诸多挑战。

（一）俄罗斯的传统影响与欧亚经济联盟的制约

俄罗斯一直将中亚地区视为自身的势力范围与安全屏障，非常警惕与中亚国家进行合作的其他外部力量。中亚五国出于自身利益的考虑，一直想摆脱对俄罗斯的过度依赖，倾向于依靠美国等西方大国。但是为了平衡大国势力，中亚五国不可能完全断绝与俄罗斯的传统关系，因此中国企业在中亚地区的活动必然会受到俄罗斯的制约。

俄罗斯主导的欧亚经济联盟成立于 2015 年 1 月，它在一定程度上削弱了中国在中亚市场的经济地位和影响。这是因为欧亚经济联盟成员国具有制定联盟内经济活动规则的权力，而中国作为第三方国家无权参与这些经济规则的制定，只能被动接受对方的经济规则。其次，欧亚经济联盟成员国在经济合作中所享有的各种优惠条件及其排他性增加了中国企业在经济合作中的成本，对中国企业不利。再次，欧亚经济联盟比原先的单个成员国更加具有市场支配权，使得联盟整体可以通过行政、法律和税率等措施削弱中国企业的竞争优势。

（二）美欧发达国家在这一地区的激烈竞争

中亚五国战略地位的重要性随着里海地区油气资源的开采愈加凸显。美国等西方国家的大型石油公司看中了中亚地区的油气资源，纷纷与中亚国家签署协议，进军中亚市场。

2020 年 2 月 1 日，时任美国国务卿的蓬佩奥出访中亚，先后访问了哈萨克斯坦与乌兹别克斯坦，强调了 C5+1（中亚五国＋美国）对话机制的重要性。如今，共有 410 家哈美合资企业在哈萨克斯坦营业。美国在哈萨克斯坦的投资额超过了 450 亿美元，而中国在哈萨克斯坦的投资额还不到 300 亿美元。截至

2019 年 8 月 1 日，哈萨克斯坦境内共有俄资企业 6 805 家，中资企业 1 083 家，吉尔吉斯斯坦企业 834 家。从行业分布来看，在哈萨克斯坦发展的中资企业主要从事贸易（380 家）、采矿业（87 家）和加工业（80 家）。

欧盟国家因其自身能源蕴藏量较少而无法自足，因此严重依赖能源进口，是世界上最大的能源进口方。2007 年，欧盟启动了中亚战略，这一战略主要是通过与中亚国家进行政治接触、建立对话机制、建设油气管道及交通运输通道来实施。欧盟把中亚地区看作海湾地区的替代者，在该地区的投资越来越多。

2019 年 5 月 15 日，欧洲委员会同欧盟外交和安全政策高级代表费代丽卡·莫盖里尼发布题为《欧盟与中亚：更坚实伙伴关系的新机遇》的联合声明，强调欧盟需要强化与中亚国家的伙伴关系，加强在交通运输、能源、数字通信、人文交流等领域的合作。声明指出，未来欧盟将重点从两个方面与中亚国家开展合作。一是提升中亚国家应对内外部挑战和推进改革能力，确保实现可持续性发展；二是支持中亚国家经济现代化，推动地区稳步合作和对青年人进行投资，实现繁荣发展。

（三）中亚地区政局的不稳定因素

1. 中亚五国存在宗教极端势力。目前，宗教极端思想的宣传开始转向网络，传播途径更加隐蔽，方式更加现代化。在中亚地区，宗教极端势力一直存在的根源之一是各国严重的社会贫富分化与财富分配不均的现象有增无减。

2. 阿富汗局势的影响。 阿富汗与土库曼斯坦、乌兹别克斯坦及塔吉克斯坦三国接壤，联系紧密。阿富汗是全球最大的毒品生产与输出国，阿富汗的毒品走私对中亚五国造成了严重影响，并对中亚地区的社会治安和政权稳定构成了威胁。

3. 中亚五国经济金融风险时有发生。 中亚五国的金融市场比较脆弱，货币不稳定且经常贬值，抗风险能力差，存在汇率风险。受欧美制裁俄罗斯以及油气能源大幅跌价的影响，中亚各国的货币都有一定的贬值，哈萨克斯坦的货币贬值尤为严重。例如，2015 年哈萨克斯坦的货币发生了两次贬值，由 1 美元兑188 坚戈跌到了 1 美元兑 340 坚戈。这样的大幅度贬值直接导致中国对中亚的出口贸易锐减。今后中国金融机构在对外投资合作中，应该加快推进人民币本币结算，这样可以大大减少汇率的折算风险。

4. 中亚五国各民族人文差异明显，各国民族深层矛盾由来已久。 例如，哈萨克族历史上形成了大、中、小的三大玉兹关系，在其各个领地范围，本玉兹的话语权极大，而在全国政治经济文化活动中，大玉兹的话语权最大。乌兹别克族属于农耕民族，其特点是勤劳耕耘，但开拓性不足。在乌兹别克斯坦，乌兹别克族一直存在塔什干和撒马尔罕两大派之争。吉尔吉斯斯坦存在着南北之争。塔吉克斯坦存在平原塔吉克人和帕米尔高原塔吉克人之争。而土库曼斯坦存在三大部落之争。[①] 由于历

---

① 陆兵:《中国企业走向中亚市场的风险防范与措施》,《新疆师范大学学报》(哲学社会科学版), 2017 年第 4 期, 第 102 页。

史演变的原因，这些民族既有一些中亚人共同的属性，又有各自独特的人文特征。

5. 中亚五国的法律存在漏洞。中亚各国的法律目前尚不健全，市场不透明，容易滋生商业腐败。中国企业到中亚投资和建设项目有时容易忽略当地的法律法规，把权利"全权委托"给所在国的总统家族或某位领导的公司，结果项目的成功概率很低。此外，中亚国家存在着不同程度的贸易保护主义，中国企业经常会遭到当地权力部门的不平等对待，造成人为的经营风险。当地有关部门对中国企业的态度明显有别于西方国家的企业，这给中国企业融入当地造成了不小的障碍。

（四）中国公民在中亚地区的安全风险

近年来，在"一带一路"建设的推动下，中国公民赴中亚国家数量逐年增加，所遭遇的安全事件数量也呈上升趋势。从国别来看，在哈萨克斯坦发生的安全事件和涉事人数最多。从死亡人数来看，在塔吉克斯坦死亡的中国公民人数最多。其中，劳工竞争关系、对中国形象的偏见和政治安全形势等当事国因素是客观原因，中国公民的自我保护意识不足是主观原因。

根据公开信息查询，2015 年到 2019 年 10 月，中国公民在中亚地区的安全事故共 60 起，涉事人数 206 人，遇难 7 人（见表 4-9）。

表 4-9　中国公民在中亚五国发生的安全事件

国家	事件总数（起）	涉事人数（人）	遇难人数（人）
哈萨克斯坦	25	168	0
塔吉克斯坦	14	6	4
吉尔吉斯斯坦	12	27	3
乌兹别克斯坦	9	5	0
土库曼斯坦	0	0	0

资料来源：外交部网站、新华网、人民网、中国驻吉尔吉斯斯坦经济参赞处网站、中国驻塔吉克斯坦经济参赞处网站、乌兹别克斯坦外交部网站等。

时间段：2015 年至 2019 年 10 月。

从类型来看，在中亚地区，中国公民的安全风险主要集中在劳工问题、经营纠纷、盗抢事件、小费问题、暴恐袭击和交通事故等几个方面（见表 4-10）。

表 4-10　中国公民在中亚五国安全事件类型情况　　　　（单位：起）

安全事件类型 ＼ 年份	2015 年	2016 年	2017 年	2018 年	2019 年 1 至 10 月
经营纠纷	1	1	3	3	2
盗抢事件	1	2	2	1	1
劳工问题	3	4	4	5	6
暴恐袭击	0	2	0	1	1
小费问题	0	0	1	4	2
交通事故	0	0	0	3	2
施工安全	1	1	1	0	2
总计	6	10	11	17	16

资料来源：同上表。

时间段：2015 年至 2019 年 10 月。

其中，中国劳工发生安全事件为 22 起，占比 36.67%。中国商人发生经营纠纷事件 10 起，占比 16.67%。针对中国游客的盗抢事件和小费问题各有 7 起，占比 23.33%。

针对上述情况，西部地区各级政府、行业协会和企业本身需要从各自不同的角度出发，相互配合，共同规避合作风险，具体建议如下。

1. **关键是人才问题，务必用好人才、留住人才。** 人才奇缺是西部地区面临的一大难题。解决这个问题，一方面要加快本地人才的培养，吸引国内外人才，另一方面是强化留人待遇的政策导向。目前西部地区的企业普遍缺乏高素质的管理人才和专业人才。因此，西部地区要培养一批国际贸易、金融、法律、外语和财会专业知识的复合型人才队伍，促成"一带一路"建设与对外开放事业由劳动力红利向人才红利转变。在中亚投资的中国企业可以优先雇用在中国留学的中亚学生，将人才同教育与产业结合起来，将国际化与本土化结合起来。

2. **进一步支持有竞争优势的企业投资中亚市场。** 西部地区应当把"一带一路"倡议与国家产业振兴计划、西部大开发升级三者有机结合起来。目前，中亚五国的国际竞争力、经济自由度和营商环境有所改善，中亚区域内部合作交流明显增强。除传统能源矿产业外，"中国制造"和"中国建造"越来越受到中亚五国的欢迎。未来，西部地区要不断优化双方经贸合作水平，真正释放彼此的合作潜力，共同培育出一批国际化龙头企业和国际知名品牌。

3. 做好做细投资前期的考察论证工作。实践证明，企业"走出去"最根本的原则就是找好国外合作伙伴。找对伙伴则兴，找错伙伴则败。企业应充分熟悉合作对象国的法律与国情民情，严格按市场规律和国际惯例行事，规避文化差异风险。在交往中，人们经常将中亚地区视为一个整体，更多关注其相似的方面，但其实中亚国家之间存在着不少差异。这种差异不仅表现在语言文字上，还表现在待人接物、处理事情和商业行为等多个方面。

4. 应完善商业风险管理体制机制建设。相关企业应建立投资前、中、后期风险预警和风险管理机制，有效防范风险；尽快完善同中亚五国的双边投资保证机制，为企业"走出去"提供制度保障；在商会中成立突发事件联动机制，政府应定期培训并给予一定的补贴；合同权利义务条款界定模糊极易导致商业风险，企业一定要强化合同条款的精准性，严格执行合同，从签约和履约的细节上防微杜渐，防范风险。

5. 建立完善中介服务体系。由于国内缺乏投资服务机构，所以企业在中亚五国进行投资时主要依赖收费昂贵的国外中介服务机构，大大增加了企业的投资并购成本。西部地区应加强中介服务体系建设，提供更多金融、法律、会计、咨询等专业服务项目，为中国企业在中亚五国的投资提供规范精准、收费合理的中介服务。

6. 企业认真承担"走出去"的社会责任。中国企业要改变以往不看重生态环保，只片面追求经济利益最大化的做法；要保护当地环境，节约能源，塑造良好的中国企业形象；要在力所能及的范围内解决当地居民的就业问题，以教育、环保、培训等方式积极履行社会责任；促进行业健康发展，繁荣当地的经济与文化，努力提升当地居民对中国企业的认可度。

7. 完善出国人员和企业的安全保护机制。政府应建立中亚警务合作机制，保护中国公民的安全。2019 年 6 月，中塔签署《联合声明》，强调保障对方国家公民和法人在本国境内的人身、财产安全和各项合法权益。同时，中国与中亚国家在上海合作组织框架下就保护中国公民的生命财产安全开展了大量的活动。目前中国在中亚国家共设立 5 个大使馆和 2 个总领事馆。2015 年 9 月，中国驻哈萨克斯坦大使馆发布《哈萨克斯坦中资企业安全管理规范手册》，提醒中资企业合法经营、合法用工。在领事保护相对薄弱的地方，中国企业应努力加强自身安全能力建设。

总之，我们应以史为鉴，放眼未来，认真总结同中亚五国合作的经验与教训，最大限度降低投资风险，把握历史机遇，真正实现合作共赢，打造人类命运共同体的成功案例。

第五章

西部地区"一带一路"
文化旅游发展

能源资源一定是越挖越少，而文化旅游资源则会越挖越多。文化是旅游的灵魂，旅游是文化的载体。文化和旅游产业的深度融合对促进西部地区的高质量发展具有积极作用。人们普遍认为，文化旅游业是就业机会多、综合效益好的朝阳产业，在扩大内需、拉动消费、应对国际金融危机、促进世界文明互鉴方面具有不可替代的作用。

一、
夯实文化安全，助推文化强国

党的十九届五中全会明确提出，到 2035 年建成文化强国。这是党的十七届六中全会提出建设社会主义文化强国以来，党中央首次明确建成文化强国的具体时间表。在实践中，只有不断夯实文化安全工作，才能确保文化强国如期高质量建成。文化安全是指一国的民族精神、理想信念和主流价值体系等观念形态的"文化特征"和"文化主权"相对处于没有危险和不受内外威胁的状态，以及持续保障这种安全状态的能力。文化安全是国家身份认同的基础，是国家安全的重要保障。

文化不只具有修养性情、陶冶情操、滋养精神的功能，也具有安全属性。文化的核心功能是通心。一个国家如果没有先进的科学技术和武器装备，可能一攻就破。但是，如果这个国家的人民没有凝聚力，即使拥有再先进的科学技术和武器装备，也可能不攻自破。

（一）文化自信是前提

坚定文化自信，是事关国运兴衰、文化安全和民族精神独立性的大问题。喀麦隆学者丹尼尔·埃通加-曼格尔认为，文化是制度之母。大多数时候，国家的成长如同人生，决定成败的不是起点，而是重要转折点。在转折点时如何选择很重要，一个规律是，决定选择的要素往往不是物质利益，而是文化和价值观。

在此次抗击新冠肺炎疫情中，中国的应对可圈可点，赢得了国际社会的广泛赞誉，这不仅体现了中国的制度优势，也展现了中华民族深厚的文化力量。回顾历史，中华民族虽历经血与火的磨难，但从来没有向命运屈服，在紧要关头和危难时刻，中国人民总是会奋起抗争、自强不息。支撑这个古老民族走到今天的，是植根于中华民族血脉深处的文化基因。

过去 500 年，英国、美国等西方国家推动了全球化进程，导致今天国际社会面临着"被西方化"的问题：所有的标准、话语权似乎都掌握在西方国家手中，一些人逐渐失去了文化自信。历史和现实都表明，一个抛弃了或者背叛了自己历史文化的民族，不仅不可能发展起来，而且很可能上演一幕幕历史悲剧。

因此，要想维护文化安全，首先要维护国家的主流价值体系，维护以爱国主义为核心的民族精神。在实践中，要坚持马克思主义在意识形态领域的指导地位，坚持以社会主义核心价值观引领文化建设，加强社会主义精神文明建设，不仅要满足人民的文化需求，也要增强人民的精神力量。

（二）价值共振是关键

习近平总书记指出，文化的影响力首先体现在价值观念的影响力上。世界上各种文化之争，本质上是价值观念之争，也是人心之争和意识形态之争，正所谓"一时之强弱在力，千古之胜负在理"。[①]

在中国国内，中国共产党提出了 24 个字的核心价值观，即富强、民主、文明、和谐，自由、平等、公正、法治，爱国、敬业、诚信、友善。在国际社会，2015 年 9 月，习近平主席在第 70 届联合国大会一般性辩论时的讲话中，首次提出了"人类共同价值"概念，即和平、发展、公平、正义、民主、自由。

核心价值观有 24 个字，人类共同价值有 12 个字。有一段

[①] 《习近平：国无德不兴，人无德不立》，2018 年 12 月 11 日，中国共产党新闻网，http://cpc.people.com.cn/xuexi/n1/2018/1211/c385474-30457713.html。

时间，不少领导干部关注的焦点是：这么多字，大家能不能背下来？能不能把字压缩一下？他们认为，如果大家背不下来，价值观建设的效果就会大打折扣。其实，这个衡量指标选错了，价值观建设的最好效果是日用而不觉察，对一个人而言，往下说有底线，往上说有追求，底线与追求之间的空间，就是人们的信仰空间。

实现价值共振要尊重文化和价值观传播与塑造的规律，如果把文化比作一个人，那么这个人天生就是慢性子，需要循序渐进。而且，文化建设要强调识别效应以及错位竞争优势。在价值观层面，意识形态安全的概念很重要，但是如果让外国人感受到你是在输出价值观和意识形态，那么你就已经失败了。从理论上讲，研究文化说到底是研究价值观，传播文化说到底是传播价值观，如果没有实现价值共振，所有的文化展现可能只是花拳绣腿。

（三）文明互鉴是条件

十九大报告指出，要推动中华优秀传统文化创造性转化、创新性发展，继承革命文化，发展社会主义先进文化，不忘本来、吸收外来、面向未来。其中，吸收外来就是在强调不同文明之间的相互交流和借鉴。

国际关系的永恒主题是战争与和平、冲突与合作，但不是差异导致冲突，而是人们看待差异的态度导致冲突。不少西方国家秉持文化帝国主义，强调范式性力量，即认为自己有道德与价值观上的优越感，执意要去改造"劣等"的他者，要所有人向西方看齐。同时，在一些西方学者看来，国际社会始终处于"霍布斯文化"状态，也就是总是认为外部存在敌人，外交政策充满敌意。事实上，不论是文化帝国主义还是"霍布斯文化"状态，都是在撕裂国际社会。

而中国有"孔子改善""孟子最优""共同体改进"的概念。其中，"孔子改善"强调自我利益的改善必然会使他者的利益获得改善。"孟子最优"的含义是只有在足够合作的群体中，群体成员个人的利益才能得到最佳的实现。2020 年的疫情大暴发使人类社会真正进入了命运共同体元年。中华文化强调利他（在利他中实现利己）和集体，但也尊重差异和个体。因此，文明互鉴是推动人类文明进步和世界和平发展的重要动力，是实现国际社会共同安全的基本条件。

（四）统筹文化产业与文化事业是抓手

在实践中，对文化安全的具体要求就是统筹文化事业与文化产业两项工作。就文化事业而言，要努力提升公共文化服务水平，就文化产业而言，要努力健全现代文化产业体系。两者的化学反应就是要提高中国社会的文明程度。

中国有充沛的文化资源，但是有文化资源不一定有产业层面的全球竞争优势，有文化资源也不一定就有强大的文化软实力。一个不恰当的比喻是中国有功夫，中国有熊猫，但今天中国最缺的是功夫熊猫。2010 年，中国文化产业占 GDP 的比重只有 2.74%，2019 年达到 4.5%，但这一数字同美国、日本、韩国等国家相比依然很低——美国文化产业占 GDP 的比重为 25% 左右，日本为 20% 左右，韩国为 15% 左右。

国际社会更多将文化产业称为文化创意产业。无论对发达国家还是发展中国家来说，文化创意产业都是国家经济的重要发动机，是发展最快的行业，影响价值创造、社会就业和出口贸易。按照联合国教科文组织的界定，文化创意产业包括广告设计、建筑艺术、图书、电子游戏、音乐、电影、报刊、演出、广播、电视和视觉艺术等 11 个具体领域。

可以说，以文旅产业支撑国民经济的发展模式是发达国家优化产业结构的突出特点。中国西部地区拥有独具特色的区域文化资源，但是文化资源的产业化、品牌化与国际化程度不高。因此，我建议西部地区政府深度整合民族文化资源。过去文化供给的主要特点是大杂烩：旅游、演艺、服饰、少数民族节日、农家乐、民俗等被一起打包提供给消费者，但现在西部地区需要精耕细作、精准供给，改变以往文旅产业等于"机票＋门票"的模式。西部地区有艺人和匠人，但缺乏大师和大家，西部地区要通过举办品牌性论坛、进行职业教育和技能培训等方式真正孵化艺术大家，同时集中创建有市场前景的重点文化产业项目，形成西部地区文旅产业发展助力产业结构优化的独特模式。总之，西部地区应根据当地实际，以市场为主导，逐步形成文化产业的核心竞争力，带动西部地区经济社会的协调可持续发展。

过去有不少干部愿意抓经济工作，不太愿意管文化工作，因为前者容易出成绩，且成果易于衡量，而后者是慢功夫，是典型的"前人栽树，后人乘凉"。但是总体而言，能源、土地等资源总是越挖越少，但文化资源则会越挖越多。今天，中国经济要想实现高质量发展，就需要统筹经济与文化两件大事。对任何一个国家而言，文化经济化、经济文化化和文化经济一体化的趋势都是越来越鲜明的。马克斯·韦伯认为，如果我们能从经济发展史中学到什么，那就是文化会使局面变得几乎完全不一样。在我看来，文化是行走的经济，经济是可持续的美好，美好是认真展现的态度，态度是由内而外的文化。从本质上讲，现代化不是用收入和科学技术来衡量的。

最后需要强调的是，文化安全、文化强国是国家综合国力的重要组成部分以及表现形式。其中，硬实力确保国家强大，而文化软实力确保国家伟大，一国的综合国力不是硬实力和文化软实力之和，而是两者之乘积。

二、
"一带一路"文化旅游发展的国家支持

2016 年 12 月，文化部印发《"一带一路"文化发展行动计划（2016—2020 年）》。该行动计划的发展目标是准确把握"一带一路"倡议精神，全方位提升中国文化领域开放水平，秉承立足周边、辐射"一带一路"、面向全球的合作理念，构建文化交融的命运共同体。该行动计划着力实现以下目标。

1. **文化交流合作机制逐步完善。**中国进一步健全与"一带一路"沿线国家和地区政府之间的交流合作机制，进一步完善部际、部省等工作机制，形成政府统筹、社会参与、市场运作的整体发展机制和跨地区、跨部门、跨行业的文化交流合作协调发展态势。

2. **文化交流合作平台基本形成。**加快在"一带一路"沿线国家和地区设立中国文化中心，形成布局合理、功能完备的设施网络；以"一带一路"为主题的各类艺术节、博览会、交易会、论坛、公共信息服务等平台建设逐步实现规范化和常态化。

3. **文化交流合作品牌效应充分显现。**打造文化交流合作知名品牌，继续扩大"欢乐春节"品牌在沿线国家的影响，充分发挥"丝绸之路文化之旅"和"丝绸之路文化使者"等重大文化交流品牌活动的载体作用。

4. **文化产业及对外文化贸易渐成规模。**面向"一带一路"国际文化市场的文化产业发展格局初步形成，文化企业规模不断壮大，文化贸易渠道持续拓展，服务体系建设初见成效。

就实效而言，2013 年至 2018 年 9 月，中国已与"一带一路"沿线国家签署了 76 份双边文化旅游合作文件，推动建立了中国-东盟、中国-中东欧、中俄蒙等一系列双边、多边文化旅游合作机制，拓展了与"一带一路"沿线国家的合作空间。

作为传递中国声音、讲好中国故事的重要手段，文化和旅游部大力推进文化交流品牌建设，举办了中国-中东欧、中国-东盟、中国-欧盟等 10 余个文化年、旅游年活动，自 2015 年起连续 3 年以"美丽中国-丝绸之路旅游年"为主题进行系列宣传推广，成功打造了"丝路之旅""欢乐春节""青年汉学研修计划""中华文化讲堂""千年运河""天路之旅""阿拉伯艺术节"等近 30 个中国国际文化和旅游品牌，还推动举办了丝绸之路（敦煌）国际文化博览会、丝绸之路国际艺术节、海上丝绸之路国际艺术节等以"一带一路"为主题的综合性文化节会，成为集中彰显"一带一路"倡议感召力、不断扩大影响力的重要平台。①

文化和旅游部与国家文物局大力推进和"一带一路"沿线国家在文化遗产领域的交流合作，与柬埔寨、缅甸等 11 个国家签署了 12 份文物安全及文化遗产领域双边协定和谅解备忘录。其中，"丝绸之路：长安-天山廊道的路网"被列入联合国教科文组织世界遗产名录，海上丝绸之路联合申遗工作取得了积极进展，柬埔寨吴哥古迹、缅甸蒲甘佛塔和尼泊尔震后文物古迹保护修复等重大文化援助工程的社会效益显著。2013 年至 2018 年 9 月，中国与"一带一路"沿线国家举办了"华夏瑰宝展""海上丝绸之路主题文物展"等文化遗产展览，有效拉近了中国与"一带一路"沿线民众的距离，为增进彼此的理解和认同做出了积极贡献。

为坚持市场运作、产业先行，国家对外文化贸易基地在上

---

① 《促进民心相通 铺就文明之路——"一带一路"文化旅游领域交流合作五年成果丰硕》，《中国文化报》，2018 年 9 月 11 日，第 1 版。

海、北京、深圳相继建立，民营资本开始成为中国文化产品和服务出口的重要力量；40 个文化贸易和投资项目陆续在 10 多个"一带一路"沿线国家落地实施；《动漫游戏产业"一带一路"国际合作行动计划》和《2018 年"一带一路"文化贸易重点项目名录》相继印发，为文化企业开展"一带一路"国际合作营造了更宽松的政策环境，提供了更有力的资金扶持；丝绸之路文化产业带建设得到了大力推进，区域特色文化产业实现了优势互补和共同发展；数字文化标准国际化顺利实施，中国自主原创的手机动漫标准成为国际标准，在国际电信联盟和国际"互联网＋文化"领域发出了中国声音。[1]

近年来，文化产业和旅游产业的"一带一路"国际合作不断增强。商务部的数据显示，2018 年，中国文化产品进出口总额为 1 023.8 亿美元，其中对"一带一路"相关国家的文化产品出口总额为 162 亿美元。2019 年中国文化产品进出口总额为 1 114.5 亿美元，对"一带一路"相关国家的出口增长了 24.9%。"一带一路"相关国家和地区已成为中国文化产业和旅游产业国际合作的重要伙伴。

为促进文化产业和旅游产业"一带一路"国际合作做深做实，文化和旅游部自 2018 年开始面向全国征集遴选"一带一路"文化产业和旅游产业国际合作重点项目，通过扶持示范项目培育了一批龙头文化和旅游企业，推动了"一带一路"文化

---

[1] 《促进民心相通 铺就文明之路——"一带一路"文化旅游领域交流合作五年成果丰硕》，《中国文化报》，2018 年 9 月 11 日，第 1 版。

建设和旅游发展,不断促进产业合作和民心相通。

2020年11月,文化和旅游部公布了2020年"一带一路"文化产业和旅游产业国际合作重点项目名单。入选的45个重点项目分布在北京、广东、江苏等18个省区,涉及服务平台建设、数字文旅、创意设计和旅游演艺等多个领域,投资金额约130亿元人民币,涵盖俄罗斯、柬埔寨、印度尼西亚、沙特阿拉伯、希腊等近20个国家和地区。在45个重点项目中,西部地区共获得14个项目,占比31%。

表5-1 文化和旅游部2020年"一带一路"文化产业和
旅游产业国际合作重点项目

序号	报送地区	项目名称	申报单位
1	北京	面向"一带一路"沿线国家的数字文化内容海外传播交易平台	咪咕文化科技有限公司
2	北京	动画片《洛宝贝》海外推广	漫奇妙(北京)文化有限公司
3	北京	面向"一带一路"沿线国家的文化和旅游合作信息服务平台项目	中国经济信息社有限公司
4	北京	数字音乐版权管理及分发平台	北京太乐文化科技有限公司
5	北京	"数字奥林匹亚"古奥林匹亚遗址数字化推广项目	北京清城睿现数字科技研究院有限公司
6	天津	《神雕侠侣2》手游泰国发行	世纪优优(天津)文化传播股份有限公司
7	河北	"发现柬埔寨"文创合作研发项目	廊坊市壹佰剧院管理服务有限公司
8	上海	"创意双城 匠心造物"手工艺品展销活动	上海创意城市科技发展有限公司

（续表）

序号	报送地区	项目名称	申报单位
9	上海	网络动漫《伍六七之最强发型师》海外发行	啊哈娱乐（上海）有限公司
10	上海	上海民族乐团《共同家园》俄罗斯商演	上海民族乐团
11	江苏	《浮生为卿歌》手游"一带一路"沿线国家和地区推广	苏州友谊时光科技股份有限公司
12	江苏	"百工造物"文化创意设计合作研发	江苏百工造物文化科技有限公司
13	江苏	肯尼亚生态文化艺术工程项目	爱涛文化集团有限公司
14	浙江	《小鸡彩虹》系列动画片海外发行推广	杭州天雷动漫有限公司
15	浙江	面向"一带一路"沿线国家和地区的文体场馆设施专业化设计及服务	浙江大丰实业股份有限公司
16	安徽	《大天使之剑H5》《斗罗大陆》手游海外推广	芜湖三七互娱网络科技集团股份有限公司
17	江西	面向"一带一路"沿线国家和地区的陶瓷文创产品设计研发与推广	景德镇陶瓷大学
18	湖北	《秘宝之国》《巨兵长城传》《我是江小白》《兵魂》动漫作品海外发行推广	武汉两点十分文化传播有限公司
19	湖南	面向阿拉伯国家的艺术旅游综合服务平台	天舟文化股份有限公司
20	湖南	面向"一带一路"沿线国家的文化和旅游产业国际合作综合运营平台	湖南山猫吉咪传媒股份有限公司
21	湖南	肯尼亚中非艺术长廊	湖南河村农业科技发展有限公司
22	广东	中医药文化沉浸式体验项目	粤澳中医药科技产业园开发有限公司
23	广东	网易电竞全球赛事制作中心	广州博冠信息科技有限公司
24	广东	深圳文博会·云上文博会·"一带一路·国际馆"	深圳国际文化产业博览交易会有限公司

（续表）

序号	报送地区	项目名称	申报单位
25	广东	一站式文化贸易金融综合服务平台	深圳文化产权交易所有限公司
26	广西	多语种旅游信息推介平台	桂林中国国际旅行社有限责任公司
27	广西	面向"一带一路"沿线国家的旅游资源服务支持平台	桂林唐朝国际旅行社有限责任公司
28	四川	面向"一带一路"沿线国家的彩灯艺术创意设计推广	自贡海天文化股份有限公司
29	四川	成都"一带一路"国际艺术中心	成都香颂文化传播有限公司
30	四川	《吴哥王朝》大型文化旅游综合体	德阳美忆文化旅游发展投资有限公司
31	四川	"四川礼物"海外营销推广	成都绿舟文化旅游投资管理有限公司
32	贵州	国风音乐"一带一路"沿线国家和地区巡演	贵州新湃传媒有限公司
33	云南	老挝磨丁经济特区全域旅游项目	云南景兰文化旅游股份有限公司
34	陕西	丝路艺佳国际文化艺术品交易平台项目	大唐西市文化产业投资集团有限公司
35	宁夏	基于区块链和云计算的数字文化内容版权服务及海外推广平台	宁夏盛天彩数字科技股份有限公司
36	宁夏	面向阿拉伯国家的动漫影视服务平台	智慧宫文化产业集团有限公司
37	新疆	面向"一带一路"沿线国家的儿童育乐数字文旅共享平台	新疆华特信息网络股份有限公司
38	新疆	迪拜·丝路演艺文化产业园	新疆丝路龙田控股集团有限公司
39	新疆	"文游丝路"多语种手机 App 应用及研究	乌鲁木齐一心悦读文化科技有限公司

（续表）

序号	报送地区	项目名称	申报单位
40		北京国际艺术品保税贸易服务平台项目	国家对外文化贸易基地（北京）
41		中国风格数字艺术展示项目	上海国际文化装备产业园管理（集团）有限公司
42		"丝路数字文旅"营销推广系列活动	中国文化娱乐行业协会
43		"潮起东方 艺路同行"文旅产业国际合作项目	中国东方演艺集团有限公司
44		面向"一带一路"沿线国家的文化和旅游国际营销与传播调查	中国旅游报社
45		面向"一带一路"沿线国家的文化和旅游营销服务	北京兴旅国际传媒有限公司

三、

"一带一路"文化旅游发展的西北实践

广袤的西部地区有着丰富的文化资源，承载着古丝绸之路的集体记忆，丝绸之路西北段沿线的文化旅游业具有广阔的发展前景和巨大的市场潜力。早在 20 世纪 90 年代末，中国丝绸之路就已经是国家旅游局向国际社会推介的中国四大精品旅游线路之一，是名副其实的旅游热点。2014 年 5 月 23 日，陕西、甘肃、宁夏、青海和新疆五省区的文化厅签署了《丝绸之路经济带西北五省区文化发展战略联盟框架协议》。未来，联盟各方将在文艺创作、精品展演、公共文化服务体系建设、文化产业发展、人才培养等方面进行跨区域交流与合作，建立长效合作机制。

"一带一路"倡议带火了西北地区的旅游市场。2019年，新疆接待的游客数量历史性突破2.13亿人次，旅游收入超过3 632.62亿元，两项数据的增幅均超40%。2019年，陕西省接待境内外游客7.07亿人次，同比增长12.20%，旅游总收入达7 211.59亿元，同比增长20.30%。其中，接待境外游客465.72万人次，同比增长6.54%，国际旅游收入达33.68亿美元，同比增长7.72%。2019年，甘肃省共接待游客3.74亿人次，实现旅游综合收入2 680亿元，分别同比增长22.5%和30%。"交响丝路·如意甘肃"在国内外的影响力和知名度进一步提升，文化旅游产业在全省国民经济发展中的支柱作用进一步凸显。2019年，青海省接待国内外游客5 080.17万人次，同比增长20.8%，旅游总收入达561.33亿元，同比增长20.4%。2019年，宁夏回族自治区接待国内外游客4 011.02万人次，同比增长19.92%，旅游总收入达340.03亿元，同比增长15%。

表5-2 2019年西北五省（区）旅游产业情况

省份	接待国内外游客数量（亿人次）	实现旅游总收入（亿元）	旅游收入占生产总值比重	旅行社数量（家）
新疆	2.13	3 632.62	26.72%	540
陕西	7.07	7 211.59	27.96%	862
甘肃	3.74	2 680	30.74%	723
青海	0.51	561.33	18.93%	515
宁夏	0.40	340.03	9.07%	164

截至 2019 年 12 月 31 日，全国共有 38 943 家旅行社，旅行社数量在 2 500 家以上的地区有 5 个，分别为广东、北京、江苏、浙江和山东，数量最多的广东有 3 281 家。总体来看，西北五省的旅行社数量偏少，其中宁夏只有 164 家，陕西有862 家，青海有 515 家，甘肃有 723 家，新疆有 540 家（不包括兵团的 162 家）。

（一）陕西：国际文化旅游中心

2020 年 4 月，陕西省人民政府办公厅印发《陕西省"一带一路"建设 2020 年行动计划》，提出推进交通商贸物流中心优化升级、推进国际产能合作中心深化拓展、提高科技教育中心影响力、加快丝绸之路金融中心创新发展等七大类 28 条举措。其中，重要举措包括促进国际文化旅游中心做强做优；实施文化"走出去"战略；精心打造"国风秦韵"对外交流品牌，持续宣传"丝绸之路起点·兵马俑的故乡"品牌；创新办好丝绸之路国际艺术节、西安丝绸之路国际旅游博览会等重大活动；积极落实《北京、上海、陕西中国入境旅游枢纽合作备忘录》，鼓励三省市旅游企业成立入境旅游合作联盟，深入打造京沪陕中国入境旅游"金三角"。

2020 年 10 月 30 日，中国第一部以"丝绸之路"为主题的音乐剧——《丝路之声》全球首演发布会在北京成功举办。

《丝路之声》是陕西旅游集团继创作《长恨歌》和《红色娘子军》等 14 台剧作后，携手美国百老汇倪德伦集团历时三年联合打造的一大力作,是双方在中国合作的第一部原创音乐剧。音乐剧《丝路之声》将于 2021 年 7 月正式公演,之后将依托倪德伦环球娱乐公司的剧院资源,结合百老汇音乐剧市场化的运作模式,展开全球巡演和百老汇驻场演出。

陕西旅游集团深入践行"一带一路"倡议,丝绸之路风情城应运而生。该项目总投资 260 亿元,总规划面积 5 727 亩,是中国国内首个综合性丝路文旅示范区。其中,丝路欢乐世界作为核心项目,总投资 36 亿元,占地 567 亩。这一项目以丝路、欢乐、科技为主线,以开放式街区为空间形态,努力打造"Lifestyle+"城市新生活方式中心。

陕西通过加强闽陕合作,与福建省联手打造了丝绸之路国际电影节,这是全世界唯一一个以丝绸之路命名的电影节,由国家广播电视总局、陕西省人民政府、福建省人民政府联合主办,每年一届,分别在西安、福州两地轮流举办。

2020 年 5 月,全国政协委员、陕西文化产业投资控股(集团)有限公司董事长王勇建议陕西创建"一带一路"国际人文交流示范区,为推动中国文化走出去、加大国际人文交流、凝聚共识探索更多可能性。

王勇认为,政府可以打造丝绸之路文化艺术品国际交易平台,结合陕西自贸试验区的现有政策,并参照上海自贸试验区已有经验,在完善监管、把控风险的基础上,为优秀的中外艺术精品的展示、拍卖、仓储等产业提供一系列便利化政策。政府还可以参照海南岛海棠湾的免税政策,在示范区内设置艺术品免税区，实行关税减免和艺术品出口退税制度等改革措施。此外，陕西可以在文化艺术品资产证券化、建设"一带一路"国际文化艺术版权交易中心和设立丝绸之路文化产业发展基金等方面先行先试、不断探索，为促进中国文化走出去和国际间人文交流提供试验田和资源库。

在信息化建设方面，陕西一带一路网（www.snydyl.gov.cn）专门设有国际文化旅游中心版块①，其中很多与"一带一路"倡议有关的文旅项目呈现出高频次、立体化、系统性的特征。

（二）新疆：丝绸之路经济带核心区文化科教中心

新疆深入实施"文化润疆"工程和"旅游兴疆"战略，不断加大文化与旅游产业融合力度，在提高旅游产品吸引力的同时加速文化产业大发展。新疆维吾尔自治区文化和旅游厅的数据显示，全疆文化产业示范基地由 2016 年的 93 家增至 2019 年的 112 家，遍布南北疆。这些示范基地不仅是文化产业集聚区，同时也是游客们向往的热点景区。

"十三五"期间，自治区围绕丝绸之路经济带核心区文化科教中心建设出台了《自治区文化产业发展专项规划（2016—2020 年）》，设立了新疆特色文化产业扶持资金，自治

---

① 2017 年 11 月 27 日，在陕西省推进"一带一路"建设工作领导小组全体会议上，省委书记、省长胡和平为陕西一带一路网举行上线仪式。陕西一带一路网由省发展和改革委员会指导，省推进"一带一路"建设工作领导小组办公室主办，省信息中心提供技术支持，是全国首个省级"一带一路"官方综合服务平台，是陕西省"一带一路"建设宣传和服务的重要载体。

区拿出 4 390 万元文化产业发展专项资金用于扶持新疆文旅企业发展，支持了一批文旅产业重点项目建设，文化产业园区建设一路提速。目前，新疆的国家级文化产业示范基地中，乌鲁木齐七坊街创意产业集聚区和新疆国际大巴扎双双入选中国文化产业园区 100 强名单。

过去新疆旅游的季节性很强，冬季是旅游淡季。而随着 2022 年冬奥会的临近，冰雪资源丰富的新疆正以此为依托，将冬季旅游作为新疆旅游业转型升级的重要突破口，推动旅游产业全面发展。花样迭出的冬季旅游项目让海内外游客以另一种方式打开新疆。乌鲁木齐市打造了世界顶级滑雪赛道，素有"雪都"之称的阿勒泰地区开发了喀纳斯禾木极美雪乡冰雪旅游度假区，天山天池景区围绕冰雪风光主打温泉度假。在 2019 年举行的第十四届新疆冬季旅游产业交易博览会上，全疆 14 个地州市以"新疆是个好地方——畅游丝路 乐享冰雪"为主题，突出当地特色，向大众推介民俗风情游、自驾深度游等 400 多项文化旅游活动。

新疆旅游业正从"一季游"向"四季游"大步迈进。据统计，2006 年以前，新疆冬季旅游人数仅为 90 余万，2018 年年底这一数字已上升至 3 000 余万。

在教育合作方面，随着"一带一路"倡议的深入推进，新疆承担了大部分同中亚五国开展国家层面教育合作的任务，与这些国家建立了双边、多边的合作交流与协调机制。

2016 年 9 月 27 日，在中国-中亚国家大学校长论坛上，"中国-中亚国家大学联盟"成立。这个由新疆维吾尔自治区教育厅倡议、新疆大学发起的联盟为中国高校与中亚国家高校之间的合作建立了一个新平台。目前，新疆财经大学、新疆师范大学、新疆大学和新疆石河子大学等高校在哈萨克斯坦、吉尔吉斯斯坦和塔吉克斯坦等中亚国家设立了 8 所孔子学院，有数千名中亚国家留学生在新疆高校就读。

有研究者指出，在新疆留学的中亚留学生对中国经济发展前景的评分均高于来华之前，他们普遍认为中国经济实力强大、发展迅速、潜力巨大。他们对新疆驻中亚企业形象的认识受到各国经济状况的影响。其中，吉尔吉斯斯坦和塔吉克斯坦的留学生对在吉、塔的中资企业评价非常高，他们大多认为中国企业有实力、效率高，多数学生有意愿在毕业后到中资企业工作。尤其值得注意的是，中亚留学生来到新疆以后，对中国社会治安的评分有所提升。[1]

在企业方面，2019 年 12 月 31 日，新疆旅游投资集团有限公司正式挂牌成立。该集团是新疆维吾尔自治区国有资产监督管理委员会主导组建的第一家以旅游为主业的国有投资公司。此外，新疆文旅发展股份有限公司成立于 2001 年 7 月，原名为新疆大西部旅游股份有限公司。2020 年 6 月，新疆文旅与携程集团签署合作协议，将以乌鲁木齐为落地载体，结合新疆文旅协调落地优势资源，整合线上资源、渠道资源、大数据研发及

---

[1]　邵鹏博：《中亚国家来疆留学生中国形象认知调查》，《中外交流》，2019 年第 27 期，第 47 页。

文旅创新资源，共同建设丝绸之路文旅创新中心。

在新疆，丰富独特的文化资源为人们提供了创作的富矿，各大博物馆从文物中采撷创意，设计师从历史中汲取灵感，一些具有新疆特色的文创产品开始走向市场、走向世界，向人们讲述新疆的故事。

现存于自治区博物馆的汉代"五星出东方利中国"锦护臂堪称国宝级文物。博物馆将文物中的图案、字样等抽取出来，用以装饰充电宝、布艺包、眼镜布等生活用品，使文物形象有了更多日常生活中的载体。来自吐鲁番柏孜克里克石窟壁画中的高昌贵族人像，在经过精巧的创意设计后变成了憨态可掬又特色鲜明的玩偶产品。从 2017 年开展文创产品开发以来，自治区博物馆的文创商店已研发出六大系列 300 多种文创产品。此外，新疆龟兹研究院设计推出了龟兹壁画书灯和"梵韵"丝巾，吐鲁番博物馆开设了运营文创基地，目前已有 8 家文创商店入驻，文创产品达数百种。

新疆德汇万达广场也把目光瞄准文化创意产业，开始打造创意产业基地，努力成为"新疆好物"产业孵化基地。基地首先看准了服装设计领域，目前新疆一批知名服装设计师已经聚集在这里，在服装设计上挖掘文化元素，体现创意思维。

（三）甘肃：打造文化制高点

2019 年 11 月，甘肃省政府办公厅印发了《新时代甘肃融入"一带一路"建设打造文化制高点实施方案》。该方案提出实施六大文化工程，打造四大平台，力争到 2025 年甘肃省的文化旅游综合收入达到 9 000 亿元，年均增长 20% 以上，人均文化旅游消费达到 1 300 元以上，年均增长 10%，使文化旅游业成为推动甘肃省绿色发展的首位产业和支柱产业。

《新时代甘肃融入"一带一路"建设打造文化制高点实施方案》明确指出，将甘肃省建设成文化遗产研究保护、传承弘扬和创新利用的新高地，丝路精神和时代精神融合的新典范，服务共建"一带一路"民心相通的新样板。

其中，六大文化工程包括敦煌文化工程、长城文化工程、黄河文化工程、始祖文化工程、红色文化工程和民族民俗文化工程。甘肃省将重点建成国家文物保护创新研究中心，打造"一带一路"文化遗产资源数据云平台，建设河西走廊国家遗产线路；开展长城抢救性保护行动，创建长城文化遗产保护创新平台，建设长城国家文化公园；创建国家黄河文化保护创新（兰州）中心，建设黄河文化展示和产业集聚区；创建始祖文化协同发展中心，打造"全球华人寻根祭祖圣地"文旅品牌；建设长征国家文化公园；开展民族民俗文化振兴行动。

四大平台是指"一区一圈"文旅融合创新发展平台、"一会一节"国际交流合作平台、"一带一路"国际旅游枢纽平台和"一机一包"智慧旅游发展平台。今后几年，甘肃省将加快建设华夏文明传承创新区，打造大敦煌文化旅游经济圈，打造文化旅游融合品牌；拓展服务"一带一路"建设空间，加快推动甘肃文化旅游品牌走出去；打造国际协同的丝绸之路文化旅游带，把过境流量转化为落地消费流量；加快推进"一部手机游甘肃"市场化运营，打造适应 5G 时代需要的市场运营端、游客体验端和政府管理端垂直细分平台。

经党中央、国务院批准，从 2016 年起，丝绸之路（敦煌）国际文化博览会每年在甘肃省举办一次。丝绸之路（敦煌）国际文化博览会是"一带一路"倡议的重要载体，也是甘肃省参与"一带一路"建设的标志性项目。博览会以"推动文化交流、共谋合作发展"为宗旨，以丝绸之路精神为纽带，以文明互鉴与文化交流合作为主题，以实现民心相通为目标，着力打造国际化、高端化、专业化的国家级文化博览会，成为中国与丝绸之路沿线国家开展文化交流合作的重要平台和丝绸之路经济带建设的重要支撑。

此外，敦煌行·丝绸之路国际旅游节是由中国文化和旅游部和甘肃省人民政府共同主办的全国唯一一个以丝绸之路命名的常设性旅游节会，是甘肃省的又一个品牌节会，首届旅游节于 2011 年举办。丝绸之路在甘肃境内东西绵延 1 600 多公里，是丝绸之路历史序列最为完整、遗存比较丰富的路段，也是华夏文明、游牧文化和外来文化交流融合特征最为明显、风格最为独特的核心区段，有"历史的主轴，世界文化的大运河"之美誉。敦煌是西北内陆的一颗明珠，集世界自然遗产和文化遗产为一体。敦煌莫高窟是联合国教科文组织评选的两个全部符合世界文化遗产六项指标的文化遗存之一。丝绸之路旅游线从东到西连接了甘肃的天水、平凉、兰州、武威、张掖、酒泉、嘉峪关和敦煌这8座中国优秀的旅游城市。

文化文明不仅是古老厚重的，也可以是鲜活和轻快的。2020年10月17日，甘肃文旅杯·2020首届丝绸之路（中国·甘肃）国际微视频展暨首届中国（甘肃）青年短视频创作精英挑战赛完成赛程，圆满落下帷幕。这次大赛吸引了来自全国各地和法国、英国、意大利等近百个国家的2 000多部作品参赛。让更多年轻人参与"一带一路"和文化事业、文化产业建设，有利于让收藏在博物馆里的文物、陈列在广阔大地上的遗产、书写在古籍里的文字活起来、火起来。

20世纪80年代初，舞剧《丝路花雨》代表中国文化走出国门，展开对外文化交流的国际巡演，那是将中国文化"送出去"。自2013年起，《丝路花雨》的国际巡演成为商业演出，这是将中国文化"卖出去"。40多年来，《丝路花雨》已走进40多个国家和地区，累计演出2 887场，观众达400多万人次。《丝路花雨》和《大梦敦煌》等舞剧现已成为甘肃省乃至中国文化产品以市场方式"走出去"的典型代表。

读者出版集团是甘肃省的老牌文化企业，兰州的标志"一条河、一碗面、一本书"中的书，就是指读者集团出版的《读者》杂志。然而，进入网络时代后，新媒体日益发达，纸媒普遍衰落，《读者》杂志也未能幸免。如今借助"一带一路"倡议，读者出版集团积极探索新途径，主动利用国内外资源，努力为企业焕发新活力开辟新道路。读者出版集团下属的晋林工作室与俄罗斯联邦圣彼得堡列宾美术学院达成协议，成立了第一个海外实习基地。晋林工作室在手工书创作上的水平一直居于全国前列，这种书籍创新了阅读方式，从单纯向读者输出内容转向与读者一起互动，把静态阅读转换成读者参与其中的动态阅读。

近年来，中医药的地位逐渐获得了多个国家的认可。据不完全统计，全世界（中国大陆除外）受过培训的中医药人员有50多万名，中医教学机构有1 500多所，中医药产品和服务已经遍布全球170多个国家，并被一些国家纳入医疗保健体系。

中医药"走出去"也是甘肃省"一带一路"建设的亮点。2013年以来，甘肃省卫生计生委以"一带一路"建设为契机，联合多部门力量，积极推进甘肃省中医药走进"一带一路"沿线国家，受到了当地政府及民众的普遍欢迎与好评。在各方的共同努力下，中医药正在成为甘肃省对外交流的一张名片。甘肃省先后被确定为全国唯一一个中医药综合改革发展试点示范省、中乌和中吉中医药合作执行省份，以及中医药服务贸易试点省。近年来，甘肃省在推进中医文化"走出去"中做出了如下尝试。

1. 成立岐黄中医学院和岐黄中医中心。作为一个像孔子学院一样的文化载体，岐黄中医学院为各国中医学习者提供了规范权威的中医药教材和教学渠道。甘肃省先后在俄罗斯、法国、新西兰和吉尔吉斯斯坦等8个国家成立了岐黄中医学院，在吉尔吉斯斯坦、马达加斯加、摩尔多瓦、匈牙利和巴基斯坦等6

个国家成立了岐黄中医中心。

2013 年 11 月，甘肃中医学院代表团访问乌克兰，在乌克兰国立医科大学挂牌成立了岐黄中医学院，每年派专家开展 42 天的中医学术讲座和中医义诊活动，推广中医药文化和技术。同年 12 月，乌克兰首批来进修的 14 人在甘肃进行了为期 1 个月的中医理论和技术学习。中医进修班人员还自费赴平凉、庆阳地区体验中医生态养生旅游活动。

吉尔吉斯斯坦岐黄中医中心的专家组成员结合当地气候和民众生活习惯，针对呼吸系统疾病高发的流行病学特点发挥中医针灸技术优势，就地取材，制订了中药免煎颗粒口服和穴位芥末膏贴敷相结合的"冬病夏治特色三伏贴"治疗方案，得到了当地民众的广泛好评。数据显示，2015 年 9 月至 2016 年 10 月，吉尔吉斯斯坦岐黄中医中心累计完成中医针灸临床诊疗 2 000 人次，其中吉尔吉斯斯坦民众占到接诊总患者的 60% 以上。

2020 年 5 月，甘肃省委、省政府印发《关于促进中医药传承创新发展的若干措施》，提出要推动甘肃中医药的开放交流，将中医药作为甘肃参与"一带一路"建设的重要内容，继续支持各类优秀中医药机构与"一带一路"沿线国家合作建设岐黄中医学院和岐黄中医中心，加大与国外高等院校、科研机构、医疗机构和医药企业的合作交流。

2. 打造向西开放的国内产业基地。甘肃省卫生和计划生育委员会与商务厅、农牧厅共同建立了中药质量追溯体系和地道药材认证体系，以确保中药材质量可靠。

目前世界上最大、最贵的医疗器械是重离子加速器治疗肿瘤设备，全世界只有中国、德国、美国和日本能生产这个设备，而中国只有甘肃省能生产。要进口一台德国生产的设备需要16亿元人民币，而甘肃省生产一台这样的设备只需6亿元人民币。首台设备已经在甘肃省武威安装完毕。截至2020年9月，国际重离子治疗装置在德国、意大利等国建成12台、在建6台，累计治疗病人3万余人。中国甘肃省建成6台，推广在建合计4台。同时，武威市还配套建设了1000亩中医生态园，为患者提供术前和术后的中医调理治疗，同时带动甘肃旅游业的发展。

重离子治疗肿瘤技术是目前世界公认的有效治疗方法。甘肃省重离子医院的建成，使中国成为国际上第四个实现重离子临床治疗肿瘤的国家。凭借区位优势，该医院还将服务"一带一路"沿线国家，特别是中亚地区的患者。

此外，甘肃省已动员省内外40家旅行社与有关市县政府签订协议，通过给予旅行社适当补助推动中医旅游业的发展。在信息化建设方面，甘肃省致力于智慧中医手机软件的开发，已经研发了俄语版和英语版，为"一带一路"沿线国家的公民学习中医提供了便利。此外，甘肃省还出版了俄语中医教材和中医宣传资料，开发了一批家用中医医疗器械，打造了六大中医旅游产业。

四、
"一带一路"文化旅游发展的西南实践

重庆多措并举加大对客源地国家，特别是"一带一路"沿线国家宣传推介的力度，着力将重庆打造为"国际会客厅"。2019 年，重庆以文促旅、以旅彰文，共接待国内外游客 6.57 亿人次，实现旅游总收入 5 739.07 亿元，分别同比增长 10%、32.1%。为了持续扩大"山水之城·美丽之地"的宣传力度，重庆新增了 7 个境外文化旅游推广中心，有力推动了重庆的国际知名文化旅游目的地建设。据统计，重庆全年接待境外游客 411.34 万人次，同比增长 6.0%。

2019 年，四川省共接待国内外游客 7.5 亿人次，同比增长 7.1%，旅游总收入为 11 594.3 亿元，占全省生产总值的 24.87%。其中，四川旅游外汇收入为 20.2 亿美元，同比增长 33.8%。

2019 年，贵州省共接待国内外游客 11.35 亿人次，同比增长 17.2%，年接待游客人数跃居全国第一。其中，2019 年贵州省旅游总收入为 12 321.81 亿元，同比增长 30.1%，占全省生产总值的 73.48%，成为支柱型产业。

云南省接待国内外游客的人数从 2015 年的 3.30 亿人次增长到了 2019 年的 8.07 亿人次，文旅总收入由 4 181.79 亿元增长到了 12 291.69 亿元，分别年均增长 25.3% 和 30.9%。其中，旅游总收入为 11 035.2 亿元，同比增长 22.73%。

广西壮族自治区的"一带一路"文旅建设很有特点,建设了全国首个国际旅游合作试验区,努力建成中国面向"一带一路"建设参与国的旅游合作典范。2019 年,广西共接待国内外游客 8.76 亿人次,同比增长 28.2%,旅游总收入为 10 241.44 亿元,同比增长 34.4%。

2019 年,西藏全年累计接待国内外游客 4 012.15 万人次,同比增长 19.1%,旅游总收入为 559.28 亿元,同比增长 14.1%。

表 5-3　2019 年西南六省区旅游产业情况

省份	接待国内外游客数量(亿人次)	实现旅游总收入(亿元)	旅游收入占生产总值比重	旅行社数量(家)
重庆	6.57	5 739.07	24.31%	673
四川	7.5	11 594.3	24.87%	1 242
贵州	11.35	12 321.81	73.48%	594
云南	8.07	11 035.2	47.52%	1 105
广西	8.76	10 241.44	48.22%	850
西藏	0.40	559.28	32.94%	310

(一)四川:"文化中国·锦绣四川"

2017 年以来,四川省实施了"巴蜀文化艺术全球推广计划",在全球 55 个国家和地区开展了演出、展览、讲座、论坛等各类共计 100 余项文化宣传推广活动,全球约 500 万名观众参与了这些活动。

截至 2019 年 4 月，四川省实施对外文化交流项目 1 270 余个，"文化中国·锦绣四川""熊猫走世界·美丽四川""川灯耀丝路"等品牌活动享誉世界，熊猫文化、古蜀文明和藏羌彝文化等逐渐走向国际，大熊猫、大九寨、大峨眉和大香格里拉等精品旅游品牌越做越大。

四川省文旅厅致力于推进旅游与文化的深度融合发展，并以促进四川省与"一带一路"沿线国家人民互访互信和文明互鉴为宗旨，创新人文交流机制、内容和形式，将民心相通与合作理念融入旅游领域的对外交往中；坚持走出去和请进来双向发力，在境外开展宣传营销，并邀请境外旅行社、媒体和记者来四川参加重大节会活动，实地考察四川旅游产品线路等。这对四川省宣传旅游整体形象、加快建设旅游经济强省和世界重要旅游目的地具有重大意义。

作为四川文化"走出去"的首个永久性落地项目，《吴哥王朝》已被列入四川省"一带一路"建设的重大项目库。2017 年 10 月 25 日，《吴哥王朝》在柬埔寨首演，展现了柬埔寨王国的古老历史、灿烂文化和绚丽风情。该项目还包括现代大剧院、水上世界、旅游自助餐厅和中柬文化体验街等。

《吴哥王朝》是由德阳美忆文化旅游发展投资有限公司和柬埔寨加华集团共同组建的加恒国际（柬埔寨）文化旅游投资有限公司倾力打造的。演出所在的吴哥大剧院占地 6 000 平方米，可同时容纳 1 200 余名观众，是目前柬埔寨乃至东南亚功能最全且具有国际化专业标准的演出剧场。围绕大剧院，《吴哥王朝》项目还规划了 2 000 平方米的艺术展览中心和 1 500 平方米的艺术培训教育基地，以展示中柬两国文化艺术的魅力，推动文化交流。

（二）云南："感知中国·美丽云南"

近年来，云南依托优越的自然条件、丰富的民族文化资源和深厚的历史文化积淀，探索出了一条独具云南特色的文化发展之路。2014 年，云南省制定印发了《云南省民族民间工艺品产业发展规划（2014—2020 年）》，创造性地确立了"金、木、土、石、布"五位一体的云南民族民间工艺品产业发展体系。

"金"就是金、银、铜、锡工艺品产业。云南依托丰富的有色金属矿产资源，重点发展以斑铜、斑锡、乌铜走银、银器及银饰制作和民族刀具生产等为主的工艺品产业。

"木"就是木、竹、藤、草工艺品产业。云南利用得天独厚的植物资源和地理区位优势，重点发展木雕工艺品和竹编、藤编和草编工艺品。

"土"就是陶瓷、泥塑工艺品产业。云南深入挖掘和整合陶瓷传统工艺，提升文化附加值，重点发展以建水紫陶、华宁釉陶、尼西黑陶为主的云南特色陶瓷产业。

"石"就是珠宝、玉石和石雕、石刻、石材产业。云南依托翡翠、黄龙玉、祖母绿、南红玛瑙、碧玺等珠宝、玉石、景观石、观赏石、奇石和石砚等资源，重点发展石雕、石刻、石材工艺品。

"布"就是染、织、刺绣布艺品产业。云南以民族染、织、刺绣技术为基础，重点发展彝、白、哈尼、傣、傈僳等多民族刺绣以及扎染、蜡染、织锦等布类工艺品产业。

在对外文化交流方面，云南精心策划并成功举办了"感知中国·美丽云南"日内瓦系列宣传展示活动、第十三届亚洲艺术节、"感知中国·缅甸行"等一系列活动，与泰国、老挝、柬埔寨、尼泊尔、缅甸等国合作举办跨国春节联欢晚会，精心打造具有云南特色、中国气派、国际水准的一系列对外文化交流品牌，增进了与有关国家的文化交流和友谊。

在柬埔寨暹粒，一台名为《吴哥的微笑》的大型演出备受各国游客喜爱。这是在中国文化部和柬埔寨文化部的共同支持下，由云南文投集团投资，于2010年打造的大型文化旅游驻场演出。自首次公演以来，节目经久不衰，已经连续多年被评为全国文化出口重点项目，被柬埔寨政府授予"柬埔寨旅游特殊贡献奖"。

2016年10月13日，位于柬埔寨首都金边的金边中国文化中心正式揭牌。金边中国文化中心是一个由中国文化部、云南省委宣传部和新知集团共商、共建、共管的文化传播项目，是中国首个由部、省、企合作共建的中国文化传播机构。2017年11月，文化部与云南省政府共建的缅甸仰光中国文化中心宣告成立。自此，云南成为全国唯一一个拥有两个部省合作共建的海外中国文化中心的省份。截至2018年12月，仰光中国文化中心已举办汉语比赛、画展、演出、研讨会、电影节及电影放映、各类培训、歌曲比赛等文化活动 70 余场，参加活动的人数近 1.5 万人次，中缅媒体对仰光中国文化中心的相关活动报道超过 100 次。

为了让周边国家的人民更好地了解习近平总书记提出的"一带一路"倡议和构建人类命运共同体等理念，云南省委宣传部与中国外文局于 2016 年签署了战略合作协议，由云南大学承担《习近平谈治国理政》一书 5 个语种的翻译和出版工作。

近年来，云南大学、云南师范大学等一批云南高校与周边国家携手合作，已经在缅甸、老挝、泰国、孟加拉国和印度等国家建立孔子学院或孔子课堂。

截至 2019 年 1 月，云南省先后组派了 8 个文化交流团组赴缅甸开展"缅甸云南文化年"系列活动，派出了 9 个团组 386 人赴 8 个国家和地区的 10 个城市开展"欢乐春节"活动，组派了 3 个文化艺术团赴印度进行文化交流展示。

2019 年 1 月 19 日，云南日报报业集团缅语版"魅力云南"正式上线。"魅力云南"是云南日报报业集团首个面向南亚和东南亚国家上线运营的非通用语海外新媒体平台，也是中国首个专门面向缅甸介绍云南的海外新媒体平台。与此同时，云南出版集团发布了《汉缅大词典》，云南人民出版社与缅甸《金凤凰》中文报社签署合作协议，在缅甸共同建设中缅文化互译出版中心。

此外，报纸方面，云南日报报业集团先后与 8 个南亚和东南亚国家的主流媒体合作，推出了 6 种语言的《中国·云南》

新闻专刊，基本形成了对南亚和东南亚主要国家的覆盖。广播方面，以"香格里拉之声"命名的云南广播国际频道以多种语言播出，有效覆盖了中越、中老、中缅边境地区和 7 个南亚、东南亚国家和地区。电视方面，继老挝之后，中国地面数字电视传输标准（DTMB）项目于 2016 年年底在柬埔寨成功落地，目前累计用户约 19 万户。目前，云南正面向尼泊尔、孟加拉国、斯里兰卡等国广泛开展 DTMB 项目合作。期刊方面，由云南省主办的泰文《湄公河》、缅文《吉祥》、老挝文《占芭》、柬文《高棉》等杂志成功进入对象国政府部门、大学图书馆等主流社会。云南新闻出版企业还在"一带一路"沿线国家建设了 10 个实体书店。网络及新媒体方面，云南省的外宣网站"云桥网"使用中、英、泰、老、缅等多种语言对外传播，影响逐步扩大。①

云南是中国最大的优质咖啡原料基地，云南小粒咖啡被国际一流咖啡专家评价为全世界最好的咖啡之一。提及云南小粒咖啡，就不得不提到云南农垦集团。从 1955 年屯垦戍边时期的规模化咖啡种植到 1992 年建成国内首家现代化咖啡加工厂，云南农垦集团主动融入云南高原特色农业产业发展战略规划，将咖啡这一独具竞争力的高原特色农业作为集团核心产业加以培育。

其实，云南咖啡本身就是古丝绸之路互联互通的产品。

---

① 《好形象立起来 走出去更精彩——云南全力构筑对外文化交流新格局》，《光明日报》，2019 年 1 月 30 日，第 1 版。

2013 年 1 月 7 日，云南省普洱市被中国果品流通协会授予"中国咖啡之都"之称。据云南咖啡种植史记载，中国大陆的咖啡种植始于云南。1904 年，法国天主教传教士田德能带来的咖啡豆和咖啡苗开始在中国云南省大理市宾川县茱苦拉村种植。1985 年，云南农垦集团开始商业化种植咖啡，截至 2019 年，云南省的咖啡种植面积已达 156.73 万亩，占全国咖啡种植面积的 99% 以上。云南省的咖啡产量约为每年 14.5 万吨。

普洱市地处中国西南边陲，被北回归线穿境而过，与全球著名的咖啡产地牙买加、哥伦比亚等国家处于同一纬度区。气候条件和地理位置造就了普洱咖啡，这里出产的阿拉比卡小粒种咖啡因品质优越、风味独特，得到了中外人士的一致好评。

2019 年，云南咖啡的出口量占全国 99% 以上。云南省的咖啡原料豆及深加工产品远销美国、日本、韩国等 55 个国家和地区，出口创汇接近 10 亿元。虽然在国内市场，云南咖啡产业的发展优势明显，但是在全球范围内，云南的咖啡出口仍处于产业链的上游阶段，未来要想实现升级发展，云南省需要推行标准化生产，提高咖啡的品质，加大咖啡品牌的培育力度。

2019 年 7 月 19 日，云南农垦集团与香港大嘉国际集团有限公司迪拜商品贸易公司（MCH）和迪拜多种商品交易中心（DMCC）在昆明签订三方合作协议，致力于将云南小粒咖啡推入中东市场，提升产品附加值，进一步辐射欧洲市场，打造迪拜咖啡交易中心。

　　迪拜咖啡交易中心落成后，预估每年的咖啡豆贸易量将超200万吨。借助咖啡交易中心的平台资源优势，中国咖啡将强势打入全球咖啡市场，推动云南咖啡产业迈向国际化，打造属于自己的高端国际品牌，提升品牌知名度和国际影响力。

第六章

西部地区构建绿色丝绸之路
的探索和实践

"一带一路"沿线国家多为发展中国家和新兴经济体，普遍面临工业化和城镇化带来的环境污染、生态退化等多重挑战，因此加快转型和推动绿色发展的呼声不断增强。中国和一些沿线国家积极探索环境与经济协调发展模式，在大力发展绿色经济领域取得了一些成功经验。开展国际生态环保合作有利于促进沿线国家生态环境保护能力建设，有利于推动沿线国家跨越传统发展路径，最大限度减少经济发展对生态环境的影响，是实现区域经济绿色转型的重要途径。

　　2016 年 6 月，习近平主席在乌兹别克斯坦最高会议立法院的演讲中指出："要着力深化环保合作，践行绿色发展理念，加大生态环境保护力度，携手打造'绿色丝绸之路'。"①

　　《推动共建丝绸之路经济带和 21 世纪海上丝绸之路的愿景与行动》提到，要强化基础设施绿色低碳化建设和运营管理，在建设中充分考虑气候变化影响，在投资贸易中突出生态文明

---

① 《习近平：携手打造绿色、健康、智力、和平的丝绸之路》，2016 年 6 月 22 日，新华网，http://www.xinhuanet.com/world/2016-06/22/c_1119094645.htm。

理念，加强在生态环境、生物多样性和应对气候变化等方面的合作，共建绿色丝绸之路。

一、

完善顶层设计，加强政策引导

2017 年 5 月，为进一步推动"一带一路"绿色发展，环境保护部、外交部、国家发展和改革委员会与商务部联合发布了《关于推进绿色"一带一路"建设的指导意见》（以下简称《指导意见》）。指导意见系统阐述了建设绿色"一带一路"的重要意义，要求以和平合作、开放包容、互学互鉴、互利共赢的丝绸之路精神为指引，牢固树立创新、协调、绿色、开放、共享发展理念，坚持各国共商、共建、共享，遵循平等、追求互利，全面推进政策沟通、设施联通、贸易畅通、资金融通和民心相通的绿色化进程。

《指导意见》提出，用 3~5 年时间建成务实高效的生态环保合作交流体系、支撑与服务平台和产业技术合作基地，制定并落实一系列生态环境风险防范政策和措施；用 5~10 年时间建成较为完善的生态环保服务、支撑、保障体系，实施一批重要的生态环保项目，并取得良好的效果。

《指导意见》特别强调发挥地方优势，加强能力建设，促进项目落地。第一，发挥区位优势，明确定位与合作方向。充分发挥各地在"一带一路"建设中区位优势，明确各自定位；加快在有条件的地方建设"一带一路"环境技术创新和转移中心以及环保技术和产业合作示范基地，建设面向中亚、东盟、南亚、中东欧、阿拉伯、非洲等国家的环保技术和产业合作示范基地；推动和支持环保工业园区、循环经济工业园区、主要工业行业、环保企业提升国际化水平，推动长江经济带、环渤海、珠三角、中原城市群等支持环保技术和产业合作项目落地，支撑绿色"一带一路"建设。第二，加大统筹协调和支持力度，加强环保能力建设；推动绿色"一带一路"建设融入地方社会、经济发展规划，科学规划产业空间布局，制定严格的环保制度，推动地方产业转型升级和经济绿色发展；重点加强黑龙江、内蒙古、吉林、新疆、云南和广西等边境地区的环境监管和治理能力建设，推动江苏、广东、陕西和福建等"一带一路"沿线省份提升绿色发展水平；鼓励各地积极参加双边及多边环保合作，推动建立省级、市级国际合作伙伴关系，积极创新合作模式，推动形成上下联动、政企统筹、智库支撑的良好局面。

随即，环境保护部发布了《"一带一路"生态环境保护合作规划》（以下简称《规划》)。《指导意见》和《规划》先后发布，《指导意见》作为纲领性文件，明确了绿色"一带一路"建设的总体思路，《规划》是落实《指导意见》的具体行动指南，进一步明确了生态环保合作是绿色"一带一路"建设的根本要求，设定了2025年形成与沿线国家进行环保合作的良好格局、2030年共同推动实现2030可持续发展目标、继续深化生态环保合作领域、全面提升合作水平的具体规划目标与六大重点任务。

《指导意见》和《规划》都设置了"发挥地方优势"章节，强调发挥中国"一带一路"沿线省区在"一带一路"建设中的区位优势，要求各地根据自身特点明确各自定位，如内蒙古、云南等边境地区加强环境治理能力建设，江苏、福建等地区提升绿色发展水平。

《规划》涉及 25 个重点项目，包括 6 个政策沟通类项目，4 个设施联通类项目，3 个贸易畅通类项目，2 个资金融通类项目，4 个民心相通类项目和 6 个能力建设类项目。

在企业层面，2013 年 2 月，商务部和环境保护部发布了《对外投资合作环境保护指南》，要求企业应按照东道国的环境保护法律法规和标准要求开展污染防治工作，企业的污染物排放应当符合东道国的规定，减少对当地生物多样性的不利影响。2016 年 12 月，中国-东盟环境保护合作中心、中国可持续发展工商理事会和全国工商业联合会环境服务业商会共同发起《履行企业环境责任　共建绿色"一带一路"》倡议。第一批参与该倡议的企业包括中国核工业集团公司、中国石油天然气集团公司、中国光大国际有限公司、深圳能源集团公司和永清环保等 16 家知名国企及优秀民企，涵盖了能源、交通、制造业和环保产业等多个领域。参与企业承诺，在对外投资和国际产能合作中将严格遵守环境保护法规，加强环境管理，助力绿色"一带一路"建设。

表6-1 《"一带一路"生态环境保护合作规划》25个重点项目

类目	序号	项目名称
政策沟通	1	"一带一路"生态环保合作国际高层对话
	2	"一带一路"绿色发展国际联盟
	3	"一带一路"沿线国家环境政策、标准沟通与衔接
	4	"一带一路"沿线国家核与辐射安全管理交流
	5	中国-东盟生态友好城市伙伴关系
	6	"一带一路"环境公约履约交流合作
设施联通	7	"一带一路"互联互通绿色化研究
	8	"一带一路"沿线工业园污水处理示范
	9	"一带一路"重点区域战略与项目环境影响评估
	10	"一带一路"生物多样性保护廊道建设示范
贸易畅通	11	"一带一路"危险废物管理和进出口监管合作
	12	"一带一路"沿线环境标志互认
	13	"一带一路"绿色供应链管理试点示范
资金融通	14	"一带一路"绿色投融资研究
	15	绿色"一带一路"基金研究
民心相通	16	绿色丝绸之路使者计划
	17	澜沧江-湄公河环境合作平台
	18	中国-柬埔寨环保合作基地
	19	"一带一路"环保社会组织交流合作
能力建设	20	"一带一路"生态环保大数据服务平台建设
	21	"一带一路"生态环境监测预警体系建设
	22	地方"一带一路"生态环保合作
	23	"一带一路"环保产业与技术合作平台
	24	"一带一路"环保技术交流与转移中心（深圳）
	25	中国-东盟环保技术和产业合作示范基地

2019 年 4 月，"一带一路"绿色发展国际联盟于第二届"一带一路"国际合作高峰论坛绿色之路分论坛上正式启动。目前，联盟已有来自 40 余个国家的 150 多家合作伙伴，启动了生物多样性与生态系统、全球气候变化治理及绿色转型、绿色金融与投资、环境法律法规和标准等 10 个专题伙伴关系。联盟发布了《"一带一路"项目绿色发展指南》，并且正在推动制定"一带一路"项目分级分类指南，为共建国家及项目提供绿色解决方案。

中英绿色金融工作组于 2018 年联合发布了《"一带一路"绿色投资原则》，截至 2020 年 9 月，已有 37 家签署机构和 12 家支持机构，这些机构来自全球 14 个国家和地区。从推动绿色基础设施建设情况来看，中国已经在共建国家建设了大量太阳能、风能等可再生能源项目，帮助东道国的能源供给向高效、清洁、多样化的方向转型。中国在"一带一路"沿线国家能源领域投资中的可再生能源投资比例逐步增加，美国企业公共政策研究所（AEI）发布的数据显示，2020 年上半年，中国对"一带一路"沿线国家可再生能源的投资占比已超过化石能源的占比。

2020 年 5 月 17 日，《中共中央国务院关于新时代推进西部大开发形成新格局的指导意见》正式发布，明确提出支持贵州、青海深化国内外生态合作，推动绿色丝绸之路建设。总之，绿色丝绸之路的建设理念对正确处理经济发展同生态环保的关系、强化绿色发展与合作、维护全球生态安全、打造人类命运共同体具有重要意义，为西部地区推进绿色发展、融入绿色丝绸之路提供了巨大的机遇与平台。

二、
绿色经济的关键词不仅是绿色，还包括经济

联合国环境规划署（UNEP）对绿色经济的定义，是可促成提高人类福祉和社会公平，同时显著降低环境风险与生态稀缺的经济。绿色是"一带一路"建设的底色，也是西部大开发的底色。

（一）绿水青山就是金山银山

"绿水青山就是金山银山"是时任浙江省委书记的习近平于2005年8月在浙江湖州安吉考察时提出的论断。西部生态脆弱区因地理条件和生态环境存在着较强的外部约束性，产业发展的可能性选择与其他地区有较大差异。这些地区具有倚重自然资源和粗放式开发的共性，滋生了表现不一、程度不均但实质相同的资源诅咒现象和由此带来的产业锁定问题。中国特色社会主义进入新时代，要破解西部生态脆弱区产业可持续发展难题进而实现转型升级，必须走产业价值链高端化、科技投入高新化、资源利用高效化路径，推进西部生态脆弱区的产业转型升级。[①]

---

① 谭鑫：《西部生态脆弱区产业转型升级优化路径》，《光明日报》，2018年3月13日，第15版。

西部地区有绿水青山，但为什么说绿水青山就是金山银山呢？答案很简单，因为物以稀为贵。40 多年前，中国刚刚进行改革开放，工业化进程尚处于初期阶段，衣食住行样样短缺。相对于物质供给，生态环境并不稀缺。然而今非昔比，经过 40 多年的快速发展，中国的工业化进程已进入到中后期阶段，商品供应极大丰富，现在人们更需要洁净的空气和水，需要良好的环境与健康，于是良好的生态环境就成了稀缺资源。

但是在实践中，绿水青山要变成金山银山，还需要有相应的盈利模式作为支撑，这有两个方面的困难。一是生态环境属于公共品，很难以金钱来衡量。如洁净的空气，由于空气消费不排他，所以无法向游客收费。二是环境消费属于文化或精神消费，在计价方面存在困难。比如乡愁是游客的主观感受，乡愁值多少钱很难说清。

经济学处理此类问题的办法是寻找委托品，将那些不能计量或不能计价的商品（服务）借助委托品去交易。例如，商家卖矿泉水时是在卖什么？若你认为他们只是在卖水就错了。事实上，商家既是在卖水，同时也是在卖"方便"。由于"方便"不好计价，所以商家就将"方便"委托到了矿泉水上。一瓶 300 毫升的矿泉水卖 2 元，600 毫升的卖 3 元，水多一倍而价格未高一倍，那是因为水增加了而"方便"并没有增加。由此我们得到的启示是，不同的生态要素应先找到委托品，否则就形成不了盈利模式。[①] 例如，农民可以把无污染的土壤环境委托到无公害蔬菜上，把优质的气候、乡愁委托到茶叶、水果上，把田园风光委托到观光农业上，等等。

在"一带一路"建设初期，很多地区不知道要如何参与，因此对"一带一路"倡议的关注度不够、参与性不强，这是因为这些地区在很大程度上不知道丝路市场需要什么。20 世纪 80 年代初，习近平总书记在河北正定工作时确立了"投其所好、供其所需、取其所长、补其所短、应其所变"的 20 字发展思路，其核心思想是：正定要有更大发展，必须为城里人服务，掏城里人腰包。[②] 这一思路对今天的"一带一路"建设依然有借鉴意义，即西部地区应该为国际社会服务，让国际社会来这里投资，来这里采购，来这里进行合作。

故此，西部地区应打破传统思维的限制，找到市场的痛点和需求点。此外，西部地区还应摆脱对稀缺性资源的过度依赖，摆脱"有什么就卖什么"的顽固惯性，要为国际社会提供个性化、定制化、差异化的产品与服务，满足不同市场的需求。

（二）青海：丝绸之路文化产业带

习近平总书记强调："青海最大的价值在生态、最大的责

----

① 王东京：《绿水青山的盈利模式》，《学习时报》，2018 年 9 月 7 日，第 2 版。

② 《"近平同志把人民看得很重，人民也把他看得很重"——习近平在正定》，《学习时报》，2018 年 2 月 7 日，第 3 版。

任在生态、最大的潜力也在生态。"① 青海省地处青藏高原，区位独特，文化资源和自然资源丰富多样。目前，青海有 3 处国家级文化生态保护区，5 项人类非物质文化遗产项目，73 项国家级非物质文化遗产项目，136 项省级非物质文化遗产项目，45 个全国重点文物保护单位和 28 个中国民间文化艺术之乡。昆仑山、祁连山、阿尼玛卿雪山、青海湖、三江源和可可西里等自然景观各具特色。

2017 年 12 月 21 日，青海省文化和新闻出版厅发布了《青海省丝绸之路文化产业带发展规划及行动计划（2018—2025年）》（以下简称《发展规划及行动计划》），明确了青海省的发展定位为丝绸之路生态文明的价值高地和绿色发展的先行示范区。《发展规划及行动计划》将青海省的民俗、旅游、体育、生态、金融等诸多要素做了有机结合，确定了具体行动方案，如夏都国际论坛提升行动计划、世界屋脊·大河流域文化遗产暨生态文明大会行动计划、高原文化体育行动计划等。

未来，青海应推动虫草、玉石、藏毯、唐卡等传统资源和产品的标准化、高端化、品牌化和国际化发展，加大创新力度，深度融入"一带一路"产业发展，实现产业链更高位次的提升和更高价值的获取。另一方面，青海应积极培育或引进龙头企业，发挥示范带动作用。西部地区的一个共同特征是国有企业有规模、有实力，但是民营企业总体规模偏小、结构单一，整

---

① 高世楫：《生态的价值、责任与潜力》，《光明日报》，2016 年 9 月 28 日，第 2 版。

体呈现"小、散、弱"的特征,基本以中小微企业及家庭作坊、个体经营户为主,市场竞争力十分有限。

另外,青海应将自身优势、国家战略需要以及国际社会需求相结合,研究新业态,开发新业态。中国不缺山水景点,西部很多城市都习惯在山水上做文章,导致旅游市场同质化竞争倾向严重。青海可以利用青海湖、可可西里等高原体育基础在户外运动及其装备上做文章,打造国际户外运动胜地。一般而言,旅游有三个层次,第一个层次是观光游和购物游,第二个层次是休闲游和体验游,第三个层次是商务游和健康游。越高端的游客越喜欢"无雕琢"的自然环境,而80后、90后以及00后非常热衷于户外挑战。为此,青海的发力点可以是争取高端游客和年轻人,通过越野跑、山地车、攀岩、皮划艇、漂流、溜索和滑翔伞等户外运动吸引国内外游客,打造中国户外旅游的国际品牌,带动中国健康产业与户外运动产业良性发展。

目前,中国体育产业的规模不断扩大,2025年时体育产业人口预计达到5亿人。以马拉松为例,2011年、2012年、2013年和2014年全国举行马拉松的场次分别为22场、33场、39场和51场。而2015年之后,马拉松及相关赛事快速增长:2018年中国举办的马拉松场次为1 581场,2019年则为1 828场,参加人次达712万。一般来说,跑过半程马拉松的人会去挑战全程马拉松,完成全程马拉松之后还会去挑战越野跑或铁人三项。而参加上述比赛需要专业的装备,包括专业跑鞋、运动手表、运动耳机、头盔和营养补剂等,这背后是庞大的产业。但是，到目前为止，中国所有的顶级体育装备都需要进口，如跑鞋中的亚瑟士（日本）、萨洛蒙（法国）、耐克（美国）等等。一双跑鞋一般可以跑 700~1 000 公里，价格平均为 1 000 元，一位跑者一年大概需要买 2~3 双跑鞋。因此，我建议青海打造全国户外运动装备产业基地或产业园区。

（三）贵州：绿色丝绸之路驿站

党的十七大提出建设生态文明后，贵州省借鉴国内外成果，推动生态文明实践，打造对外交流合作平台。2009 年 8 月，贵州举办了第一次生态文明贵阳国际论坛，在中国首次提出"绿色经济"的概念，并以生态文明为焦点立足中国、面向世界。2014 年 7 月，生态文明贵阳国际论坛专门设立了"共建绿色丝绸之路"分论坛。

贵州省的森林覆盖率已达 60%，截至 2020 年底，贵州的自然保护地面积为 2 985.48 万亩，占全省面积的 11.31%。在绿色经济方面，贵州省的绿茶产量连续保持 30% 以上的年均增长速度。目前，贵州的茶园面积已经达到 700 万亩，连续多年居国内首位，其中贵阳已成为贵州省第一大农产品出口基地。2018 年 5 月，全球最大的茶叶采购商和经销商联合利华发布了旗下立顿品牌的袋泡茶系列新品——立顿"遵义红"和"遵义绿茶"。作为精准扶贫产品，立顿遵义茶袋泡茶系列产品每售出 1 盒就会给中国青少年基金会捐献 1 元，用于遵义地区的公益项目。

随着贵州茶叶出口的大幅增长，太古集团、联合利华、星巴克等公司纷纷加大在贵州采购原料的力度，并在贵州建设出口原料基地，为贵州提供了后发赶超的契机。2020年，贵阳海关共检验6 000多吨出口茶叶，金额高达2亿多美元。未来，贵州茶叶将主攻欧美、日本、摩洛哥、中东、非洲等出口市场，有针对性地研究每个市场的消费需求，对照国际标准，研发生产颗粒形绿茶、眉茶、煎茶、碾茶、片茶、抹茶、红条茶、红碎茶等出口产品。

数百年前，产自墨西哥的辣椒被商贩们装进筐子，一路漂洋过海来到中国，最早只是被人们当作一种花卉。现在，辣椒的功能在贵州省被发挥到极致——人们从"以辣代盐"到"无辣不欢"。贵州已经成为中国最大的辣椒种植地，而且贵州的辣椒还漂洋过海，在新时代的丝绸之路上扮演着重要角色。在越南、泰国、柬埔寨等国家的社区超市里，人们常能看到"老干妈"的身影。在国外，以油辣椒制品为代表的产品被视为继茅台酒之后又一登上国际市场的贵州文化符号，成为传播中国味道和中国文化的载体。

目前，老干妈公司拥有4个生产基地，占地1 000多亩，员工近5 000人，日生产能力上百万瓶。自1997年以来，"老干妈"已出口美国、澳大利亚、新西兰、日本、南非、韩国等超过80个国家和地区，实现了"有华人的地方就有老干妈"。2019年，公司的销售收入突破50亿元，上缴税收6.36亿元。

近年来，中国猕猴桃产业的发展十分迅速，尤以陕西、四川和贵州三省的发展势头最猛。贵州属于北亚热带和南温带季风气候，冬无严寒，夏无酷暑，季风交替明显，降水量多，水热同期，非常适宜猕猴桃的生长和繁育。目前贵州省的猕猴桃种植面积排在全国第三位。

2017年1月，首批5吨凉都"弥你红"猕猴桃装车启程，从凉都农投万吨冷链中心出发，经昆明直接运往泰国，标志着中泰双方农特产品的实质性合作正式开始。这是凉都"弥你红"猕猴桃走出国门的"第一单"生意，为六盘水市的猕猴桃开创了更为广阔的天地，也是六盘水市与东盟国家进行经贸合作，让"黔货"走向国际市场的一个缩影。

未来，贵州应继续发挥酒博会、数博会、生态文明贵阳国际论坛、贵阳国际汽车博览会、中国国际贵州绿茶博览会、中国（贵州）国际装备制造业博览会和中国贵阳国际特色农产品交易会等国内外知名的品牌展会和论坛的作用，将拉动产业发展和挖掘自身价值相结合，进一步推动贵州的产业发展和创新转型，打造会展之都与绿色经济之都。

三、

推动健康丝绸之路和数字丝绸之路共同发展

在西部地区，绿色丝绸之路、健康丝绸之路和数字丝绸之路等理念和实践相互交织，彼此促进，给西部大开发插上了腾飞的翅膀。

（一）健康丝绸之路：健康是发展的前提条件

健康是促进人的全面发展的必然要求，是经济社会发展的基础条件。"一带一路"倡议是民心工程，也是民生工程，人民的健康对任何国家而言都是头等大事。2020 年 3 月 21 日，国家主席习近平在就新冠肺炎疫情致法国总统马克龙的慰问电中，首次表达了要与法方共同打造人类卫生健康共同体的意愿。① 同年 5 月 18 日，习近平在第 73 届世界卫生大会视频会议开幕式上发表题为《团结合作战胜疫情　共同构建人类卫生健康共同体》的致辞，系统阐释了如何构建人类卫生健康共同体——未来，中国要以高质量的健康丝绸之路建设助推人类卫生健康共同体事业。

国际社会对健康丝绸之路充满了期待。人类社会不仅面临治理赤字、信任赤字、和平赤字和发展赤字，也面临着健康赤字。早在 2007 年 8 月，世界卫生组织就发布了《构建安全未来：21 世纪全球公共卫生安全》报告，称全球正处在史上疾病传播速度最快、传播范围最广的时期。自 20 世纪 70 年代开始，新传染病以每年增加一种甚至多种的空前速度出现。其实，人类卫生健康史就是一部与突发公共卫生事件抗争的历史。无论地域、种族和发展程度，各国始终面临着传染病危害。随着全球化的加速发展，流行病的传播速度愈加快速，新病原体出现的速度也快于过去的任何一个时期。传染性疾病的蔓延不仅影响

---

① 赵磊：《以国际合作打造人类卫生健康共同体》，《学习时报》，2020 年 4 月 17 日，第 2 版。

国家安全，也影响全球治理。

2016年6月22日，国家主席习近平在乌兹别克斯坦最高会议立法院发表演讲时，具有前瞻性地提出了着力深化国家间的医疗卫生合作，加强在传染病疫情通报、疾病防控、医疗救援、传统医药领域的互利合作，携手打造"健康丝绸之路"。①2017年8月18日，"一带一路"暨"健康丝绸之路"高级别研讨会在北京举行，并发布了《"一带一路"卫生合作暨"健康丝绸之路"北京公报》。

一个现实的情况是，"一带一路"沿线国家多为发展中国家，公共卫生问题普遍突出。发展中国家的公共卫生体系较为薄弱，甚至缺少最基本的公共卫生设施和服务，一旦疫情暴发，疾病可能会摧毁其整个卫生系统，进而导致更高的死亡率和更严重的经济萧条。数据显示，现在非洲只有3%的药品是本土生产的，世界上70%的人口缺乏足够的医疗服务。

世界卫生组织认为，健康不仅仅是人们没有疾病和身体不虚弱，还要有良好的生理、心理状态和社会适应能力。新冠肺炎疫情已经导致大批年轻人失业或失学，可能对他们造成终生难愈的心理伤痕。2020年8月，国际劳工组织发表了题为《青年与新冠病毒：对工作、教育、权利和心理健康的影响》的报告，指出全球已有超过1/6的年轻人失业，而42%没有失业的青年面临收入下滑的困境。因此，健康丝绸之路建设要更加关

---

① 《习近平：携手打造绿色、健康、智力、和平的丝绸之路》，2016年6月22日，新华网，http://www.xinhuanet.com/world/2016-06/22/c_1119094645.htm。

注年轻人，为他们创造良好的教育培训与就业机会。

疫情没有削弱"一带一路"倡议的价值，反而增强了国际社会对这一全球公共产品的期待。"一带一路"的许多基础设施、民生项目、卫生健康项目都在这次抗疫中发挥了重要作用。2020 年 3 月 1 日至 5 月 31 日，中国向 200 个国家和地区出口防疫物资，其中，出口口罩 706 亿只、防护服 3.4 亿套、护目镜 1.15 亿个、呼吸机 9.67 万台、检测试剂盒 2.25 亿人份、红外线测温仪 4 029 万台，有力地支持了相关国家的疫情防控工作。2020 年 1 月至 4 月，中欧班列开行数量和发送货物量分别同比增长 24% 和 27%，累计运送抗疫物资 66 万件，为维持国际产业链和供应链畅通、保障抗疫物资运输发挥了重要作用。

早在 2018 年 12 月，阿里巴巴就与比利时政府签署协议，比利时成为阿里巴巴在欧洲的首个世界电子贸易平台共建国。在疫情期间，为了更好地运输抗疫物资，阿里巴巴旗下的菜鸟网络将杭州至比利时列日机场的包机频次提高至每周 5 班。世界电子贸易平台（eWTP）列日枢纽成为跨境贸易复苏的主动脉，往来于列日机场与中国之间的货运量同比增长 7%。

建设健康丝绸之路应在关键领域发力，做好重点工作，将公共卫生合作视为"一带一路"建设的基础性工作。中国国家卫生和计划生育委员会于 2015 年发布了《关于推进"一带一路"卫生交流合作三年实施方案（2015—2017 年）》。目前，上述努力已经取得了初步成果，但就"一带一路"建设的总体进展而言，在疫情暴发之前，公共卫生领域合作的标志性项目和品牌项目依然较少，未来要进一步完善健康丝绸之路在关键领域的重点工作。对此，我有以下几点建议。

1. **坚持国际合作和多边主义，维护以联合国和世界卫生组织为核心的全球健康治理体系**。中国应进一步完善公共卫生安全治理体系，提高应对突发公共卫生事件的响应速度，建立防疫物资储备中心。以全面提升中国同"一带一路"沿线国家人民的健康水平为主线，创新合作模式，促进中国及沿线国家的公共卫生事业共同进步。健康丝绸之路建设的当务之急是阻断病毒的传播，维护全球公共卫生安全。

中国应加强"一带一路"倡议同世界卫生组织的合作，支持世界卫生组织发挥领导作用。2017年1月，中国与世界卫生组织签署了"一带一路"卫生合作备忘录。2020年6月17日，习近平主席在主持中非团结抗疫特别峰会时强调，中国将建设非洲疾控中心总部，加快中非友好医院建设和中非对口医院合作，打造中非卫生健康共同体。中国政府郑重承诺，新冠疫苗研发完成并投入使用后，愿率先惠及非洲国家。

2. **坚持以企业为主体，为健康丝绸之路提供高质量的产品与服务**。人类卫生健康共同体建设的关键力量不仅是医生，也包括企业家。在抗击新冠肺炎疫情过程中，与中国医疗队同样逆行出征的还有很多中国企业。中国企业在海外不仅向当地提供了多种援助，还克服了交通中断、材料短缺、卫生防护不足等重重困难，为保障当地生产和民生供应做出了积极贡献，成为全球抗疫中不可或缺的力量。当前，国际社会在卫生健康领域有需求，中国企业在远程医疗技术等方面有优势。未来，中国企业还应进一步与各国企业加强在传染病防控、妇幼保健、卫生援助、疫苗研制等领域的国际合作，提供教育培育、人才培养和产业开发等健康领域的公共产品。

中国应注重发挥"一带一路"产能合作的超前引领作用，应根据一些"一带一路"沿线国家公共卫生服务能力不足的实际情况，加强医药产业园等特色园区建设，进一步加强与这些国家在健康、医药卫生等领域的合作。中国可将健康合作作为同日本、瑞士、德国等国家在"一带一路"框架下进行第三方市场合作的重点领域。

3. 坚持务实合作，坚持自主创新，不断增强中国自身实力与国际塑造力。"一带一路"务实合作与高质量发展要对标高标准、惠民生和可持续目标，坚持以人为本原则和需求导向，积极创新。

习近平总书记强调，生命安全和生物安全领域的重大科技成果是国之重器，疫病防控和公共卫生应急体系是国家战略体系的重要组成部分。中国要完善关键核心技术攻关的新型举国体制，加快推进人口健康、生物安全等领域科研力量布局，整合生命科学、生物技术、医药卫生和医疗设备等领域的国家重点科研体系，布局一批国家临床医学研究中心，加大卫生健康领域科技投入，加强生命科学领域的基础研究和医疗健康关键核心技术突破，加快提高疫病防控和公共卫生领域战略科技力量和战略储备能力。中国还应加快补齐高端医疗装备方面的短板，加快关键核心技术攻关，突破技术装备瓶颈，实现高端医疗装备自主可控。①

新冠肺炎全球大流行给"一带一路"建设带来了不少挑战，但也充分凸显了"一带一路"合作的韧性和活力。经过疫情考验，健康丝绸之路建设将绽放新的生命力，为构建人类卫生健康共同体注入更加强劲的动力。

（二）数字丝绸之路：智慧赋能实现智慧对接

"一带一路"需要战略对接、项目对接、规划对接，也需要智慧对接。习近平主席在首届"一带一路"国际合作高峰论坛上提出："我们要坚持创新驱动发展，加强在数字经济、人工智能、纳米技术、量子计算机等前沿领域合作，推动大数据、云计算、智慧城市建设，连接成 21 世纪的数字丝绸之路。"②

数字丝绸之路是数字经济发展和"一带一路"倡议的结合，是数字技术对"一带一路"倡议的支撑。当前，中国已成为全球第二大数字经济体，在网民数量、网络零售额和移动互联网发展等方面领先世界，并实现了一系列技术创新和模式创新。依托数据和信息在网络世界的流动，数字丝绸之路有助于克服"一带一路"沿线国家和地区的文化差异、信息不对称与信任问

---

① 《科学战"疫"，习近平这样指导应"战"备"考"》，中国新闻网，2020 年 3 月 4 日，https://www.chinanews.com/gn/2020/03-04/9113663.shtml。

② 《习近平演讲全文：携手推进"一带一路"建设》，2017 年 5 月 14 日，央广网，http://china.cnr.cn/gdgg/20170514/t20170514_523753936.shtml。

题，推动沿线国家和地区在信息基础设施、贸易、金融、产业和科教文卫等各领域的全方位合作，缩小数字鸿沟，加快经济社会发展。

在 2017 年 12 月举办的第四届世界互联网大会上，中国、老挝、沙特阿拉伯、塞尔维亚、泰国、土耳其、阿联酋等国共同发起了《"一带一路"数字经济国际合作倡议》，提出扩大宽带接入，提高宽带质量，促进数字化转型，促进电子商务合作，支持互联网创业创新，促进中小微企业发展等 15 项内容。

2018 年 12 月，中央经济工作会议首次提出新型基础设施建设的概念，新基建迅速成为全社会讨论的热点。新基建包括 5G 基站、特高压、城际高速铁路和城际轨道交通、新能源汽车充电桩、大数据中心、人工智能和工业互联网这七大领域，涉及诸多产业链。2020 年 4 月 20 日，国家发改委对新型基础设施的范围正式做出解读，即新型基础设施是以新发展理念为引领，以技术创新为驱动，以信息网络为基础，面向高质量发展需要，提供数字转型、智能升级、融合创新等服务的基础设施体系，包括信息基础设施、融合基础设施、创新基础设施三个方面。其中，信息基础设施包括以 5G、物联网、工业互联网、卫星互联网为代表的通信网络基础设施，以人工智能、云计算、区块链等为代表的新技术基础设施，以数据中心、智能计算中心为代表的算力基础设施等。融合基础设施包括智能交通基础设施、智慧能源基础设施等。创新基础设施则包括重大科技基础设施、科教基础设施、产业技术创新基础设施等。

有专家构建了信息基础设施的发展水平指数，对"一带一路"沿线 64 个国家的信息基础设施发展水平进行了测评，发现"一带一路"沿线国家的信息基础设施总体上处于中等发展水平，而且不同国家间的差异较大，最高和最低水平指数分值相差 6.4 倍之多。近一半国家宽带接入速度小于或等于 1Mbit/s，没有达到发达国家入门级固定宽带速度标准（5Mbit/s）。固定电话普及程度总体较低，移动电话已成为主要通信工具，移动宽带是互联网接入的主要方式等。[①]

中国国际经济交流中心副理事长黄奇帆表示，新冠疫情促使下一阶段的产业更加重视数字基建，即云计算和物联网等。中国恰巧正在发展 5G 和数据中心等数字基建，未来中国的商业基础设施优势或许会进一步加强而非削弱。

西部地区的旧基建本来是有短板的，但随着新基建的推动，西部地区的高质量发展将会更加扎实。在这方面，贵州已经尝到甜头。2015 年，贵州提出发展大数据产业，当时，贵州正处于产业转型的关键阶段，选择发展大数据是贵州实现产业转型的点睛之笔。经过多年的不断发展，大数据给贵州带来了新的活力。根据国家工业信息安全发展研究中心发布的《2019 中国大数据产业发展报告》，贵州省大数据产业的发展指数仅次于北京和广东，位列全国第三位。其中，贵州的数字经济增速连续四年居于全国第一位，数字经济吸纳就业增速连续两年居于全

---

① 杨道玲、王璟璇、李祥丽：《"一带一路"沿线国家信息基础设施发展水平评估报告》，《电子政务》，2016 年第 9 期，第 2—15 页。

国第一位。可见，新基建可以助推西部高质量发展。

作为国之重器，位于贵州的"中国天眼"FAST 已发现 132 颗优质的脉冲星候选体，其中的 93 颗已被确认为新发现的脉冲星。有人形容贵州有两朵云，其中一朵是天上的白云，代表优越的自然生态；另外一朵是虚拟的云，代表大数据和先进科技。贵州这两朵云，把可持续发展和高科技结合在了一起。在大数据这一新兴产业方面，贵州政府敢于人先，积极引资引才，相继出台《大数据发展应用促进条例》《贵阳市政府数据共享开放条例》《贵阳市大数据安全管理条例》《贵州省大数据安全保障条例》等大数据相关文件，打响了"大数据之都"的招牌。

2019 年 11 月，云南省人民政府印发《云南省新一代人工智能发展规划》，从技术应用水平、产业体系和创新体系建设等方面提出了云南省新一代人工智能到 2020 年、2025 年和 2030 年三个阶段的发展目标。2020 年 5 月，云南省昆明市人民政府发布《昆明市新型基础设施建设投资计划实施方案》，提出围绕 5G、数据中心、人工智能、工业互联网及物联网、"智慧 +"基础设施、新能源充电桩、轨道和航空基础设施等新基建领域重点建设 394 个项目，总投资达 10 011.8 亿元，2020 年计划完成投资 589.84 亿元。如果这些项目顺利实施，云南的发展将迎来一个全新的变化。

在西北，陕西是最早开展数字丝绸之路实践的省份。2014 年 10 月 24 日，在第八届中国国际软件服务外包大会上，陕西省政府提出"引领数字丝绸之路，打造西部硅谷"的设想。陕西省委、省政府在 2015 年将数字经济纳入经济社会发展总体战略并加以推进，在 2016 年年底出台关于加快数字经济（网络经济）发展的意见，对全省数字经济发展进行了整体谋划，在 2019 年出台了开展数字经济试点示范意见。目前，陕西省所有行政村已实现光纤覆盖，99% 的行政村实现了 4G 网络覆盖。2020 年 5 月 18 日，陕西省互联网信息办公室与省发展改革委、省工信厅和省通信管理局联合印发《加快陕西省通信基础设施建设及 5G 创新发展 2020 年行动计划》，提出到 2020 年年底前，全省 5G 网络支撑能力中西部领先，5G 技术创新加快推进，5G 在经济社会各领域得到广泛融合，5G 产业发展基础逐步夯实，农村宽带网络覆盖能力持续增强，通信基础设施建设整体水平显著提升，为全省经济社会发展提供有力保障。

跨境电商是数字丝绸之路建设的一个亮点，也是重点。2019 年，中国的商品及服务网络零售总额为 3 334.5 亿美元，占全球零售总额的 22.9%。中国的电商市场正蓬勃发展，不仅拥有全球最大的电商平台——淘宝，而且拥有全球最多的网购消费者数量以及最多的跨境消费者数量。在 2019 年，全国新增跨境电商企业超 6 000 家，跨境电商零售进出口总额达 1 862.1 亿元（2015 年仅为 360 亿元），对整体外贸增长的贡献率达 5%。与传统外贸的"疲软"相比，跨境电商正逐步成为推动中国外贸增长的一剂强心针，而"一带一路"沿线国家正成为中国越来越重要的贸易伙伴。

在跨境进出口结构上，跨境电商出口依然占据主导地位，出口市场规模的不断攀升离不开政策红利（如新基建）、资本涌入以及全球互联网渗透率的增长。

中国西部地区的好产品不少，但如何卖给全世界是关键。2016 年 9 月，我受中国人民对外友好协会邀请，赴波兰参加第 26 届东欧经济论坛。在交流中，波兰政要和企业家纷纷强调，过去波兰产品大多出口到西欧，现在这一策略需要调整，应鼓励波兰企业与中国建立合资公司，把产品卖到中国。其间，我参加了电商论坛，感觉到与会的中东欧国家代表对中国电商的高速发展有浓厚的兴趣，非常愿意向中国学习并开展合作。同时他们也对电商造成的实体店关门倒闭现象以及假货问题表示担忧，并高度关注互联网对传统产业的冲击。

在中国国内，内蒙古、新疆等西部省份纷纷制定了跨境电子商务发展战略，但总体的发展水平较低。2019 年 12 月 24 日，国务院发布了同意在石家庄等 24 个城市设立跨境电子商务综合试验区的批复，至此，跨境电商综合试验区在全国 59 个城市开花结果，标志着跨境电商上升为国家战略。

内蒙古自治区发挥联通俄蒙的区位优势，构建中国（呼和浩特）跨境电子商务综合试验区。同时，内蒙古自治区政府于 2018 年 12 月发布了《中国（呼和浩特）跨境电子商务综合试验区建设实施方案》，又分别于 2020 年 4 月和 7 月发布了《中国（赤峰）跨境电子商务综合试验区建设实施方案》和《中国（满洲里）跨境电子商务综合试验区建设实施方案》。

根据《新疆跨境电子商务发展报告（2019）》统计，截至

2019 年 11 月，新疆的外贸企业跨境电子商务普及率达 19.75%，新疆的外贸企业跨境电子商务网络营销普及率达 15.92%，在线销售普及率达 15.92%，在线采购普及率达 3.18%。在已开展跨境电子商务的外贸企业中，58.62% 的外贸企业通过境外网站宣传和推广企业产品；27.59% 的外贸企业利用企业网站与消费者互动，提供注册功能，但未实现在线交易；31.03% 的外贸企业借助企业网站或第三方跨境电子商务平台实现了在线销售（出口）；20.69% 的外贸企业借助企业网站或第三方跨境电子商务平台实现了在线采购（进口）。企业规模在 30 人以下的企业占 12.50%，30~60 人的占 37.50%，90 人以上的占 12.60%。企业销售收入规模在 300 万元以上的企业占 6.30%，50 万元以下的占 25%。

新疆已开展跨境电子商务外贸企业发展中存在的主要问题是：关税等环节不便利、人才不足、信息不对称、规模小且资金不足、物流问题、缺乏海外营销网络及自主品牌培育滞后以及信用问题等等。

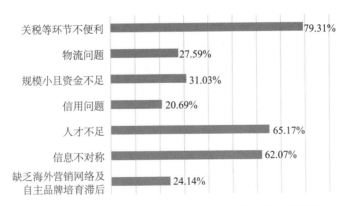

图 6-1　2019 年新疆跨境电商发展过程中存在的主要问题

　　在跨境电商建设方面，西北省份需要学习借鉴浙江经验，并加强同杭州等城市的合作。2015 年 3 月 7 日，中国（杭州）跨境电子商务综合试验区由国务院批复设立，是国家在跨境电子商务领域的先行先试区。作为海上丝绸之路的重要起点城市，杭州在跨境电商的大发展中提出打造数字丝绸之路战略枢纽。2019 年 6 月 27 日，杭州市副市长胡伟在杭州出席第四届全球跨境电商峰会时指出："打造数字丝绸之路战略枢纽就是要发挥杭州以跨境电商为代表的数字贸易优势，积极拓展以'一带一路'沿线国家和地区为代表的新兴市场，以及全球网络零售终端市场、自主品牌市场和中高端市场，逐步替换传统外贸中的中间市场、贴牌市场和中低端市场，从而优化市场结构，形成集渠道、品牌、定价权和供应链体系于一体的竞争新优势。"2018 年，杭州跨境电商企业由 2016 年的 9 902 家增长到 14 346 家，全市有进出口实绩的企业由 2015 年的 8 000 家增加到 1.2 万家，全球速卖通、浙江执御、杭州嘉云数据科技等一批跨境电商平台带动杭州外贸实现了优进优出和转型发展。

　　作为跨境出口的行业高地，杭州市不断发挥"头雁效应"，依托"制造"和"流通"的产业和区位优势，通过制造业品质化、品牌化转型标杆、人才输出示范引领效应，形成聚焦贸易便利、智慧政务、企业服务的数字口岸。杭州不断积聚跨境电商产业服务资源，并加速布局海外服务单位。截至 2019 年，与杭州开展合作的海外服务单位共计 58 个，其中海外仓共 37 个，海外服务站点共 12 个，海外服务园区共 2 个，海外服务中心共 7 个。

无论是线下交易，还是线上交易，决定成败的始终是质量、服务和体验。例如，虽然许多消费者定期在网上购物，或者在网上寻找要购买的产品，但是也有消费者在购物过程中犹豫不决。所以，西部地区的企业要提升服务意识，拓展国际视野，抓住机会、找准痛点，在消费者浏览产品时提供一条龙服务，同时尽可能简单到极致，吸引这些犹豫不决的消费者。

总之，西部地区探索构建绿色丝绸之路、健康丝绸之路、数字丝绸之路，要树立和践行"绿水青山就是金山银山"的理念，按照创建生态文明先行区部署，打造"一带一路"绿色发展与绿色合作样板，把生态文明融入经济、政治、社会、文化建设各领域，做好治山治水与对外开放的大文章。

第七章

中欧班列：西部地区的"班列经济"

中欧班列正在改变内陆城市的产业格局和开放格局，助推西部省份迈入对外开放的"快车道"。中欧班列是由中国铁路总公司组织，按照固定车次、线路、班期和全程运行时刻开行，往来于中国与欧洲之间的国际铁路联运班列。近年来，在"一带一路"倡议的推动下，中欧班列充分发挥其在时效、价格、运能和安全性等方面的比较优势，逐渐被广大客户所接受，成为中国与欧洲之间除海运和空运外的第三种物流方式。

自首列班列于 2011 年 3 月 19 日从中国重庆出发开往德国杜伊斯堡以来，武汉、成都、西安、义乌等多地都开行了中欧班列。但是，中欧班列的真正兴起，始于 2014 年。彼时，国家主席习近平前往欧盟进行访问。在访问期间，他提出中欧双方应该把彼此之间的简单买卖型贸易合作提升为各领域联动的复合型经贸合作，力争早日实现双方年贸易额 1 万亿美元的目标。①2013 年，这一数据为 5 591 亿美元。

---

① 《习近平：中欧经贸合作要从简单买卖型向复合型过渡》，2014 年 3 月 31 日，人民网，http://world.people.com.cn/n/2014/0331/c157278-24786287.html。

目前，中欧班列已经形成西、中、东三条通道（如表7-1所示）。

表7-1　中欧班列三条通道

通道	货源	路线
西通道	主要吸引西南、西北、华中、华北、华东等地区进出口货源	经陇海、兰新线在新疆阿拉山口（霍尔果斯）铁路口岸与哈萨克斯坦、俄罗斯铁路相连，途经白俄罗斯、波兰等国铁路，通达欧洲其他各国
中通道	主要吸引华中、华北等地区进出口货源	经京广、京包、集二线在内蒙古二连浩特铁路口岸与蒙古国、俄罗斯铁路相连，途经白俄罗斯、波兰等国铁路，通达欧洲其他各国
东通道	主要吸引华东、华南、东北地区进出口货源	经京沪、京哈、滨州线在内蒙古满洲里铁路口岸、黑龙江绥芬河铁路口岸与俄罗斯铁路相连，途经白俄罗斯、波兰等国铁路，通达欧洲其他各国

中欧班列的优势有三点。一是比空运便宜。中欧班列的价格是空运的1/3，大大节约了企业的成本。二是比海运快。中欧班列的速度是海运的一倍，12~15天到站，加快企业资金回笼，适合对实效要求高的产品。三是可以为企业提供量身定制的物流方案。

2011年，中欧班列开行的数量仅为17列，2012年为42列，2013年为80列，2014年为308列，2015年为815列。2016年之后，中欧班列呈现高速发展态势，2016年为1 702列（其中返程班列为572列），2017年为3 673列（其中返程班列为1 274列），2018年为6 300列（其中返程班列为2 690列）。

2019 年，中欧班列共开行 8 225 列，其中欧洲方向去程开行 3 110 列，回程 2 711 列；俄罗斯方向去程开行 1 118 列，回程 988 列；白俄罗斯方向去程开行 297 列，回程 1 列。2020 年，中欧班列持续保持逆势增长和安全稳定地运行，全年开行 12 406 列，同比增长 50%，首次突破万列大关。

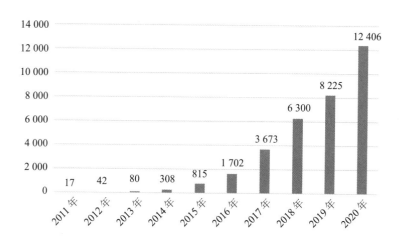

图 7-1 2011—2020 年中欧班列开行情况（单位：列）

过去不少人指出，中欧班列的返程数量太少，且去程运送的物资多，回程物资少。对比一下，中欧之间的运输 95% 以上是通过海运方式进行的，集装箱重去空回的情况也反映在海运上。目前，一些城市通过不懈努力已经基本解决了这个问题。回程班列开行情况整体相比前几年有了较快的发展，如部分地区相继开行了俄罗斯木材回程班列、欧洲进口整车班列、电商班列等，但整体上回程班列的货源组织仍然面临较大困难，目前仅重庆、郑州、西安、合肥、武汉等往返于中国与德国、波兰之间的线路初步形成了整列点对点周班常态化固定开行。例如，2020 年，中欧班列（武汉）累计发运 215 列，其中去程 101 列，运送 10 008 个标准集装箱，运输货物主要有机械产品、电子产品、汽车整车及零配件、防疫物资，先后向德国、塞尔维亚、波兰等国运送口罩、防护服、呼吸机等防疫物资。回程 114 列，运送 10 184 个标准集装箱，首次实现全年回程班列 100% 重箱。回程货源主要为木材、机电产品、汽车零部件、化工品、乳制品等。中欧班列（武汉）回程班列首次实现全年 100% 重箱率，说明班列的开行高度契合沿线国家的发展需求。

一、
中欧班列：亚欧大陆的钢铁动脉

亚欧大陆的人口总量占世界人口的 75%，地区生产总值约占世界总额的 60% 以上，东面是活跃的东亚经济圈，西面是发达的欧洲经济圈，中间广大腹地的经济发展潜力巨大，特别是"一带一路"沿线国家资源禀赋各异，与中国互补性强，合作空间广阔。

（一）中欧班列高质量发展

2016 年 6 月 8 日，中国铁路正式启用中欧班列统一品牌标识。印上统一标识的中欧班列当日分别从重庆、成都、郑州、武汉、长沙、苏州、东莞、义乌 8 地始发。此后，中国开往欧洲的所有中欧班列全部采用统一的标识。中欧班列品牌标识以奔驰的列车和飘扬的丝绸为造型，融合了中国铁路路徽、中国铁路英文缩写和快运班列英文字母等元素，以中国红、力量黑为主色调，凸显了中国铁路稳重、诚信、包容、负责的品牌形象。

2016 年 10 月，推进"一带一路"建设工作领导小组办公室印发了《中欧班列建设发展规划（2016—2020 年）》，这是中欧班列建设发展的首个顶层设计。国家发改委首次确定 43 个铁路、港口、陆路口岸枢纽，全面部署未来 5 年中欧班列建设的发展任务：到 2020 年实现开行 5 000 列左右，并力争在集装箱铁路国际联运总量中的占比达到 80%。

2017 年 1 月 18 日，从浙江义乌始发的中欧班列顺利抵达英国伦敦，全程运行 12 451 公里。这趟抵达英国的班列于 2017 年元旦从义乌出发，从阿拉山口海关转关出境，途经哈萨克斯坦、俄罗斯、白俄罗斯、波兰、德国、比利时、法国，最终穿过英吉利海峡隧道抵达伦敦。班列上共载有 68 个标准集装箱，都是从义乌市场采购的日用百货、服装、布料和箱包等小商品。4 月 27 日，首趟由英国驶往中国的中欧班列结束了 1.2 万多公里的旅程，满载母婴用品、软饮料和维生素产品等货物抵达目的地浙江省义乌市。英国广播公司（BBC）在报道中称赞："真是了不起，中国用现代科技重新打通了古代的丝绸之路。"

2017 年 5 月，中欧班列运输协调委员会正式成立。该委员会是由中国铁路总公司倡议，中铁集装箱公司与成都、郑州、武汉、苏州、义乌、西安等地的 7 家地方平台公司共同发起并搭建的共商新平台。2018 年 12 月 11 日，中欧班列运输协调委员会第三次全体会议在成都召开，研究通过了《中欧班列运输协调委员会成员管理办法》《中欧班列高质量发展评价指标》《中欧班列宽轨集并运输组织暂行办法》《中欧班列运力保障和开行计划管理办法》等制度文件。

2019 年 8 月 24 日，重庆、河南、湖北、浙江、湖南的中欧班列运营平台联合发布《中欧班列高质量发展倡议书》，将加强协同合作，避免恶性竞争，坚持创新发展，共同推动中欧班列健康可持续发展。

即使面对新冠肺炎疫情带来的严峻挑战，2020 年中欧班列依然安全顺畅地稳定运行，开行数量逆势增长，全年开行中欧班列 1.24 万列、发送 113.5 万个标准集装箱，同比分别增长 50%、56%，综合重箱率达 98.4%，年度开行数量首次突破 1 万列，单月开行均稳定在 1 000 列以上。

中国高度重视中欧班列的机制建设。2017 年 4 月 20 日，中国与白俄罗斯、德国、哈萨克斯坦、蒙古国、波兰、俄罗斯等国的铁路部门正式签署了《关于深化中欧班列合作协议》。这是中国第一次与"一带一路"沿线主要国家签署有关中欧班列开行方面的合作协议，标志着中国与"一带一路"沿线主要国家在铁路方面的合作关系更加紧密，既为中欧班列的开行提供了更加有力的机制保障，也对进一步密切中国与上述国家的经贸交流合作和助推"一带一路"建设有重要意义。

合作协议的主要内容包括：一是推动铁路基础设施发展规划衔接，打造中欧铁路运输大通道，共同组织安全、畅通、快速、便利和有竞争力的中欧铁路运输；二是加强全程运输组织，加快集装箱作业，采用信息技术，提高班列在各自国家境内的运行速度；三是推动服务标准统一和信息平台统一，实现全程信息追踪，建立突发情况通报和处理合作机制，保障货物运输安全；四是加强中欧班列营销宣传，扩大班列服务地域，开发新的运输物流产品，推进跨境电商货物、国际邮包、冷链运输，促进中欧班列运量持续增长；五是协调沿线国家海关等联检部门，简化班列货物通关手续，优化铁路口岸站作业，压缩通关时间；六是成立中欧班列运输联合工作组及专家工作组，及时协商解决班列运输过程中的问题。

（二）中欧班列的特殊意义

中国 95% 的进出口贸易是通过海运完成的。"十三五"期间，中国货物贸易规模位居世界第一，货物进出口总额约占全球进出口贸易总额的 11%。2019 年，中国货物贸易进出口总值为 31.54 万亿元，再创新高。在国内外，经常有人质疑中欧班列的存在意义，认为其运量有限，纯粹是"形象工程"。从总量上看，中欧班列的运量的确远远没有达到海运的规模，按照每一列列车编组 41 车，每车装两个标准集装箱计算（TEU），2018 年，中欧班列的运量约为 60 万 TEU，而同期海运的运量约为 2.64 亿 TEU，是班列运量的 440 倍。2019 年，中欧班列的运量为 72.5 万 TEU，而仅青岛港 2019 年的集装箱吞吐量就突破 2 000 万 TEU。

在中国的物流体系中，中欧班列的市场占有率仅为 1% 左右，但是增长速度很快。2019 年，全国港口国际线集装箱吞吐量约 7 000 万 TEU，同比增长 3.7%。而中欧班列的增速为 34%，是港口国际集装箱增长速度的 9 倍。照此速度，2028 年，中欧班列的市场占有率将从 1% 上升为 10.8%。此外，从国际关系和全球治理层面来说，中欧班列对地缘政治的影响很大。这种影响不是大国博弈，而是使中欧班列途经的发展中国家能够同时面向大西洋和太平洋，真正连通了陆地与海洋。让中欧班列成为传统的运输方式的补充将成为中欧班列可持续性发展政策的重要组成部分。

除服务中国外，基于公共产品的属性，中欧班列还将服务整个世界：东南亚的纺织品、电子产品、橡胶等原材料可以通过中欧班列转出口中亚及欧洲。而欧洲的快销品、机械设备、有色金属等产品可以通过中欧班列转出口东南亚及日韩。

2017 年 2 月 5 日，一列来自哈萨克斯坦的装有 720 吨小麦的火车抵达中哈（连云港）物流中转基地，这批小麦将在江苏连云港口岸换装海运发往越南。这是哈萨克斯坦小麦首次从中国过境发往东南亚市场，标志着中亚经过中国至第三国的物流循环体系初步建立，中哈粮食过境安全大通道正式贯通。小麦是哈萨克斯坦重要的农产品，年产量可达 2 000 万吨，其中 2/3 用于出口。通过从中国过境运输，每吨哈萨克斯坦小麦的价格比同级的澳大利亚小麦约低 45 美元。澳大利亚小麦运抵东南亚的运输时间约为 30 天，而哈萨克斯坦小麦通过铁海联运过境至东南亚仅需要 20 天左右，大大提升了哈萨克斯坦小麦的市场竞争力。

2021 年 2 月 3 日，从波兰起运、装载着 100 标箱铁和塑料制品的"湾区号"中欧班列经阿拉山口口岸抵达深圳平湖南。这趟班列随后完成出境申报，从蛇口港通过海运发往韩国仁川。"湾区号"中欧班列以"铁-海"跨境联运的方式首次打通了"欧洲-深圳-日韩"物流通道。以往，日本、韩国与欧洲的外贸运输主要依靠海运，全程大概需要 45 天。此次通过"中欧班列"+"海铁联运"的模式过境运输，整个运输过程只需 22 天，比海运方式节约近一半时间，有效地解决了欧洲货物运至日韩地区时效低、成本高、集货难等问题，是"湾区号"中欧班列深度融入"一带一路"建设，加快构建"东西双向互济、陆海内外联动"对外开放新格局的一项重要举措。

作为"一带一路"合作的重要标志，中欧班列已经成为连通亚欧大陆的主要桥梁和绿色通道。在全球贸易受疫情影响大幅缩水的大环境下，中欧班列的发展逆势上扬，为提振全球经济注入了"强心剂"。

二、

地方实践：联通世界的"快车道"

成都、重庆、西安三地发行的中欧班列数量占全国的 70% 左右。2020 年 7 月 6 日，国家发展和改革委员会下达中央预算内投资 2 亿元，重点支持郑州、重庆、成都、西安、乌鲁木齐 5 个区位条件优越、设施基础良好、运营规范且有潜力的中欧班列枢纽节点城市开展中欧班列集结中心示范工程建设，促进中欧班列开行由"点对点"向"枢纽对枢纽"转变，加快形成"干支结合、枢纽集散"的高效集疏运体系。

中欧班列有利于中国城市的品牌化和中国企业的国际化发展，随着中欧班列的不断发展完善，各班列节点城市将更具全球视野，进一步提升城市的国际知名度。

表 7-2　中欧班列节点城市的差异化特征

城市	货物品类	亮点	发展目标
重庆	涵盖了笔记本电脑产品、汽车及零部件、通信设备、机械、汽配、服装、小家电、化工品、食品、冷链、医药及医药器械等数十个大类	启动开行保时捷进口车专列、意大利高端医疗器械专列等高附加值项目。发展运贸一体化，2019 年运作了哈萨克斯坦小麦和小麦粉贸易，创建渝新欧自营商品品牌，推出了进口葵花籽油和以哈萨克斯坦小麦粉为原料的重庆小面和简装面条	向西、向北、向南拓宽网络，中新（重庆）战略性互联互通示范项目，越南班列稳定开行助东南亚产品进入欧洲市场，融入西部陆海新通道建设。2020 年开拓货源市场，组织进口汽车和冷链肉类班列

（续表）

城市	货物品类	亮点	发展目标
西安	运送货物由最开始的工程机械，逐步扩展到服装、快消品、电子设备、粮食、汽车等全品类	2019年11月，"长安号"穿越俄罗斯加里宁格勒和德国穆克兰港，抵达德国曼海姆。系首次使用全程统一运单，在各国边境站不需要重新办理运输单据，亦是首次使用"铁-海-铁"多式联运方式。2019年11月，"长安号"跨里海专列抵达土耳其安卡拉，这是中欧班列运营史上第一班跨越里海且穿越海底隧道的国际班列	继续加强建设中欧班列（西安）集结中心作用，下一步将西安港打造成承接东南沿海产业，面向"一带一路"的加工贸易基地，做大、做强加工贸易产业集群和外向型经济
成都	包括电子产品、机械产品、汽车配件、奶粉、酒类、肉类等	2019年11月5日，首发的成都至莫斯科运贸精品班列，运输时间从16天缩短至9天，首创中欧班列国内段运输不计入关税改革。2019年，由成都开出的南向班列呈现出爆发式增长。以越南、印度尼西亚、马来西亚、菲律宾为主要目的地，辐射中南亚、中东及非洲。2019年7月，首发开行二手车出口国际专列，经广西钦州港，海铁联运至柬埔寨	2020年进一步在市场化、回程班列运营质量方面展开探索
郑州	整车进口业务、机电设备、金属制品、精密元器件、生活日用品等，全国第一家开发冷链运输的班列	连接欧洲、中亚及东盟等国际物流大通道。从每周"单趟对开"到如今"九去九回"的高频次，形成了7个目的站点（汉堡、慕尼黑、列日、莫斯科、阿拉木图、塔什干、河内）及6个出入境口岸（阿拉山口、二连浩特、霍尔果斯、凭祥、绥芬河、满洲里），境内外合作伙伴达5 000多家	拓展开发过境格鲁吉亚、阿塞拜疆、乌克兰和土耳其等国家的南欧线路；持续强化"门到门"和"一单制"的运营优势，放大国际冷链、国际运邮、进口汽车、进口肉类、跨境电商等业态的新动能；全面建设"数字班列"信息化平台，以便捷物流带动产业集聚，建设国内有重要影响力的新兴国际业务集聚中心

（续表）

城市	货物品类	亮点	发展目标
武汉	出口电子元器件、衣服鞋帽、保健品原料、电子产品等，进口酒类、食用油、牛奶、果汁等食品和俄罗斯木材、乌兹别克斯坦棉纱等生产原材料及粗加工产品	2019年中欧班列（武汉）首开匈牙利布达佩斯，实现了越南至武汉班列常态化运行	2020年依托越南至武汉班列，做大、做强中欧班列，开辟更多东南亚班列，完善南向大通道建设；保持现有中欧班列发运规模，将西欧、东欧及俄罗斯线打造成为武汉中欧班列精品线路

（一）中欧班列（渝新欧）：开班列先河

渝新欧是中国首条中欧班列线路。2011 年 3 月，从重庆直达德国杜伊斯堡的渝新欧正式开通运营，标志着中国向西直达欧洲的陆路国际贸易大通道全线贯通，成功改写了中国的对外开放版图。

翻开中欧班列（渝新欧）开行初期的货单，2011 年至 2013 年，重庆本地代工生产的笔记本电脑占比高达 90%，而且货源非常单一，惠普、宏碁等企业的产品占了很大一部分。2013 年 3 月 18 日，中欧班列（渝新欧）迎来首趟回程班列，货单上首次出现回程货，实现了渝新欧回程货"零的突破"。从 2014 年起，货单上的"新成员"开始增加。以电子产品为例，除笔记本电脑外，液晶面板、集成电路等高附加值产品也开始搭乘中欧班列出口到欧洲。2015 年 6 月 26 日，中欧班列（渝新欧）首批跨境电商回程货物卸在重庆西永综合保税区。这是中欧班列（渝新欧）开行 4 年多第一次运输跨境电商货物回程，也是跨境电商史上首次采用铁路运输的方式从国外运回商品。通过中欧班列，一个单柜集装箱货物的成本在 3 500 美元左右。正是这样的成本优势使得不少跨境电商企业入驻西永综合保税区。现在，中欧班列（渝新欧）运输的货源不只局限于重庆，还有来自西南、华东、华南等地区以及日本、韩国、新加坡、越南等国家的货物。

中欧班列（渝新欧）发展的过程中还有一些重要的历史节点。2015 年 7 月 16 日，满载云南咖啡豆的咖啡专列从重庆出发开往德国杜伊斯堡。中欧班列（渝新欧）货单上首次出现了外地大宗货物。2016 年，不产一颗咖啡豆的重庆依托中欧班列等物流通道顺势成立了咖啡交易中心，实现了云南、东南亚等咖啡产区与欧洲市场的紧密对接。

2017 年 12 月 28 日，一列满载货物的中欧班列（渝新欧）从重庆果园港铁路专用线缓缓驶出，并于 12 天后到达目的地——德国杜伊斯堡。此次货源除了本地电子产品外，还包括从华东、华南等地集中进港的铁水联运货物。这也是一个历史性的时刻，标志着丝绸之路与长江的交汇。

数据显示，2020 年中欧班列（渝新欧）共开行 2 603 班，同比增长 72%，位居西南第一、全国前二；运输货值超 900 亿元，同比增长 65%，位居全国第一。开行 10 年以来，中欧班列（渝新欧）累计开行超 7 000 列，累计开行数量和运输货值居全国首位。

2020 年年初，新冠肺炎疫情导致各类物流运输方式受阻，全国积累了大量无法寄出的国际邮包。中国邮政集团提出，可以让中欧班列（渝新欧）承担紧急疏运国际邮包的任务。这是再次"开先河"的事件，因为重庆不属于国内三大国际邮包处理中心，国际邮包想在重庆进行疏运，便会涉及转关等诸多问题。这对邮政、海关乃至渝新欧公司都是一次创新。

中国是通过国际货运班列运输国际邮件的首倡者和设计者，还是积极的实践者。重庆改写了铁路不能运输国际邮件的历史，中欧班列（渝新欧）是全国首个双向运输国际邮件的中欧班列，且实现了常态化运输。2020年3月18日，中国邮政北京互换局将4个国际邮政集装箱送至重庆。最终，这4个集装箱成功由中欧班列（渝新欧）发往欧洲。随后，经中国邮政集团调配，重庆、天津、南昌、长沙、南宁等8个口岸的国际邮件开始向重庆团结村中心站集结。4月3日，全国首列"中国邮政号"班列载着44个集装箱的国际邮件向立陶宛驶去。

从此，通过中欧班列（渝新欧），重庆成为全国国际邮包紧急疏运的重要地区之一。据统计，截至2021年1月，全国六成的欧洲向国际邮件是通过渝新欧疏运的，共计2 000万件左右，位居全国第一。

中欧班列（渝新欧）还在全国率先开通"欧洲-重庆-国内其他省市"的点对点专线和多种运输方式联运，以确保疫情期间货物的转运时效。2020年9月1日，中欧班列（渝新欧）在全国率先开行跨境电商B2B出口专列，这是一次对国家政策的快速落实。8月13日，海关总署发布《关于扩大跨境电子商务企业对企业出口监管试点范围的公告》，明确从 9 月起增加重庆等 12 个直属海关开展跨境电商 B2B 出口监管试点。相关政策刚出台不久，中欧班列（渝新欧）就开行跨境电商 B2B 出口专列，不仅有助于电商企业快速享受政策红利，而且丰富了货物出口路径，提升了货物出口的通关效率，降低综合成本。

近年来，中欧班列（渝新欧）以市场需求为基础，将发展模式从追求开行数量转变为数量与质量并重。比如，中欧班列（渝新欧）更加注重高附加值的产品，如高货值的医疗产品、汽车整车等，进一步丰富运输的货物品类，为中国经济持续稳定发展奠定了良好基础。数据显示，2020 年，重庆整车进口口岸累计进口的整车数量位居内陆整车进口口岸前列，其中中欧班列（渝新欧）便进口近 5 000 辆，保时捷等高端汽车品牌更是在重庆设立了保税分拨中心。

路线方面，中欧班列（渝新欧）从客户需求入手，深化服务思维，开启了多条定制线路。以匈牙利的布达佩斯为例，疫情暴发后，欧洲很多国家运力不足，拖车紧缺。此时，有合作公司提出，能否为其开设专线以直达目的地，减少中间环节。2020 年 4 月 26 日，经多方努力，中欧班列（渝新欧）重庆-布达佩斯定制专列顺利开出，其间不经停其他目的地，直达终点。

2020 年以来，中欧班列（渝新欧）新增立陶宛维尔纽斯、德国不莱梅哈芬、捷克帕尔杜比采和奥布尔尼采、匈牙利布达佩斯、波兰斯瓦夫库夫、芬兰赫尔辛基这 7 条线路，进一步深入南欧和中东欧腹地。

2021 年 1 月 1 日，中欧班列迎来了一个里程碑事件：由重庆和成都两个城市共同创立的中欧班列（成渝）号在两地同时开出首班列车，实现了全国最具竞争力的两大中欧班列品牌的合作。从这一天起，中国国家铁路集团有限公司将以新的品牌名称合计发布重庆和成都的中欧班列相关指标数据。单打独斗多年的中欧班列（渝新欧）与中欧班列（蓉欧）携手，力争实现 1+1>2 的目的。

成都和重庆两地在 2020 年合计开行 5 000 多列中欧班列，两地"融合"发展，辐射领域可覆盖欧洲全域。下一步，成都和重庆两地将联合实施中欧班列近、中、远"三步走"计划。近期，除了统一品牌和整合数据外，重庆、成都与中国国家铁路集团有限公司、成都铁路局协同建立四方联席机制，定期调度月度以及季度开行情况，及时解决问题，保持良性发展。中期，成都和重庆将立足中欧班列运行本身，探索更高效的服务方式。比如建立统一价格联盟及订舱接单机制，对线路、场站、口岸、集装箱等资源进行共商、共议、共享，发挥集成优势，集中力量打造统一对外的精品线路。根据海外市场及操作的实际需求，两地平台公司联手在海外成立合资公司，拓展欧亚市场的业务。远期，成都和重庆计划将合作领域进一步扩大。如在中欧班列全面合作的基础上，深化西部陆海新通道、航空及水运等国际物流大通道的合作，扩大川渝两地国际物流大通道的影响力。

成都和重庆将围绕"通道带物流、物流带贸易、贸易带产业"的理念，积极开展分拨中心、产业项目的跟进及落地工作，促进两地通道与物流、贸易、产业融合发展。

（二）新疆阿拉山口：大风起兮云飞扬

口岸以及中欧班列的发展是衡量"一带一路"健康状况的重要指标。目前，"一带一路"在国内有东线、中线、西线三条物流大通道，以及阿拉山口、霍尔果斯、满洲里、二连浩特等多个沿边陆路口岸。其中，新疆阿拉山口市积极助力新疆丝绸之路核心区建设，全力打造"新亚欧大陆桥经济走廊"战略支点城市。

曾经以"一年一场风，从春刮到冬"而闻名的阿拉山口正深度融入"一带一路"建设。我于 2017 年 2 月赴新疆阿拉山口市调研中欧班列与口岸建设情况，回来后写了《大风起兮云飞扬"一带一路"兮通八方——阿拉山口"一带一路"建设调研报告》。

阿拉山口市位于新疆西北部，隶属于博尔塔拉蒙古自治州，边境线长 26.3 公里，铁路、公路分别距乌鲁木齐市 477 公里、500 公里，距相邻的哈萨克斯坦多斯特克口岸 12 公里。

1990 年 6 月，国务院批准设立阿拉山口口岸。1991 年 7 月，铁路口岸临时过货营运。1995 年 12 月，开放公路口岸。2003 年，阿拉山口口岸被国家列为重点建设和优先发展口岸。2006 年 7 月，中哈原油管道一期建成运营。2012 年 12 月，国务院批复设立阿拉山口市。2014 年 6 月，阿拉山口综合保税区正式封关运营，形成了阿拉山口市、阿拉山口口岸管理委员会、阿拉山口综合保税区"三位一体"的管理架构。

阿拉山口市地处西部开放最前沿，是丝绸之路经济带上的重要节点和新疆对外开放的重要门户。目前，阿拉山口市的基础设施已逐步完善，通关过货能力不断增强，国际物流网初步形成，已发展成为集通关、贸易、保税物流、加工、仓储、金融、旅游等多功能于一体的沿边新兴口岸城市。

在"一带一路"建设中，阿拉山口市依托口岸及综保区优势，大力发展外向型经济。多年来，阿拉山口持续加大基础设施建设，自口岸设立以来已累计投资 100 余亿元，形成了铁路口岸区、公路口岸区、边境互市区、商业区、仓储区、行政办公区、生活服务区、绿化环保区和综合保税区九大功能区。阿拉山口市的城市框架初步形成，功能更加完善，承载能力进一步增强，服务对外开放的水平全面提升。

随着铁路 H986、公路 H986、出入境动植物检疫隔离场、货物车辆全天候车体检查室等一批通关保障基础设施相继投入使用，阿拉山口市积极推行 24 小时预约通关等通关便利化措施，通关效率不断提高。阿拉山口市还获批为进口粮食、汽车整车、活畜、植物种苗指定口岸和铁路国际邮件交换站，获批筹建进口肉类指定口岸。

阿拉山口综合保税区作为新疆第一个、全国第十六个获批的综合保税区，重点围绕"一个中心、六大产业平台和四大加工制造业"全力推进园区基础设施建设，筑巢引凤，目前已有

150余家各类企业入驻，园区内油气、粮棉油、金属矿产品、木材、跨境电子商务、汽车整车进口这六大产业均有若干家企业作为支撑。

阿拉山口综合保税区相继完成了园区服务中心、商品展示交易中心、宽准轨铁路专用线、汽车整车进口检测线、标准化厂房仓库、货物堆场等一批基础设施建设，欧亚商品、韩国商品直销中心已投入运营。阿拉山口综合保税区还复制推广了上海自贸区的海关监管创新制度，成功获批铁路专用线集装箱换装资质。

阿拉山口综合保税区最大的优势是具有全疆边境口岸的货物换装能力，承担着中国与中亚、俄罗斯、欧洲其他国家贸易往来的战略任务。具体来说有三个方面：一是具有"境内关外"保税政策，降低了企业运营成本；二是作为国内唯一一个拥有宽准轨铁路、公路、管道三位一体运输方式的综合保税区，在发往不同目的地的大量货物实现聚集落地后，可以充分发挥货物集拼运输优势，采用铁路、公铁、海铁多式联运方式向国外和国内定点配送，能有效控制物流成本，提高物流配送效率；三是拥有全国唯一一个铁路国际邮件交换站优势。

新亚欧大陆桥以及中欧班列是阿拉山口市"一带一路"建设的两大突出优势。新亚欧大陆桥通道的辐射区域东起连云港、日照，经陇海、兰新铁路线至新疆，经过中亚、西亚、欧洲到达荷兰鹿特丹港，是除俄罗斯西伯利亚大陆桥以外的连接太平洋和大西洋的一条运输大通道。新亚欧大陆桥经阿拉山口市出国境后可通过三条线路抵达荷兰鹿特丹港。中线途经阿克斗亚、切利诺格勒、古比雪夫、斯摩棱斯克、布列斯特、华沙、柏林到达荷兰的鹿特丹港，全长 10 900 公里，辐射 30 多个国家和地区，比北线大陆桥减少 3 000 公里的行程，比走海路节约 20% 的费用，减少一半时间。北线途经阿克斗亚、切利诺格勒、彼罗巴甫洛夫斯克纳、莫斯科、布列斯特、华沙、柏林到达荷兰的鹿特丹港。南线经过阿雷西、伊列次克、布良斯克、布列斯特、华沙、柏林到达荷兰的鹿特丹港。

新亚欧大陆桥比西伯利亚大陆桥缩短了 2 000~5 000 公里的陆上运距。从远东到西欧的运输线距离，新亚欧大陆桥比绕过好望角的海上运输缩短 15 000 公里，比经苏伊士运河缩短 8 000 公里，比经巴拿马运河缩短 11 000 公里，比经北美大陆桥缩短 9 000 公里。整个新亚欧大陆桥避开了高寒地区且无封冻期，气候条件优越，可以常年作业。目前，除中国内地外，日本、韩国、东南亚各国以及一些大洋洲国家均可以利用此线路进行运输。

新亚欧大陆桥在中国国内全长 4 213 公里，连接了中国 11 省（区）89 地（州、市）的 570 多个县（市），辐射全国 35% 的人口和 37% 的国土面积。对外，新亚欧大陆桥联通了世界 30 多个国家和地区，辐射 3 970 万平方公里的陆域面积，向东、向西的延伸区域各居住着约 13 亿人口。

目前，中欧班列，特别是几大品牌班列（蓉新欧、渝新欧、汉新欧、义新欧等）基本上都会经过阿拉山口口岸。2016 年经阿拉山口口岸出境的中欧、中亚国际货运班列已达 35 个，全年开行 1 200 余列，较 2015 年增长一倍以上。

"一带一路"建设对阿拉山口市的影响是积极可见的。2014 年，途经阿拉山口口岸出境的西行班列（包括中欧班列、中亚班列等）累计 361 列。2015 年，途经阿拉山口口岸出境的西行班列累计 650 列。2016 年，途经阿拉山口口岸出境的西行班列累计 1 220 列。2020 年，阿拉山口国境站开行中欧班列 5 027 列，同比增长 41.8%，创下了该站年度中欧班列开行量的新纪录。

此外，在阿拉山口口岸通关过货的商品多是大宗商品。2016 年，口岸累计过货 3.01 亿吨。其中，进口原油 1.11 亿吨、金属矿石 6 246.6 万吨、钢材 3 908.6 万吨，三项物资占通关过货总量的 70.6%，累计进出口贸易额达 1 419.2 亿美元，海关税收入库达 1 090.7 亿元。目前，阿拉山口口岸已发展成为全国贸易量最大、发展速度最快的"黄金"陆路口岸，是新疆无可替代的龙头口岸。

针对新疆阿拉山口市的"一带一路"建设，特别是口岸与中欧班列建设，我有以下几点建议。

1. 将阿拉山口市升级为经济特区，并开展"一带一路"口岸以及中欧班列的先行先试。 2010 年 5 月，中央新疆工作座谈会将喀什和霍尔果斯这两座西北边陲小城定为经济特区，在税收、人才等方面给予诸多优惠政策。阿拉山口市成立于 2012 年，发展很快，特别是发展中欧班列的优势显著，但诸多政策缺口限制了阿拉山口市的进一步发展，招商引资、集聚人才十分困难。故此，我建议将阿拉山口市升级为新疆第三个经济特区，在条件成熟时或可考虑将阿拉山口市提升为国家"一带一路"先行先试试验区。

2. 在建设资源能源运输通道的同时，加强金融改革与话语权建设。 阿拉山口口岸多年来一直是中国进口哈萨克斯坦和俄罗斯石油的重要通道。截至 2017 年初已累计进口石油产品 11 262 万吨，其中通过中哈石油管道进口 9 830 万吨，通过铁路运输进口 1 432 万吨。未来，阿拉山口市需要加强以油气为核心的保税仓储物流加工产业聚集区建设，形成能源资源合作、上下游一体化产业链。同时，阿拉山口市还需要积极探索石油等大宗能源交易中心建设与配套的人民币结算机制改革。长期以来，中国等发展中国家既是大宗商品的卖方，也是买方，但欧美市场通过操纵多种大宗商品价格，赚取了巨额金融利润。因此，在"一带一路"建设中，阿拉山口市要在金融改革和争取话语权等方面发力。

3. 谋划跟进重大项目，加快机场口岸、高铁项目建设，提升流动性与便利性。 阿拉山口市可以考虑将博乐机场升级为国际机场，进而构建铁路、公路、航空、管道、互联网五位一体的国际运输格局，同时也应适时推进高铁建设。

4. 提升人气，不断提高旅游品质。 2009 年 3 月，阿拉山口市正式开通边民互市贸易，哈萨克斯坦公民可享受一日免签旅游，在阿拉山口市的边民互市贸易区购买服装、食品、小商品等。阿拉山口市未来应充分打造边境旅游品牌，挖掘边疆文化、红色文化和丝路文化，建设较为完善的旅游产业体系，大力推动建立中哈跨境旅游合作区或边境旅游试验区；全面整合中哈两国旅游资源，充分利用地缘优势；积极争取落实外国人口岸签证、哈萨克斯坦公民入境"三日免签"和中国公民免签证赴哈旅游等政策，推动跨境旅游加快发展。

5. 举办"丝路口岸城市"论坛，提升阿拉山口市的国际知名度。目前，中国很多口岸的建设起点较低，各自为战，共享信息不足。而中欧班列企业存在杀价、诋毁等恶性竞争的情况。阿拉山口市可以通过举办"丝路口岸城市"论坛邀请其他口岸城市的领导层以及中欧班列企业的管理者与会，互通有无，交流经验，通过对具体问题的讨论共享知识、共推标准，真正实现中国海关与沿线国家海关"监管互认、执法互助、信息互换"。在论坛期间，阿拉山口市还应积极邀请国外沿线口岸城市与企业参会，真正体现"一带一路"倡议的开放性特征。

6. 扩大口岸的进口品类和来源。我在调研中发现，通过阿拉山口口岸进口的货物主要为中亚国家的油气、金属矿石、农副产品、木材、皮革等，其中大部分是来自哈萨克斯坦，约占到进口总量的80%以上。货品来源地较为单一是痛点，因此阿拉山口市要积极将进口货物的视野扩大到中东欧以及西欧地区，由此吸引致力于开拓中东欧以及西欧市场的企业。

7. 加强中欧班列的标准化与品牌化建设。目前，中欧班列缺乏统一的认定标准，造成报道口径不一致、数据统计不准确等问题。中欧班列的品牌标识在部分集装箱上虽有喷涂，但大多实际运营的班列仍是"五花八门""五颜六色"。口岸海关是以铁路部门的统一品牌标识来判定中欧班列的，但上述情况导致口岸海关在实际工作中需要耗费大量的工作时间去判定班列，大大增加了服务成本。由于目前海关对哪些专列应该列入中欧班列范畴并给予通关便利没有制定统一的标准，一线口岸海关的操作难度因此加大。而各级政府和各地海关都要求口岸海关给予通关便利，也给口岸海关工作带来巨大压力。因此，我建议海关总署与铁路总公司应尽快明确中欧班列的认定标准，以提高中欧班列的规范性与安全性。

8. 推动哈萨克斯坦口岸的基础设施建设，充分体现"一带一路"倡议的共商、共建、共享原则。目前，国际货运班列在哈萨克斯坦境内运行时间久、距离长，尤其是在多斯特克站换装时间较长。同时，随着"一带一路"建设的推进，国际铁路大通道影响力将显著提升、业务量会大幅增加，对沿途的通关时效和质量必然会提出更加迫切的现实需求。为扩大口岸通行能力，加强口岸联检合作，中国有必要加快阿拉山口口岸至多斯特克铁路口岸的基础设施建设，以保障中欧班列的高效运行。

（三）中欧班列"长安号"：后来居上

中欧班列"长安号"自 2013 年开行以来，不仅让开行起点城市西安焕发新的活力，为中国"一带一路"建设注入新动能，更在全球疫情肆虐的情况下发挥着稳定全球供应链的积极作用。

一组数据令人瞩目：2017 年中欧班列"长安号"开行 194

列，2018 年开行 1 235 列，2019 年开行 2 133 列，2020 年开行 3 720 列，创历史新高，运送货物总重达 281.1 万吨。近年来，中欧班列"长安号"不断提速、扩线，实现常态化运行，已经成为"一带一路"沿线国家进行贸易往来的"黄金通道"。

截至目前，中欧班列"长安号"常态化开行线路已达 15 条，覆盖"一带一路"沿线的 45 个国家和地区，构建了一条连接中亚、西亚、南亚，辐射欧洲腹地的国际物流大通道。

随着新冠肺炎疫情在全球蔓延，中欧班列运送口罩、防护服、呼吸机、检测试剂等紧缺的防疫物资，为欧洲各国有效应对疫情提供了有力保障，为国际防疫合作提供了有力支持，开辟了国际抗疫合作的"生命通道"。

疫情防控常态化下，中欧班列"长安号"积极服务本土企业"走出去"，隆基股份、陕汽重卡、陕鼓动力、法士特等多家企业搭上了"长安号"的快车。重卡、轿车、制造业零部件、德国厨具、荷兰奶粉、中亚的食用油和绿豆等产品通过中欧班列驰骋亚欧大陆，保障了全球供应链的稳定。

2020 年 10 月初，一列满载隆基绿能光伏产品的中欧班列"长安号"从西安新筑车站出发驶向欧洲。这是自 2020 年 4 月隆基与西安港合作以来，近 5 个月内开行的第 18 列光伏产品专列，将西安制造的光伏组件直接运到欧洲市场。

2020 年 7 月 1 日起，中欧班列"长安号"推出了每天开行 4 班的公共班列，常态化开行西安至杜伊斯堡、西安至马拉舍维奇两条线路，稳定的开行频次进一步提升了班列整体运行时效。同时，西安国际港务区与DHL（敦豪航空货运公司）等境外大型物流企业进行合作，推出了德国快线等创新产品，从西安直达德国仅需10~12天。

随着中欧班列"长安号"高质量开行，疫情期间国外产品依然能顺利地进入中国市场。2020年10月15日，搭载着82台奥迪汽车的中欧班列"奥迪整车进口专列"从德国不来梅哈芬港顺利抵达西安，成为首列抵达西安的奥迪班列。

据统计，自2018年首列中欧班列"沃尔沃整车进口专列"开行以来，中国已累计进出口整车47 192台，2020年已发运整车22 812台，占全国内陆铁路整车口岸年发运量的87%。

作为西安最早承接中国东南沿海产业转移的区域，西安综合保税区内已有11家加工贸易类企业落户。保税区外，占地近600亩的临港产业园也已储备了40多家产业转移企业。沿海产业转移已由最初转移加工生产提升为加工与研发集体转移，激活了西安丰富的科教资源。对于西部地区来说，中欧班列不仅是物流通道，更把西部地区的视野"前移"到海外，激发了本土企业拓展海外市场的潜力。

陕西有优质的教育资源，共有95所大学，其中本科学校57所，专科学校38所。因此，对制造业以及创新类企业来讲，陕西有极强的吸引力，而中欧班列放大了这一魅力。

中欧班列不仅有互联互通作用，也有融合集结功能。目前，来自全国15个省份的货源在西安进行集散分拨，省外货源超过了80%。2020年9月25日，首列"贵西欧"（贵阳—西安—塔什干／明斯克）国际货运班列正式发车。班列满载汽车配件、家具、布料、电器等货物，从贵阳出发，2 天后抵达西安，在西安港集结分拨后，搭乘中欧班列"长安号"至哈萨克斯坦、乌兹别克斯坦及白俄罗斯等亚欧国家。

此外，8 月 26 日，"唐西欧"货运班列从唐山港曹妃甸港通用码头出发，为京津冀地区再添一条通往欧洲的国际物流大通道。8 月 28 日，首列"永西欧"国际货运班列从山西永济驶出，经西安港集结中转后抵达中亚。8 月 31 日，首列"渭西欧"班列从西安港出发，经满洲里口岸直达莫斯科，成为渭南产品走向国际市场的直通车。

一列列集结班列的相继开行，标志着中欧班列（西安）集结中心的建设全面提速。西安已开行"襄西欧""徐西欧""冀西欧""厦西欧""唐西欧""贵西欧"等集结班列，基本实现了西安港与长三角、珠三角、京津冀、晋陕豫黄河三角洲等主要货源地的互联互通。

未来，西安国际港务区还将持续推动中欧班列"长安号"进行高质量、市场化和可持续发展，加速各类要素在西安聚集，服务好国内大循环，更好融入国际大循环，为"一带一路"建设持续注入新动能。

在中欧班列开行之初，地方政府往往通过补贴的方式使其迅速扩大市场占有率。但是，过高的政府补贴，一方面让班列运行公司过分依赖补贴，在提升自身能力方面积极性不足。另一方面，过高的财政补贴也给政府带来了巨大的财政压力。财政部从 2018 年开始要求地方政府降低对中欧班列的补贴标准：以全程运费为基准，2018 年补贴不超过运费的 50%，2019 年补贴不超过 40%，2020 年将不超过 30%。促进中欧班列市场化发展，形成市场化的运营机制才是中欧班列未来的发展方向。

表 7-3　各地方政府对中欧班列的补贴统计情况

序号	省市	班列名称	班列补贴
1	西安	长安号	补贴约 3 000 美元 / 柜，每班列补贴约 12.3 万美元
2	成都	蓉欧	年补贴约 12 亿元
3	重庆	渝新欧	以划拨土地、企业所得税退税及物流环境优化的方式给当地企业及物流平台提供补贴
4	大连	辽满欧	大连市口岸委及大连港双方补贴，要求每周两班对开
5	哈尔滨	哈满欧	补贴大约 3 000 美元 / 柜，每班列补贴约 12.3 万美元
6	长春	长满欧	每年补贴 1 000 万元
7	郑州	郑新欧	以土地加资金的方式对班列公司予以补贴，资金最高达 1.2 亿元
8	武汉	汉欧班列	富士康班列，由政府直接以企业退税的名义对运费进行补贴；公共班列，政府按照不同的箱量承诺，补贴 2 500~3 000 美元 / 柜
9	长沙	湘满欧	补贴 3 500~4 000 美元 / 柜
10	广东省	东莞石龙、广州大朗班列	省、市分别补贴班列每柜 0.125 美元 / 公里。深圳中欧班列全程 11 000~13 000 公里，按照中欧班列 41 柜 / 列来算，每列深圳中欧班列省市补贴总额范围为 112 750~133 250 美元
11	义乌	义新欧	政府补贴给到平台公司，再由平台公司对外采购欧洲班列服务
12	合肥	合肥班列	安徽省口岸委补贴平台公司约 3 000 美元 / 柜，要求每周两班对开
13	苏州	苏满欧	政府以企业所得税退税的形式补贴当地企业
14	连云港	连云港班列	政府与货代公司合作，以承包的形式开行欧洲班列，补贴 2 500 美元 / 柜

（四）中欧班列助推西部口岸经济 [1]

中国陆地边境线长达 2.28 万公里，涉及 9 个省区（黑龙江、吉林、辽宁、内蒙古、甘肃、新疆、西藏、云南、广西），分别同 14 个国家接壤（朝鲜、俄罗斯、蒙古国、哈萨克斯坦、吉尔吉斯斯坦、塔吉克斯坦、阿富汗、巴基斯坦、印度、尼泊尔、不丹、缅甸、老挝、越南）。绵延的边境线上散布着众多的边境陆路口岸和边境城市，且多与毗邻国家呈对称口岸及城镇空间分布。

截至目前，中国沿边的 9 个省区分布着 72 座国家级边境陆路口岸，这些口岸主要分布在内蒙古东北部、黑龙江北部和吉林东北部、新疆西北部以及广西西南部、云南东南部，在空间上表现出明显的地理集聚特征，形成了以内蒙古的满洲里口岸和黑龙江的绥芬河口岸为代表的东北陆路口岸群，以新疆的霍尔果斯口岸和阿拉山口口岸为代表的西北陆路口岸群，以及以广西的凭祥口岸和云南的瑞丽口岸为代表的西南陆路口岸群。

从省区分布看，口岸数量位列前三名的分别是新疆（15 个），内蒙古（12 个）和吉林（12 个），拥有口岸数量最少的是甘肃，仅有 1 个。从对应的国别分布来看，中蒙、中朝、中越、中俄、中哈边境的陆路口岸较多，分别为 14 个、13 个、12 个、11 个、7 个；而中巴、中塔、中印边境陆路口岸最少，各开通 1 个。

---

[1]　口岸建设部分的内容主要由褚超完成，他长期在新疆工作，担任过新疆阿拉山口市口岸管理办公室副主任，对口岸和中欧班列发展情况非常熟悉，目前任广东珠海市横琴新区发展改革和政策研究局高级研究员。

目前，新疆已形成以航空、铁路、公路、管道运输为一体的综合口岸体系，在对外开放的口岸中，边境陆路口岸有 15 个，其中常年向第三国开放的口岸有 8 个，常年双边开放的口岸有 2 个、季节性双边开放的口岸有 2 个、季节性向第三国开放的口岸有 1 个。在"一带一路"建设背景下，新疆的陆路口岸作为中国向西开放重要窗口和平台的作用日益凸显。

表 7-4　新疆边境陆路口岸及城镇分布情况

开放国家	口岸名称	所在地	口岸城镇	开放时间	口岸类别
哈萨克斯坦 （7 个）	霍尔果斯	伊犁州	霍尔果斯市	1983 年	公路、铁路、管道
	阿拉山口	博州	阿拉山口市	1992 年	公路、铁路、管道
	巴克图	塔城地区	塔城市	1992 年	公路
	吉木乃	阿勒泰地区	吉木乃县	1992 年	公路
	阿黑土别克	阿勒泰地区	哈巴河县	1992 年	公路
	都拉塔	伊犁州	察布查尔县	1992 年	公路
	木扎尔特	伊犁州	昭苏县	1992 年	公路
蒙古人民共和国 （4 个）	塔克什肯	阿勒泰地区	福海县	1989 年	公路
	红嘴山	阿勒泰地区	福海县	1992 年	公路
	乌拉斯台	昌吉州	奇台县	1992 年	公路
	老爷庙	哈密市	巴里坤县	1992 年	公路
吉尔吉斯斯坦 （2 个）	吐尔尕特	克州	乌恰县	1983 年	公路
	伊尔克什坦	克州	乌恰县	1998 年	公路
塔吉克斯坦 （1 个）	卡拉苏	喀什地区	塔什库尔干县	1997 年	公路
巴基斯坦 （1 个）	红其拉甫	喀什地区	塔什库尔干县	1982 年	公路

2019 年，从新疆陆路口岸进出境的中欧班列数量达 7 186 列，同比增长 48.9%，创历史新高。2019 年，从新疆陆路口岸进出境的中欧班列货运量达 558.8 万吨，同比增长 77.1%，贸易额达 264.3 亿美元，同比增长 65%。通行班列主要包括"渝新欧""郑新欧""长安号"等 29 个班列。其中，出境班列主要来自郑州、成都、重庆、连云港等城市，返程班列主要来自哈萨克斯坦、乌兹别克斯坦、德国、波兰等国。

表 7-5　2019 年经阿拉山口口岸出境的主要班列及货物品类（单位：列）

中欧班列名称	列数	主要货物品类
长安号	417	切片、耐火材料、电子仪器、化工产品、服装、日用杂品等
渝新欧	340	电脑、打印机、百货、汽车零配件、机顶盒、灯具、机械零配件、服装、家具家电、通信设备、玩具等
郑新欧	283	电脑及其配件、服装、生活用品、电子产品、机械零配件、机械设备、家具家电等
蓉新欧	279	电脑及其配件、液晶显示器、电冰箱、抽油烟机、电视、灯具、电子仪器、汽车零配件、玩具鞋子、机械设备等
合新欧	139	太阳能光伏、电子及家用电器、轻纺、灯具、机械设备、机械零配件、汽车零配件等
汉新欧	137	电脑、打印机、剪切机、服装、自行车配件、玩具、机械零配件、灯具、显示屏、鞋包等
青岛号	109	瓷砖、复合地板、玻璃制品、生活用品、家具家电等
夏蓉欧	92	服装、电子产品、日用百货等
义新欧	71	服装、鞋类、布、玩具、电子仪器、灯具、家用电器、汽车零配件、机械零配件等
"新丝路号"国际班列	60	化工产品、服装、钢材、番茄酱、生活用品、汽车零配件、机械零配件等

广西与越南交界，边境线东起东兴，西至那坡，全长637公里，分布了8个口岸，26个边民互市点，是中国西南沿边开放开发和区域合作的第一线。口岸由东至西分别是东兴口岸、峒中口岸、爱店口岸、友谊关口岸、凭祥铁路、水口口岸、龙邦口岸、平孟口岸。广西的陆地边境口岸较为密集，其中友谊关口岸距离越南的首都河内最近，到达河内最为便利。凭祥口岸为铁路口岸，其他均为公路口岸。

表7-6 广西的边境陆路口岸及城镇分布情况

开放国家	口岸名称	所在地	开放时间	口岸类别
越南（8个）	凭祥口岸	崇左市	1952年	铁路
	友谊关口岸	崇左市	1992年	公路
	东兴口岸	防城港市	1994年	公路
	水口口岸	崇左市	1992年	公路
	龙邦口岸	百色市	2003年	公路
	平孟口岸	百色市	2011年	公路
	爱店口岸	崇左市	2015年	公路
	峒中口岸	防城港市	2017年	公路

内蒙古与蒙古国、俄罗斯长达4 200多公里的边境线上分布着12个边境口岸。其中，满洲里和二连浩特是中国连接俄罗斯和蒙古国的最大陆路口岸。内蒙古的12个沿边陆路口岸承担着中国与俄罗斯之间65%的陆路运输货量，承担着中国与蒙古国之间95%的货运总量。

随着"一带一路"建设，中国对外贸易市场不断扩大，中蒙俄边境地区的贸易合作呈现良好势头，内蒙古对外贸易取得了瞩目成就。2019 年，内蒙古自治区外贸进出口额达 1 095.7 亿元，同比增长 5.9%，高于同期中国外贸增速 2.5%。目前，内蒙古已与 62 个"一带一路"沿线国家进行贸易往来。

2019 年，内蒙古对蒙古国的贸易进出口额达 352.5 亿元，同比增长 7.5%；对俄罗斯的贸易进出口额达 184.9 亿元，同比下降 6.4%。此外，内蒙古对"一带一路"沿线国家的贸易进出口额为 713 亿元，同比增长 1.9%。

2013 年至 2019 年，内蒙古对"一带一路"沿线国家的贸易进出口累计达 3 566.2 亿元，"一带一路"沿线朋友圈不断扩大，"一带一路"倡议为内蒙古特色产品"走出去"搭建了平台。

表 7-7 内蒙古边境陆路口岸及城镇分布情况

开放国家	口岸名称	所在地	开放时间	口岸类别
蒙古人民共和国（9个）	策克	额济纳旗	2005 年	公路
	乌力吉	阿拉善左旗	2016 年	公路
	甘其毛都	乌拉特中旗	1992 年	公路
	满都拉	达茂旗	2009 年	公路
	二连浩特	二连浩特	1990 年	公路、铁路
	珠恩嘎达布其	东乌珠穆沁旗	1992 年	公路
	阿尔山	阿尔山市	2004 年	公路
	额布都格	新巴尔虎左旗	2009 年	公路
	阿日哈沙特	新巴尔虎左旗	1992 年	公路
俄罗斯（3个）	满洲里	满洲里市	1989 年	公路、铁路
	黑山头	额尔古纳市	1989 年	公路
	室韦	额尔古纳市	1989 年	公路

未来，中欧班列应同边境口岸建设形成相互助益、良性循环的关系。其中，对边境口岸来说，应努力通过中欧班列的通道作用带动沿边产业发展和区域经济增长。对中欧班列来说，应进一步市场化发展、可持续发展。总之，中欧班列以及边境口岸仍需要在市场开发、产业孵化和国际合作等方面发掘潜力。

三、
国际评价：优质的全球公共产品

2020年8月，国铁集团出台的《新时代交通强国铁路先行规划纲要》提出了交通强国铁路先行规划总目标，其中提道中欧班列成为具有国际影响力的世界知名铁路物流品牌，中国成为全球铁路科技创新高地，铁路"走出去"的产业链和价值链向中高端聚集。

中欧班列在建设发展的过程中，不断获得国际社会的积极评价，被认为是"一带一路"的标志性项目，是优质的全球公共产品。

（一）中欧班列是国际基建项目

2017年9月20日，据英国广播公司网站报道，不少分析指出，中国有意提升在世界上的影响力，期望能撼动世界经济秩序。英国广播公司网站列举了五大国际基建项目，第一个就是中欧班列，并分析了为何这些基建项目如此重要（见表7-8）。

表 7-8　英国广播公司网站列举的五大国际基建项目

五大项目	关注点	评价
中欧班列	中国目前营运多条来往于中国与欧洲各城市之间的货运列车，把货品由中国各城市运到伦敦、马德里、华沙等地。2017 年年初，刚开通来往中国浙江义乌市和英国伦敦的货运铁路线，而中国通往西班牙马德里则是全球最长的火车服务，达 13 051 公里	中国政府目标是要完善网络，务求货运列车能更快运送中国产品，但这明显是一个较昂贵的运货方法。中国正是通过这些大型铁路运输项目巩固其国际贸易地位
亚洲火车网络	未来至少有两大项目值得关注——泛亚铁路和印尼高铁	中国正积极推动泛亚铁路建设，这项计划是希望通过铁路连接中国昆明至老挝，延伸至曼谷、吉隆坡，最后直达新加坡，其他路线则连接越南、柬埔寨、缅甸等地，意味着整个交通网络将连在一起。2015 年，中国击败日本取得兴建印尼高铁的项目，这一高铁将连接相隔 140 公里的印度尼西亚首都雅加达及第三大城市万隆，这是中国首个海外高铁项目，因而备受关注
中巴经济走廊	中国和巴基斯坦关系密切，中巴经济走廊是中国在巴基斯坦的一系列投资，当中最重要的是瓜达尔港口项目	瓜达尔港有助于中国开拓西部通往中东和非洲的贸易线，瓜达尔港亦邻近波斯湾，方便中国从中东进口石油。经由瓜达尔港运往新疆的陆路则只有 3 000 公里，从新疆到中国内地省份也只有 3 500 公里
科伦坡港	科伦坡港是斯里兰卡与中国的重点合作项目	中国的"一带一路"倡议并不局限于陆路，港口也是中方的目标
非洲项目	蒙内铁路、亚吉铁路	中国铁路"走出去"的步伐遍及非洲，正在承建肯尼亚内罗毕与蒙巴萨之间的铁路。该铁路是未来东非交通网络的一部分，将连接乌干达、南苏丹、卢旺达等国家，也连接埃塞俄比亚首都亚的斯亚贝巴。中国已完成连接亚的斯亚贝巴和吉布提的亚吉铁路

2017 年 9 月，美国杜克大学社会学系终身教授高柏出版了《中欧班列：国家建设与市场建设》一书，指出自 2011 年开行中欧班列以来，以 2013 年提出"一带一路"倡议、2016 年发布中欧班列发展规划为重要时间节点，中欧班列的发展可大概分为三个时期：自由探索期（2011—2013 年）、蓬勃发展期（2013—2016 年）、规范提升期（2016 年以后）。在自由探索期，中国铁路总公司主要面临优化班列运输组织流程、提高通关及检验检疫效率等困难。在蓬勃发展期，中国铁路总公司开行中欧班列则主要受回程货源不足制约，班列主要技术经济指标下滑。而在规范提升期，如何权衡地方与铁总利益、使中欧班列品牌价值最大化，将是中国铁路总公司面临的新课题。围绕中欧班列发展起来的物流产业是支撑欧亚大陆大市场的一个重要产业。

通过中欧班列等"一带一路"建设，资本、货物、服务和技术的跨国界流动将大为增加；全球生产体系将把亚欧大陆上迄今为止排除在外的许多中亚、南亚、中东和中东欧国家吸纳进来，让这些国家获得前所未有的发展机会；高度整合的由铁路运输、公路运输、海运和空运等各种运输手段组成的物流体系将实现亚欧大陆全覆盖；随着交通基础设施的完备和各种辅助机制的打通，各国的中小企业将获得巨大的发展机遇。

2019 年 1 月，第七季"丝路名人中国行"参访团在实地了解中欧班列的开通线路和运输规模后，对它的重要作用给予了高度评价。他们表示，一趟班列有 41 个集装箱，一年上千班次，运输量很大，对于发展中国和各国之间的贸易往来有很重要的作用。参访团成员获悉，作为新疆铁路部门打造的对外开放及互联互通的重要枢纽，中欧班列乌鲁木齐集结中心为新疆开放型经济发展提供了重要的交通运输平台。截至目前，该集结中心已与国内 82 家外向型企业建立了合作关系，班列货源已辐射广东、浙江、四川、山东、北京、上海、重庆等地。

（二）新冠疫情带火中欧班列

2020 年 4 月 3 日，商务部印发了《进一步发挥中欧班列作用应对新冠肺炎疫情做好稳外贸稳外资促消费工作的通知》，提出 11 条具体举措和工作要求，特别强调要发挥中欧班列战略通道作用以应对疫情影响。4 月 7 日，国务院常务会议提出要提升中欧班列等货运通道能力，推动改善货物接驳等条件，全力承接海运和空运的转移货源。

2020 年 5 月 14 日，美国《华尔街日报》发表题为《新冠疫情带火中欧班列》的文章，称新冠疫情导致海运和空运涨价或停运，迫使各公司纷纷转向铁路运输，而铁路运输是提振中国"一带一路"倡议的核心要素。由于新冠疫情扰乱了全球工厂的生产，削弱了消费者对一些商品的需求，远洋航运公司取消了大批航次。全球航空公司也大幅削减客运航班，导致航空运费飙升。这些都对中欧班列运输的增长有利。虽然亚欧铁路线已存在多年，但在中国开始组织中欧班列之前，跨越多国的长途货运服务几乎是不存在的。

惠普等公司率先使用了中欧班列服务。惠普迫切希望在几周内将中国制造的产品运往欧洲的商店。汽车制造商也经常使用中欧班列，例如沃尔沃将中国制造的汽车运往欧洲，戴姆勒和保时捷则把欧洲生产的汽车运至中国。疫情期间，客户看到了铁路运输的可靠性，相信他们会长期选择中欧班列。

2021 年 1 月 19 日，国家发展和改革委员会召开新闻发布会，介绍了 2020 年中欧班列的运行情况。2020 年，面对新冠肺炎疫情的严重冲击，中欧班列发挥国际铁路联运的独特优势，大力承接海运和空运的转移货物，全年开行 12 406 列，同比增长 50%，首次突破万列大关，是 2016 年开行量的 7.3 倍。下半年月开行量保持在 1 200 列左右。而且，中欧班列重载运输的情况得到了较大改善，综合重箱率达 98.4%，同比提高 4.6%，其中回程重箱率提升显著，同比提高 9.3%。全年中欧班列运输货物货值达 500 亿美元，是 2016 年的 6.3 倍，除电子产品、食品、木材、化工产品等传统品类外，国际产业链重要中间品的运输需求迅猛增长。

2020 年，中欧班列通达 21 个国家的 92 个城市，较上年同期增加 37 个城市，在 16 个国家新建 8 个铁路箱境外还箱点，累计达 80 个还箱点。西安、重庆、成都这三个城市的中欧班列年开行量均超过 2 000 列，合计占全国开行总量的 58%，班列运营开始由"点对点"向"枢纽对枢纽"转变。

（三）中欧班列缩短物理距离、拉近心理距离

当然中欧班列带来的改变不仅体现在数字、数据、速度等

层面，还体现在感受、体验、认知等层面。例如，说起杜伊斯堡这座德国西部城市，很多中国人可能首先想到鲁尔区，德国人则会想到著名地理学家墨卡托。1585 年，墨卡托在此出版了第一本欧洲国家地图册《地图与记叙》。也正是在这里，墨卡托制成了著名的航海地图《世界平面图》，这幅地图对世界航海、贸易、探险等发挥了重要作用。而在当前的世界格局下，中德人民对于这座城市有了共同的认知，那就是杜伊斯堡是中欧班列的欧洲终点站之一。

杜伊斯堡是欧洲重要的交通物流枢纽，拥有世界上最大的内河港。从杜伊斯堡到欧洲最大港口鹿特丹的水上距离为 230公里，到安特卫普港的直线距离不足 200 公里。在杜伊斯堡周边 150 公里的半径范围内是欧洲人口最为密集的地区，拥有很广阔的物流需求和市场潜力。

2018 年 8 月 1 日，《卫报》刊登了一篇名为《德国的中国城：杜伊斯堡如何成为中国通向欧洲的大门》的文章，称在 20世纪大部分时间里，杜伊斯堡都是烟囱林立、排放浓烟的地方。如今，杜伊斯堡风光体面，成了世界上最大的内陆港口，这都得益于中国的"一带一路"倡议。杜伊斯堡现在成了多条中欧班列的欧洲终点站以及欧洲物流集散中心，这给当地的产业转型带来新的发展机遇。如今，每周有 30 辆中国列车前往杜伊斯堡港，载满了来自重庆、武汉和义乌等地的衣服、玩具和高科技电子产品。返程的时候，这些火车装载着德国汽车、苏格兰威士忌、法国红酒、米兰服装等货物返回中国。在杜伊斯堡港，火车可以直接开到莱茵河畔，货物在那里卸下，有的放进仓库里等待进一步分配，有的则通过船运、火车或卡车运往希腊、西班牙或英国。

杜伊斯堡市长林克直言："我们是德国的中国城……这座城市的重要性将会持续增加，我们将成为中国通往欧洲的大门，也成为欧洲通向中国的大门。"重庆到杜伊斯堡的铁路运输时间为 12 天，海运则需要 45 天，空运的价格是铁路运输的两倍，但平均只需要 5 天。如果能将铁路运输的时间缩短至 10 天左右，中欧班列自然会更有竞争力。杜伊斯堡港集团主席埃里希·史塔克认为，这段路程耗时太长，这主要是欧洲铁路公司在掉链子、拖后腿。火车从重庆到布雷斯特这 10 000 公里的路程只需要 5 天半（平均时速 80 公里），但从布雷斯特到杜伊斯堡这 1 300 公里路程则需要 6~7 天（平均时速 10 公里）。

开放会倒逼改革，互联互通也会倒逼改革，"一带一路"倡议让国际社会重新认识中国，也让西方国家重新认识自己，重新审视对华关系。中欧班列缩短了中欧之间的物理距离，也拉近了心理距离。

第八章

美欧对"一带一路"的
认知与应对

"一带一路"建设的若干重大项目需要稳定有利的外部环境。随着"一带一路"建设的不断推进，西方国家越发担心"一带一路"倡议会增强中国的国际影响力，因此美国和欧洲开始加大制衡"一带一路"倡议的力度，增加中国推动"一带一路"国际合作的外交成本和经济成本。

新冠疫情暴发是一个重要的节点，在防疫期间，中国向国际社会提供了大量的医疗设备和专业知识，提升了中国的国际形象。"一带一路"相关国家都希望中国能够提供帮助以应对疫情对本国的负面影响，并且希望在后疫情时代加强同中国的合作以推动经济发展，解决民生问题。

一、
美国对"一带一路"的认知与应对

2013 年中国提出"一带一路"倡议后，当时执政的奥巴马政府虽然对"一带一路"倡议抱有疑虑，但并未对其予以全盘否定。从奥巴马到特朗普，美国对"一带一路"倡议的认知发生了巨大变化。

（一）美国对"一带一路"的认识

早在 2011 年 9 月，为维护阿富汗的稳定，奥巴马政府曾提出旨在加大中亚和南亚地区联通程度的"新丝绸之路"计划。"新丝绸之路"计划注重发展地区能源市场、促进贸易和交通、提升海关和边境管控、加强商业和人员联系。从一定程度上讲，"新丝绸之路"具有制衡中国和俄罗斯在中亚和南亚地区影响力的意图。但是，美方也针对"一带一路"倡议展现出非对抗姿态，正如曾供职于白宫国家安全委员会的南亚问题专家、美国进步中心高级研究员阿里拉·维耶拉所言，"一带一路"倡议与美国提出的"新丝绸之路"计划具有很多共同目标，两者如果能实现"串联"，可更好地完成相关重大项目。[①]

2015 年 3 月，时任美国常务副国务卿的安东尼·布林肯在布鲁金斯学会就《中亚的长久愿景》发表演讲称，中国在中亚是非常重要的参与者，中国的参与有助于加强亚洲在陆上和海上的互联互通，与美国的努力可形成相互补充，中亚可以重振它作为全球商业、理念和文化重要交汇点的历史角色。同年 5 月，负责南亚和中亚事务的助理国务卿尼莎·比斯瓦尔表示，

[①] Ariella Viehe, "US and China Silk Road Visions: Collaboration not Competition," in Rudy deLeon and Yang Jiemian eds., *Exploring Avenues for China-US Cooperation on the Middle East*, Center for American Progress, July 2015, pp.39-42.

中亚不是进行地缘战略对抗的空间，包括中国在内的每个国家都可扮演建设性角色，美国欢迎亚洲基础设施投资银行等新多边机制在遵守国际规则的条件下满足该地区国家的紧迫需要。助理国务卿帮办理查德·霍格兰德也提出："中国在中亚地区开发的能源、道路和交通基础设施与美国的努力并不冲突，而且完全是互补的。"2015 年 6 月，霍格兰德还曾来华与中国国家发展和改革委员会的官员商讨如何使"新丝绸之路"计划与丝绸之路经济带建设互为补充，探索美中在第三国合作的具体形式。

　　然而，2017 年 1 月特朗普政府上台后，美国对华战略出现了重大变化，在"一带一路"等问题上加大了对华压制力度。2017 年 12 月，特朗普政府发布《国家安全战略报告》和《国防战略报告》等文件，对中国的内外政策加以指摘，将中国明确定位为美国的"战略竞争者"，而且将对华竞争上升到"自由世界秩序与压制性世界秩序之间的地缘政治竞争"的高度。这些报告凸显了美国和中国处于战略竞争状态的现实，在很大程度上体现了美国战略界的共识，标志着美国试图集中力量应对"中国挑战"。[①] 当前美国对"中国威胁"的认知涉及经济、安全、外交、意识形态等诸多方面，美国开始从"全方位竞争"

---

① 早在 20 世纪初，美国国防部净评估办公室主任安德鲁·马歇尔等就认为中国将是美国在 21 世纪面对的最重要对手，并支持白邦瑞等人悉心研究应对中国崛起的长期战略，见安德鲁·克雷佩尼维奇、巴里·沃茨：《最后的武士：安德鲁·马歇尔与美国现代国防战略的形成》，张露、王迎晖译，世界知识出版社 2018 年版，第 276—285 页。

的角度制定和实施对华政策。

在此背景下，2017年下半年以来，时任美国国务卿的蒂勒森及其继任者蓬佩奥、国防部长马蒂斯、国家情报总监丹·科茨、国防情报局局长罗伯特·阿什利等美国高级官员，以及很多美国国会议员开始在公开场合发表质疑和批评"一带一路"倡议的言论，认为"一带一路"倡议表明中国正在全球范围内推行掠夺性经济，通过制造债务陷阱损害他国主权权益，破坏美国的国际领导地位。

2017年6月，在印度总理莫迪访问美国期间，特朗普与莫迪发表联合声明称，应通过透明且负责任的债务融资举措建设基础设施，促进地区的互联互通，并确保尊重主权和领土完整，尊重法治和环境保护规则。① 这被认为是美国官方开始明确针对"一带一路"倡议采取反制措施。同年10月，在美国参议院军事委员会举行的听证会上，美国国防部部长马蒂斯称："在一个全球化的世界，有很多条'带'和很多条'路'，没有哪个国家应将自己置于掌控'一带一路'的位置。"他还特别提出，中巴经济走廊等项目有损地区安全。同月，在出访印度前夕，时任美国国务卿的蒂勒森在美国智库战略和国际问题研究中心发表演讲称，"一带一路"使一些国家背上了巨额债务，这些国家不仅在未来更加难以获得外部融资，还会面临债转股和债务违

① The White House, "United States and India: Prosperity through Partnership," *Joint Statement of US President Donald Trump and Indian Prime Minister Narendra Modi*, June 26, 2017.

约的问题，这一局面难以支持这些国家的长期发展。他还称："我们需要与印度合作以确保印太逐步成为一个和平、稳定和不断繁荣之地，而不是变为一个充满失序、冲突和掠夺性经济的地区。"

蒂勒森的继任者蓬佩奥则有过之而无及，不仅在多个场合批评"一带一路"倡议，还向巴基斯坦、巴拿马等国施压，让这些国家警惕使用来自中国的投资。他说："当中国找上门来，对你们国家的民众来说并不总是好事。"2018 年 8 月，特朗普本人在私人场合表示，"一带一路"倡议可能扰乱全球贸易并具有冒犯性。10 月，时任美国副总统彭斯在保守派智库哈德逊研究所专门就对华政策发表演讲，称中国正利用"债务外交"扩大影响力，将斯里兰卡等国港口据为己有，进而建立军事基地。值得注意的是，在过去几年中，很多美军战区司令以及其他军方领导人从军事安全的角度对"一带一路"倡议提出公开批评，这也从一个重要侧面表明美国对"一带一路"倡议的制衡越发具有战略性色彩。2018 年 2 月，时任美军太平洋司令部司令哈利·哈里斯称，"一带一路"倡议使中国能够影响全球航道，它是中国的一种有协调的、战略性的努力，旨在替换美国及其盟友和地区伙伴的位置，全球咽喉要道会因"一带一路"倡议而受到压力。同年 4 月，哈里斯的继任者菲利普·戴维德森表示，中国想通过"一带一路"倡议破坏国际规范，比如商业和信息的自由流动。此外，美军非洲司令部司令托马斯·沃德豪森、南方司令部司令库尔特·蒂德等也公开质疑"一带一路"建设向非洲和拉美地区的扩展。一些美国国会议员也对"一带一路"倡议发表了负面评论，并要求特朗普政府加大制衡力度。比如，民主党籍参议员加里·彼得斯认为"一带一路"倡议是中国确保控制陆上和海上利益，并企图最终控制欧亚大陆和侵占自然资源的战略，这与美国的政策迎头相对。2018 年 8 月，16 名联邦参议员联名致信美国财政部长姆努钦和国务卿蓬佩奥，称"一带一路"倡议的目标是建立一个在经济上由中国主导的世界秩序，美国必须对此加以抗衡。

在美国政府和国会加大对"一带一路"关注的同时，美国智库专家对"一带一路"的研究重点和主要看法出现了一些重要变化。一是更加注重研判"一带一路"建设的军事安全影响，认为"一带一路"倡议是以经促政、以商掩军，他们开始关注"一带一路"倡议如何影响南太岛国、孟加拉湾沿岸、东非印度洋沿岸等重要节点地区的力量平衡，以及港口设施军民两用、中国私营安保力量走出去、中国北斗导航系统"内嵌"相关国家等问题。二是更为关注"数字丝绸之路"问题，担心中国借此加大收集沿线国家的重要数据。三是炒作中国通过"一带一路"建设制造债务陷阱等方式加大对沿线国家的控制。[①] 四是忧心中国企业和金融机构在"一带一路"沿线国家的不合规经营

---

① Nadege Rolland, Testimony before the US-China Economic and Security Review Commission, Hearing on "China's Belt and Road Initiative: Five Years Later," January 25, 2018, pp.2-3.

和腐败行为，以及中国对相关国家贷款的低标准或有中国特色的附加条件导致国际发展领域的规则和标准（尤其是环保和社会标准）受到破坏，从而引发竞逐底线问题。[①] 五是更加深入地探究美国联手日本、澳大利亚、欧洲、印度等各方共同制衡"一带一路"建设的具体举措，涉及情报分享、基础设施联合融资、软性基础设施援助等方面。

美国智库专家普遍认为，无论成败与否，"一带一路"倡议都将对美国的国家利益产生重大影响，尤其是中国借助"一带一路"倡议推动"以中国为中心"的新型全球化以及在整个欧亚大陆展开的攻势将会动摇美国在二战后所获霸权地位的基础。[②] 在美方人士看来，"一带一路"倡议对美国国家利益的影响主要包括以下几个方面。第一，影响美国企业的商业利益，"一带一路"建设会使中国企业在相关国家的不公平竞争优势得以强化。第二，"一带一路"建设会影响全球供应链以及国际贸易和金融体系，进而损害二战后美国在全球经济体系中占据的中心地位。第三，"一带一路"建设会推动人民币国际化，逐步侵蚀美元在国际货币体系中的首要地位。第四，"一带一路"建

[①] Jeff M. Smith, "China's Belt and Road Initiative: Strategic Implications and International Opposition," Backgrounder, No.3331, The Heritage Foundation, August 9, 2018, pp.12-13.

[②] Raymond F. Burghardt, "Managing Competition: A US-China Strategic Dialogue Report," National Committee on American Foreign Policy, March 26, 2018, p.3; Daniel Kliman, Testimony before US-China Economic and Security Review Commission, Hearing on "China's Belt and Road Initiative: Five Years Later," January 25, 2018, pp.2-3.

设会导致中国技术标准的国际化，尤其是在 5G 等新经济领域，从而不可避免地削弱美国在全球的技术领导地位。第五，"一带一路"建设将使相关国家重新审视本国与美国的经济、外交和军事关系，特别是中国在沿线国家修建的军民两用基础设施以及获得的相关特权将影响美国在全球的军事部署，损害美国的军力投射能力。

（二）美国对"一带一路"的应对

美国战略界人士就美国如何有效应对"一带一路"倡议带来的现实和潜在挑战提出建议，这些建议可以简要概括为以下几个方面。

1. 从美国自身角度看，要加强跨部门协调，强化对"一带一路"倡议的研究。"一带一路"建设的规模大、过程长、影响广且涉及美国多个政府部门的工作领域，因此可考虑在国家安全委员会成立新的协调机构，专门负责跟踪研究和统一应对"一带一路"建设。①美国国防部可参照年度中国军力发展报告，发布"一带一路"年度报告，及时对外公布"一带一路"建设

---

① Jonathan Hillman, Testimony before the US-China Economic and Security Review Commission, Hearing on "China's Belt and Road Initiative: Five Years Later", January 25, 2018, pp.9-10; Jeff M. Smith, "China's Belt and Road Initiative: Strategic Implications and International Opposition," Backgrounder, No.3331, The Heritage Foundation, August 9, 2018, p.23.

的进展和战略影响。①

2. 尽快提出美国版的"互联互通愿景",更加注重发挥盟友和伙伴的比较优势,在制衡"一带一路"倡议方面产生协力;与日本、澳大利亚、印度等国家进行合作,界定和倡导高质量基础设施,从过程视角和结果视角监测中国支持的基础设施项目,关注项目招标投标、政府采购、环保和社会标准、债务可持续性等方面;以基础设施的全生命周期成本概念突出中国项目的廉价低质特征②;借鉴《采掘业透明度倡议》等制定原则标准,利用世界银行、亚洲开发银行、二十国集团等多边机制增强对美式原则标准的国际支持;推动中国加入"巴黎贷款俱乐部"等,用多边机制加大对中国债务外交的约束;大力发挥盟友和伙伴国的作用,在制衡"一带一路"方面进行分工协作③;在南亚地区,可采取"印度施压、美日提供融资"的合作模式,削弱中国在斯里兰卡等国的影响力。此外,美国可以考虑将此

---

① 美国国防部发布的《2018年度中国军力发展报告》称中国试图利用"一带一路"倡议与他国发展强有力的经济关系,按照符合中国利益的方式塑造这些国家的利益,慑止其在敏感问题上与中国进行对抗或对中国提出批评;中国可要求使用特定外国港口,以便支撑其在印度洋、地中海和大西洋的遥远水域的海军力量部署,如果中国这样做的话,那么部分"一带一路"的投资就能够为中国营造潜在的军事优势。

② Jonathan Hillman, Testimony before the US-China Economic and Security Review Commission, Hearing on "China's Belt and Road Initiative: Five Years Later", January 25, 2018, pp.10-11.

③ Ely Ratner, Testimony before the US-China Economic and Security Review Commission, Hearing on "China's Belt and Road Initiative: Five Years Later," January 25, 2018, pp.7-8.

前主要由日本和印度推动的"亚非增长走廊"计划升级为美日印澳"四国机制"框架下的合作项目。①

3. 在国际发展领域增强"美国模式"的吸引力，提升美国对相关国家和地区发展融资的实际支持能力。美国一方面要公开指责中国的"掠夺性经济"，一方面也要拿出真金白银加大对相关国家的支持，提供"一带一路"倡议的替代性选择。美国政府需要重新整合对外经济政策和发展援助的工具箱，国会则需增加相应拨款，大力促进私营部门对基础设施建设等方面的投资，引导全球的机构投资者支持相关国家和地区的基建项目。此外，美国还应联合其他"志同道合"的国家，对世界银行、国际货币基金组织等机构进行全面评估，改造国际发展融资体系，以更好地符合透明度、问责制和财政可持续等标准。美国可考虑建立"国际法律支持机构"，为债务国提供法律等方面的专业支持，为这些国家与中国商定公平的贷款协议提供咨询和帮助，避免其遭遇"债务陷阱"。

4. 对"一带一路"倡议不要采取全面对抗的应对策略，不放弃美国企业从"一带一路"倡议中谋利的机遇，在支持相关国家和地区的软性基础设施建设等方面注重发挥美国优势。此外，美国还可着重加强对相关国家和地区软性基础设施的支持

---

① Sam Parker and Gabrielle Chefitz, "Debtbook Diplomacy: China's Strategic Leveraging of Its Newfound Economic Influence and the Consequences for US Foreign Policy," *Policy Analysis Exercise*, The Belfer Center for Science and International Affairs, Harvard Kennedy School, May 2018, pp.49-50.

力度，重点参与发展数字经济等能够充分体现美国优势的合作。美国可考虑建立数字发展银行，加强对低收入阶层和初创小规模企业的融资支持，提升相关国家发展资金使用的针对性、效率和廉洁度。[①] 美国可利用亚洲开发银行的"亚太项目筹备机制"和世界银行和国际货币基金组织的"债务管理机制"等渠道，培训相关国家的政府官员、金融机构和企业，使他们能够拥有专业的技能，对涉及中国的项目进行评估，识别项目的全生命周期成本和债务风险等问题，引导其选择替代性建设方案。[②] 此外，美国还应加大对中国工程承包商、国有企业和私营企业的研究，并将所获得的信息及时通报给相关国家政府，使后者意识到中国项目的"野心"和危害性。

5. 在对待具体项目层面，美国应善于利用中国企业滥建"白象工程"（即大而无用的工程）等弱点，注重把握巴基斯坦、斯里兰卡等国出现的涉华负面社会情绪，借助这些国家内部反对"一带一路"建设的力量强化对相关项目的监测。[③] 美国应当深入研究"一带一路"框架下各类项目存在的诸多弱点并加

---

① Daniel Kliman, Testimony before US-China Economic and Security Review Commission, Hearing on "China's Belt and Road Initiative: Five Years Later," January 25, 2018, p.7.

② John Hurley, Scott Morris and Gailyn Portelance, "Examining the Debt Implications of the Belt and Road Initiative from a Policy Perspective," *CGD Policy Paper*, No.121, Center for Global Development, March 2018, pp.21-25.

③ Jeff M. Smith, "China's Belt and Road Initiative: Strategic Implications and International Opposition," Backgrounder, No.3331, The Heritage Foundation, August 9, 2018, p.14.

以利用。比如，中国政府和企业可能会通过灵活的贷款协议等手段促使相关项目快速启动，但这很容易掩盖项目的长期风险，而且中国缺乏对项目进行全周期（涵盖倡议、建设、完成、使用、维护等阶段）管理的能力，大型基建项目难以按时保质完成，中国工人素质和环境成本等问题引发东道国社会的抱怨和排斥，伙伴国的期待与项目的实际效果之间存在差距。[①]

2019年11月4日，美国海外私人投资公司（OPIC）执行总裁大卫·博吉安在于泰国曼谷举办的第35届东盟峰会系列会议"印度-太平洋商业论坛"上，提出了"蓝点网络"（Blue Dot Network）计划，以抗衡中国的"一带一路"倡议。该计划旨在统筹政府、私营部门和民间社会以开放包容的姿态将全球基础设施建设的标准提升到高质量、可信赖的程度。2019年11月5日，时任美国商务部长的罗斯表示，美国将在亚洲增加投资和贸易。在美国看来，"蓝点网络"计划类似于对基础设施投资项目进行评级的米其林指南。

二、
欧洲对"一带一路"既合作也制衡

中国在2013年提出"一带一路"倡议后，经过一段时间的

---

① Jonathan Hillman, Testimony before the US-China Economic and Security Review Commission, Hearing on "China's Belt and Road Initiative: Five Years Later", January 25, 2018, pp.7-8.

观望，欧盟方面及其主要成员国总体上对"一带一路"倡议给予了正面回应。随后，"一带一路"建设与欧洲发展规划、欧洲投资计划等展开了对接，英国、法国和德国等国的工商界人士对"一带一路"合作抱有较大兴趣。英国成立了价值 10 亿美元的投资基金用于"一带一路"相关合作，中法、中德则开始开展第三方市场合作，卢森堡、奥地利、芬兰等中小欧洲国家也与中国围绕绿色金融等领域展开了合作。2019 年 3 月，意大利与中国正式签署"一带一路"合作备忘录。意大利既是欧洲大国，也是七国集团成员，此举彰显了"一带一路"倡议对欧洲的吸引力。

此外，中国与中东欧国家之间的合作成为"一带一路"建设的亮点，匈塞铁路等基础设施项目不断推进，波兰、捷克等国在贸易、投资等领域积极参与"一带一路"的建设。中国–中东欧国家合作机制（"16+1"，后希腊加入该机制成为"17+1"）与"一带一路"倡议进行深入对接，中方十分注重在这一过程中增强与欧盟的沟通。过去几年来，中欧在"一带一路"合作方面取得了若干成果，涉及交通运输、能源和基础设施建设等领域。中欧班列的线路、频度和货运量不断增长，由中国企业负责运营的希腊比雷埃夫斯港已经成为地中海第一大集装箱港。2018 年 1 月，中国路桥公司联合体首次中标欧盟基金支持的基建项目——克罗地亚佩列沙茨大桥。在金融合作方面，2016 年 1 月中国正式加入欧洲复兴开发银行，旨在就推进"一带一路"倡议、国际产能合作等方面增进对接，开展第三方市场合作。

同年 11 月，"16+1"金融控股公司等在拉脱维亚正式成立，该机构重点支持中国和中东欧国家之间的互联互通和产能合作项目。中国工商银行等中方商业性金融机构同欧洲复兴开发银行等机构也在加强合作，为"一带一路"建设在欧洲地区的落地提供了更加有力的金融支持。很多欧洲私营金融机构也对参与"一带一路"合作表现出越来越大的兴趣。

（一）欧洲对"一带一路"的认识

中欧合作在有所成果的同时，也存在不少难题。

1. 中欧之间存在着显著的"信任赤字"。多年来，中欧双方在人权、价值观和意识形态等方面的分歧难以得到弥合，欧洲方面担心在经济上与中国的"非对称依存"拉大会导致欧洲在对华交往中陷入弱势，并失去地区和全球治理的"议程设定者"地位。2015 年欧洲多所重要智库联合撰写的欧中关系报告指出，很多欧洲国家正在其政治理念——推动中国的民主和人权——和经济战略之间做着艰难的选择。[①] 此外，欧盟及其部分成员国对中国与发展中国家之间的经贸关系多有微词，甚至指责中国搞"新殖民主义"。虽然中欧双方都希望推动发展中国家的经济增长和社会进步，但在路径和方式上存在一定程度的差异。欧方专家担心，随着中国在"一带

---

① Mikko Huotari and Miguel Otero-Iglesias eds., *Mapping Out Europe-China Relations: a Bottom-Up Approach*, European Think-tank Network on China (ETNC), October 2015, p.6.

一路"倡议框架之下加大对中亚等地区国家发展的支持力度，欧洲会在国家发展模式、国际发展政策等多个方面进一步受到来自中国的挑战。[①]

2. 中欧经济关系中的"竞争性"日益上升。近年来，中欧贸易摩擦增多，欧盟委员会多次决定针对中国公司征收惩罚性关税。欧洲议会也一直在敦促欧盟贸易委员在处理对华关系方面采取更强硬的姿态。[②] 欧洲方面担心科技含量不断提升的中国产品会给欧洲的产品带来挑战。欧盟委员会在 2014 年 3 月发布调查报告称，虽然目前在科研和创新方面，中国的表现仅有欧盟44%的水平，但中国正在快速追赶，因此欧盟必须加大对科研的投入以保持优势。随着中国产业结构的调整和升级，中国产品已在某些领域同欧洲产品形成直接竞争。与此同时，欧洲方面对来自中国的投资更加慎重，尤其是担心中国政府会通过增大中国国有企业在欧投资以推进其外交政策目标。荷兰国际关系研究所高级研究员普滕认为，中国将国有企业作为落实"一带一路"倡议的重要工具，让欧洲方面对中国政府利用中国公司在海外实现战略性目标的疑虑更为固化。[③]

[①] Moritz Rudolf, "China's Shadow World Order," in Mark Leonard ed., *Connectivity Wars: Why Migration, Finance and Trade are the Geo-Economic Battlegrounds of the Future*, The European Council on Foreign Relations, January 2016, pp.83-91.

[②] Michael Smith, "EU-China Relations and the Limits of Economic Diplomacy," *Asia Europe Journal*, vol.12., No.1, March 2014, pp.35-48.

[③] Jikkie Verlare and Frans Paul van der Putten, "'One Belt, One Road': An Opportunity for the EU's Security Strategy," *Clingendael Policy Brief*, Netherlands Institute of International Relations, December 2015, p.2.

3. 欧盟部分成员国担心中国通过"一带一路"倡议破坏欧洲的内部团结。自 2012 年中国和中东欧 16 个国家在波兰华沙举办首次峰会以来，"16+1"合作不断取得重大进展。但是，欧洲对外关系委员会主席马克·伦纳德认为，中国正在有意识地加大对东欧等"新欧洲"地区的攻势，通过加大投资等手段开发欧洲软弱的下腹部地区。如此一来，中国就可以在欧盟内部赢得更多的游说力量，导致欧盟对华政策松散化，从整体上削弱欧盟应对中国的力量。此外，他们还担心中国-中东欧国家的相关合作违反欧盟基本法，不符合欧盟和成员国之间的权责划分。例如，匈牙利是"一带一路"倡议的积极合作伙伴，但欧盟和匈牙利欧尔班政府间的嫌隙在不断扩大，这也间接增加了欧盟对中国的不满。实际上，为了回应欧盟的关切，中国方面主动提出将中国与中东欧国家开展的互联互通合作项目纳入中欧基础设施合作的大框架中。中国之所以强调在中东欧国家也开展第三方市场合作，是为了缓解法国、德国等"老欧洲"国家的忧虑。中国力争将自身的优势产能同中东欧国家的发展需求和西欧发达国家的关键技术结合起来，而不是独自霸占中东欧国家的市场。中国坚持市场化的运作模式，不断提升相关合作的开放性和透明度。

4. 规则、机制和法律等方面的因素影响中欧相关合作的推进。[①] 为了推动"容克计划"的落实，欧盟委员会设立了欧洲

---

① 张骥、陈志敏：《"一带一路"倡议的中欧对接：双层欧盟的视角》，《世界经济与政治》，2015 年第 11 期，第 41-43 页。

投资项目门户，向第三方投资者开放。中国的投资可以通过直接投资欧洲战略投资基金和共同投资项目等多种方式参与"容克计划"。但是，欧盟要求中国使用美元或欧元对欧洲战略投资基金进行注资。而且，欧洲战略投资基金的章程规定，任何第三方都不被允许加入该基金的指导委员会。在这种情况下，中国的相应权利受到了限制，不利于中欧合作的可持续性。此外，欧盟的法律法规非常繁杂，中国企业在适应和融入欧洲市场环境方面存在不少难题，欧洲方面也对中国在欧设立为中国企业提供特殊待遇的"经济特区"等举措感到忧心。在人民币离岸交易问题上，欧盟和一些欧洲国家对英国等颇有意见，欧洲内部的这种矛盾也给中欧合作带来了负面影响。欧洲银行管理局、欧洲证券和市场管理局酝酿推出有关货币互换交易的新规定，而这将会增加中英两国拓展人民币相关合作的成本和法律障碍。

5. 中欧围绕"一带一路"倡议的合作面临商业、政治和安全风险。虽然中欧班列建设取得了一定进展，但中欧之间贸易运输通道的竞争、从欧洲回程的班列缺乏货源、配套基础设施落后、物流装备标准化程度不高等问题值得重视。债务危机背景下希腊政局的动荡给中希比雷埃夫斯港等合作项目带来了冲击，一些政治人物和组织利用社会民意渲染中国投资对本国经济构成威胁等观点。此外，欧洲学者普遍对"一带一路"建设面临的安全挑战感到担忧，他们认为"一带一路"建设会引发中国与俄罗斯、印度、美国等力量之间的地缘政治冲突，安全保障责任划分与成本分担等问题会越发突出。[①]可以说，这些难题都不是简单的安全挑战，而是一种较为复杂的"安全-发展相互联结"问题，中国在保障海外经济利益方面仍然缺乏经验和力量，跨地区、跨国的安全保障安排也是缺位的。[②]即便在欧洲内部也存在安全风险。比如在巴尔干地区，伊斯兰极端主义势力和跨国犯罪组织较为猖獗，影响了塞尔维亚、马其顿和波黑等国的安全，也很有可能会危及中国与相关国家开展的合作项目。[③]此外，欧方还担心中俄之间围绕"一带一路"建设的互动会影响欧洲的利益，无论是中俄抱团还是双方在中亚等地区出现冲突，都不是欧洲希望看到的。中国在亚洲地区海洋安全问题上的政策也是欧洲方面关切的内容，欧洲议会已通过多个海洋安全问题决议不点名地批评中国。这将对中欧围绕"一带一路"倡议开展的合作带来困扰。[④]

2017 年以来，法国总统马克龙等欧洲国家政要多次提出要对"一带一路"倡议加大制衡力度。德国外长加布里尔称，开

① Alice Ekman, "China in Asia: What is Behind the New Silk Roads?", *Note de I'Ifri*, French Institute of International Relations, July 2015, pp.24-26.

② 赵明昊：《"一带一路"建设的安全保障问题刍议》，《国际论坛》，2016 年第 2 期，第 1-7 页。

③ Darko Trifunovic and Milan Mijalkovski, "Terrorist Threats by Balkans Radical Islamist to International Security," *Politics and Religion*, vol.8, No.2, 2014, pp.322-324.

④ James Rogers, From Suez to Shanghai: the European Union and Eurasian Maritime Security, *Occasional Paper*, No.77, EU Institute for Security Studies, March 16, 2009, https://www.iss.europa.eu/sites/default/files/EUISSFiles/op77.pdf.

启新丝绸之路的倡议和一部分德国人的想象很不相同。这可不是对马可·波罗情意绵绵的怀念，而是一个以中国利益为中心打造世界格局的尝试。欧盟对外行动署在其内部文件中称，"一带一路"倡议旨在建立一个以中国为中心的全球秩序。目前，中国的对外贷款金额令人瞠目，使一些国家债台高筑并对中国产生不健康的依赖。

（二）欧洲对"一带一路"的应对

目前，欧洲对"一带一路"倡议的制衡主要体现在以下几个方面。

1. 酝酿进一步限制中国企业在欧洲的投资。"一带一路"倡议提出以来，中国企业在欧洲的直接投资不断增加，中国企业在欧洲的并购活动非常强劲，而且很多并购活动涉及欧洲的技术类企业。与美国一样，欧洲方面对于"中国制造2025"感到十分忧虑，认为中国在欧洲的投资会增大欧洲国家的安全风险。2017年9月，欧盟委员会提出一项外商投资审查法案，要求加强欧盟成员国在应对中国等外国投资方面的数据共享、信息交换和相互监督，相关举措还包括将战略行业清单的范围扩大到航空、媒体等产业，赋予欧盟委员会审查特定交易的权力，并建立外商投资数据库以及针对相关交易的警示机制，等等。

2. 与美国共同炒作所谓的"债务陷阱"问题，为中国与相关国家之间的合作增添阻力。国际货币基金组织在2018年5月21日发布的报告指出，中国进出口银行为修建连接黑山和塞尔维亚的公路项目提供贷款，但该项目导致黑山的债务水平急剧上升，预计将耗费该国近 1/4 的 GDP。这一问题已经引发德国等欧洲国家的关切。2018 年 3 月，美国智库全球发展中心发布的有关中国基础设施建设项目过度举债的报告中也重点提到了黑山。一些欧洲国家政要宣称，中国的投资正在加剧西巴尔干地区国家的债务负担。此外，中国远洋运输总公司、中国招商局港口控股有限公司等中国国有企业正积极参与欧洲国家港口的开发和运营，涉及希腊比雷埃夫斯港、荷兰鹿特丹港、比利时安特卫普港、德国汉堡港，未来还会涉及意大利的里雅斯特港和葡萄牙锡尼什港。欧洲方面担忧中国企业经营欧洲国家的港口会带来国家安全风险，并计划采取相应措施。

3. 欧盟推出"欧亚互联互通战略"，部分欧洲国家希望参与美国的"印太战略"。2018 年 9 月，欧盟委员会发布题为《连接欧洲和亚洲——对欧盟战略的设想》的政策文件（简称"欧亚互联互通战略"），提出在能源、运输和数字经济领域与亚洲国家扩大合作，并提出欧盟委员会将为此建立一个 600 亿欧元的投资保障基金，预计这一基金在 2021 年至 2027 年间将吸引 3 000 亿欧元的资金。德国墨卡托中国研究中心欧洲对华政策研究室主任让·魏登非尔德认为，"欧亚互联互通战略"很大程度上是对"一带一路"倡议的回应。此外，这一战略与美国推出的"印太战略"非常相似。2018 年 5 月，法国总统马克龙在访问澳大利亚期间提出由法国、印度和澳大利亚一起建立"印太轴心"的设想，维护基于规则的秩序。这一提议被认为旨在制衡中国，并与美国的"印太战略"相互呼应。很多欧洲战略人士认为欧洲应当与美国共同加大对"印太"地区的介入，从而更有力地应对中国地缘影响力的扩展。

2019 年 3 月，欧盟委员会发表文件，称中国是追求技术领导力的经济竞争者以及推广替代性治理模式的体系性对手。欧洲对外关系委员会亚洲和中国项目副主任杜德懋称，不愿按照中方条件参与"一带一路"合作的情绪正在欧洲内部慢慢增多，"一带一路"倡议可能会进一步加剧中欧之间贸易和投资关系的不平衡，尤其是中国推进海上丝绸之路建设的举措会对欧洲产生严重影响，给双方带来更多的竞争而非合作。对此，卡内基国际和平研究院欧洲项目主任艾瑞克·布拉特伯格称，欧洲对中国国家主导的经济治理以及相关的安全风险持越发强烈的怀疑态度，这与美国的担忧一拍即合，为更深入的跨大西洋外交协调打开了大门。美国政策界长期以来认为欧盟在中国问题上是一个不可靠的伙伴，但现在欧盟已经开始对中国的全球崛起做出反应，包括改革外资审查机制、在南海地区进行巡航等，现在是欧美对中国联合实施跨大西洋战略的时候了。

三、
对"一带一路"建设的影响

从前文所述可以看出，西方国家对"一带一路"建设的制衡具有战略性、长期性、复杂性特征，尤其是美国已经将压制

"一带一路"倡议作为与中国展开大国竞争的重要组成部分。当前和未来一个时期，美欧对"一带一路"的制衡或将对"一带一路"建设产生若干重要影响，这些影响主要集中在以下几个方面。

1. 美欧推行"扶印抑巴"政策，加大对"中巴经济走廊"建设的干扰，进而给中国西部地区的开放发展带来阻力。特朗普政府上台以来，美方非常注重提升与印度的关系，尤其是双方加大了在军事安全方面的合作，同时加大了对巴基斯坦的施压。特朗普表示，巴基斯坦曾经是美国有价值的盟友，并得到了来自美国的大量军事和经济援助。但是，巴基斯坦为很多恐怖主义组织提供避难所，美国对此不能接受。美国南亚政策的"扶印抑巴"趋势将对中巴经济走廊建设构成重要影响。

中巴经济走廊是"一带一路"建设中的旗舰项目，这条长达 3 000 公里的经济走廊以中国新疆的喀什为起点，终点则在巴基斯坦俾路支省的瓜达尔港。中巴经济走廊北接丝绸之路经济带，南连 21 世纪海上丝绸之路，是贯通南北丝绸之路的关键枢纽，也是中国西部地区实现开放发展的重要依托。目前，中国已经为经济走廊项目提供大量资金，其中约 338 亿美元将用于建设发电站等能源产业，118 亿美元将用于兴建公路和铁路等基础设施以及发展产业园区和旅游业等。

未来，美国和印度或将进一步联手加大在南亚地区的对华制衡力度，进而导致中巴经济走廊建设面临巨大的战略压力。在中国推动"一带一路"建设的情况下，美国、印度、日本等国的战略焦虑感显著上升。印度是目前少数没有表态支持"一带一路"倡议的国家。印度不仅认为"中巴经济走廊"建设对其构成威胁，还认为中国正在通过在斯里兰卡、孟加拉国等国建设的港口设施对印度进行围堵。印度对中国在印度洋区域的活动尤为警惕，包括中国在吉布提修建后勤保障基地。

美国将借助债务问题等议题对中国和巴基斯坦的合作进行牵制。2018年3月，美国智库全球发展中心发布报告称，巴基斯坦等国因为参与中国主导的基础设施建设项目而面临过度举债问题。一些西方媒体强调，总投资达到570亿美元的中巴经济走廊建设使得巴基斯坦大量进口中国生产的设备和材料，导致巴基斯坦的项目赤字增多。与此同时，国际货币基金组织也表示，巴基斯坦将无力偿还至少100亿美元且仍在增长的对华债务。2018年7月30日，时任美国国务卿的蓬佩奥在接受美国消费者新闻与商业频道采访时表示，美国希望与巴基斯坦伊姆兰·汗新政府进行接触，但国际货币基金组织没有理由向巴基斯坦提供用于偿还中国债务的紧急援助，因为国际货币基金组织的资金有一部分来源于美国。显然，美国有意通过调整援助的手段迫使巴基斯坦的新政府重新思考其对华合作。

2. 美欧调整对阿富汗的政策，间接导致该地区恐怖主义势力回潮，给中国西部地区的安全稳定制造了更大的压力。中亚地区的稳定对维护中国西部地区稳定具有重要意义。"东突厥斯坦"等分裂主义组织在中亚国家建立活动基地，谋划组织暴力恐怖主义和颠覆活动，对中国国家安全构成了直接威胁。与中国伊犁地区接壤的哈萨克斯坦阿拉木图州、与南疆接壤的吉尔吉斯斯坦伊塞克湖州、纳伦州和奥什州等边境地带都是近年"三股势力"活动比较猖獗的地区。

在2016年，竞选美国总统期间，特朗普曾表示美国应从阿富汗全面撤军，这符合"美国优先"路线的要求。2017年以来，在特朗普的要求下，白宫国家安全委员会、美国国防部等机构对阿富汗战略进行了全面审议。2017年8月21日，特朗普在位于弗吉尼亚州的迈尔堡军事基地就美国的南亚和阿富汗政策发表讲话。特朗普强调，美国不会按照自身的偏好在阿富汗进行"国家重建"，而是应聚焦反恐任务。值得注意的是，特朗普在讲话中对未来塔利班参与阿富汗政治和解安排持开放态度。在处理阿富汗问题时，特朗普政府显著突出了印度的作用。在美国减少对巴基斯坦的支持后，有分析认为这会导致巴基斯坦国内的激进主义势力进一步走强，尤其是军队内部的某些力量。近年来，在北约从阿富汗逐步撤军的背景下，巴基斯坦已提升了对塔利班的支持力度。① 由此，在美欧希望从阿富汗撤军的背景下，各方围绕阿富汗权力格局的斗争正在加剧，阿富汗局势的不稳定性或将进一步上升。

2015年以来，"伊斯兰国"势力开始逐步向阿富汗地区扩展，包括赫尔曼德省、法拉省、卢格尔省、楠格哈尔省和查布尔省等地。2017年2月英国广播公司的报道称，美国和北约驻

---

① Zalmay Khalilzad, "Breaking the Pakistan-Taliban Alliance", *Wall Street Journal*, June 8, 2016.

阿富汗部队最高指挥官尼克尔森估计，目前约有 1 000~1 500 名"伊斯兰国"武装分子在活动，其中大部分人来自巴基斯坦，还有一些人来自中亚国家。如果美国政府继续裁撤在阿富汗的美军力量，阿富汗反恐形势势必越发恶化，进而对地区安全造成显著的不利影响。与此同时，在巴基斯坦，宗教激进主义势力的影响也有所增强，比如"拉巴伊克运动"正在吸引越来越多受教育水平低而且缺少工作机会的年轻人（在巴基斯坦的 2.08 亿人口中，有大约 6 500 万人的年龄在 15~29 岁）。"伊斯兰国"势力也在向巴基斯坦西部的俾路支省渗透，并在该省首府奎达等地制造恐怖袭击事件。

美国智库全球政策研究中心的研究员阿里夫·拉菲克认为，这些袭击不但有损巴基斯坦的利益，也有损中国和伊朗的利益，因为位于俾路支省西部的瓜达尔港是中巴经济走廊的重要项目。

3. 美欧加大对中亚国家的拉拢和渗透，为中亚国家发展提供了所谓的"替代性选择"，甚至挑动中亚国家民众的反华情绪。不可否认的是，中国和中亚国家之间的"一带一路"合作面临一些问题，中亚国家对所谓"中国威胁"的担忧仍然较为突出。在此背景下，美国和欧洲可能会进一步利用中亚国家民众对中国的负面情绪为中亚国家发展同中国关系增加阻力。正如哈萨克斯坦学者萨特帕耶夫所言，中国将在中亚舞台上扮演重要角色，但美国不会对此袖手旁观，美国将会通过土库曼斯坦和乌兹别克斯坦影响中亚。2017 年 12 月，特朗普政府发布的《美国国家安全战略报告》提出，要继续推动中亚和南亚国家开展经济合作，促使中亚国家协助美国解决阿富汗问题。2018 年初，哈萨克斯坦总统纳扎尔巴耶夫访美，他感谢美国对哈萨克斯坦独立之初的经济援助，坚信此访可将哈美关系提升至战略伙伴关系之上，开创两国关系的新纪元。特朗普则称哈萨克斯坦为"美国在中亚地区具有广阔合作前景的战略伙伴"。美国传统基金会外交政策中心主任卢克·科费认为，这次访问是哈美关系长期发展的第一步，两国关系将达到新的水平。此外，欧盟已正式提出"欧亚互联互通战略"，中亚国家是欧洲对外经济合作重点关注的对象。美欧未来将对中亚国家加强经济拉拢，或将给中国与中亚之间的经济交往带来一定冲击。

　　总之，随着美国将中国视为首要战略竞争对手以及欧洲在一定程度上追随美国，美欧对"一带一路"倡议的制衡正在不断增强。当然，欧洲国家在"一带一路"问题上仍试图与中方展开有限合作，欧美在这方面有所区别，欧中之间应展开更多沟通。这一背景下，中国西部地区在推动"一带一路"建设进程中，更加注重提升内外联动、动态调整、突出重点的意识，在国内国际两个大局统筹中把握"一带一路"建设规律，最大限度地争取开放发展的良好环境。

四、
疫情期间美欧对"一带一路"的评论及启示

　　2020 年新冠肺炎疫情暴发以来，全球经济受挫，"一带一路"建设也难免受到波及，其高质量发展面临的挑战不断呈现出新特点。在这期间，一些美欧媒体、智库对"一带一路"倡议发表了诸多评论，不少观点具有代表性，对推进"一带一路"建设行稳致远有一定借鉴意义。

（一）疫情期间美欧对"一带一路"的关注点

通过搜集和分析疫情期间美欧媒体、智库关于"一带一路"的报道、评论和报告，我总结出美欧对"一带一路"倡议的四个关注点。

1. 疫情会对"一带一路"建设造成较为严重的不利影响，尤其在债务和资金方面，但长期来看"一带一路"倡议并不会受到根本性的打击。疫情引发经济危机，而"一带一路"沿线国家是最容易受到冲击的群体，其中债务问题尤为瞩目。

《外交学人》的一篇题为《疫情之后的"一带一路"》的文章指出，新冠疫情将会给"一带一路"建设带来资金短缺的问题，一些沿线国家甚至将陷入经济崩溃。根据巴基斯坦经济部门的初步评估，疫情暴发以来，巴基斯坦可能会承受约 78 亿美元的亏损。孟加拉国因疫情引发的经济亏损预估为 30 亿美元。泰国已经放弃了经济增长率 2.8% 的预期目标，并开始为经济衰退做准备。除亚洲之外，作为中国重要的自然资源来源地以及工程项目集中地，非洲正面临着公共卫生危机和经济衰退的双重打击。乌干达、莫桑比克和尼日尔等国家的进口商表示，除了来自中国的货物，他们几乎没有其他替代商品，因此疫情导致的中国工厂停产对非洲国家造成了巨大影响。根据"一带一路"新闻网的统计，中国在非洲可能损失2 000亿美元。德国之声发表题为《新冠病毒将会迫使中国遏制"一带一路"野心》的评论，指出东南亚和南亚如印度尼西亚、柬埔寨、马来西亚、斯里兰卡和巴基斯坦等国家已有价值数十亿美元的项目受到了打击。在疫情引发的危机之下，中国金融部门的资金流动性会受到影响，已经开始放缓对"一带一路"项目的贷款。

牛津商业小组于2020年4月20日发表评论文章《国际疫情暴发将会如何影响"一带一路"倡议？》，指出出于疫情防控的需要，随着封城、人员居家隔离、交通受阻和一些非必要行业推迟复工，"一带一路"项目的进展出现了明显的停滞。据统计，到2020年1月初，全世界计划或正在进行的"一带一路"相关项目多达2 951个。到2030年，仅亚洲新兴国家的基础设施融资需求就高达26万亿美元。

尽管新冠疫情对"一带一路"建设造成了消极影响，但大部分国外评论都认为，这些影响并不是长期的。从长期来看，"一带一路"项目会继续进行。"一带一路"新闻网指出，目前中国约84%的中小企业已经复工、复产，随着疫情得到控制、区域经济伙伴关系得到巩固以及其他国家对中国工业制成品需求的增加，中国在国际贸易前沿的经济影响力将会上升，"一带一路"建设项目的需求也将增加。《经济学人》发表的《2020年之后的"一带一路"倡议》称，疫情将影响"一带一路"建设的速度和规模，但这主要是短期影响。"一带一路"倡议是中国作为全球领先大国的重要象征，不会因为疫情而终止。

2. 疫情使国际社会重新审视西方主导的国际秩序，"一带一路"倡议提升了中国在全球治理中的作用。2020 年 4 月 2 日，美国有线电视新闻网（CNN）发布的《特朗普的抗疫失误给中国机会》一文指出，中国对欧洲的医疗援助建立在通过"一带一路"倡议来争取欧洲的努力之上。这一倡议建立起欧洲与亚洲市场的更深层次联系，正在把欧洲向东拉近，与此同时，美国正在把欧洲从美国的紧密伙伴中推开。客观地说，美欧之间的政治同盟关系依然是稳定的，但欧洲国家相对于美国的自主性越来越强，中欧全面投资协定（BIT）正在加速推进。

疫情之下，美国对中美合作持怀疑甚至否定态度，并判断中美关系正处于自由落体状态和新冷战阶段。美国部分政客积极推动对华"脱钩"政策，要求美国企业离开中国。然而在抗疫过程中，美国企业投资中国的热度依旧，他们无法割舍一个拥有 14 亿人口的大市场。2020 年 4 月 17 日，中国美国商会、上海美国商会以及普华永道（中国）发布的一项联合调查报告称，在受访的在华美国企业中，超过 70% 的企业表示不会因为疫情影响而将生产、供应或采购业务迁出中国。8 月 11 日，美中贸易全国委员会（USCBC）发布的《2020 年度中国商业环境调查报告》显示，83% 的美国企业将中国视为其全球战略中最重要或排名前五的重点地区，近 70% 的美国企业对中国未来 5 年的市场前景抱有信心。

3. 疫情将改变区域重心以及参与主体的重心。《2020 年之后的"一带一路"倡议》指出，尽管"一带一路"建设的范围在不断扩大，但贸易与投资仍主要集中在亚洲，尤其是东盟国家。越南、新加坡和马来西亚等东南亚国家是中国最主要的贸易伙伴。中亚、撒哈拉以南非洲和中东欧在"一带一路"合作中也占据着重要比重，但在疫情期间，相对于东南亚而言，上述地区的相关活动明显下降。世界经济论坛于2020年5月4日发表的评论文章《疫情将如何影响中国的"一带一路"倡议？》称，疫情将会使全球供应链发生根本变化，东南亚将会成为"一带一路"建设最活跃的地区。自2018年以来，中国企业呈现出将建设重点重新放在东南亚市场的势头，而疫情则增强了这一态势。相较于其他地区，东南亚地区的投资成本更低且项目更具规模效应，东南亚无疑是"一带一路"区域布局的最优选择。

在参与主体上，国外研究机构认为，中国90%以上的海外投资是通过国家渠道和国有企业完成的。由于国有企业建设的关键项目是由国家出资、向政府负责，因此这些中国企业认真评估成本、收益和风险的积极性相对较小，投资回报和商业可行性较低，这也是过去外国企业参与合作的意愿不强的重要原因。而这次疫情将会提升中国私营部门的参与率。世界经济论坛预测，由于疫情造成的金融疲软，中国国有银行将面临更大的资本约束。在国有银行减少金融支持的情况下，中国民营金融部门将会发挥更大的作用。而这些中国民营企业可能会专注商业利润高的投资，特别是那些与制造业、新基建等项目有关的投资，这些项目将从中国转移到其他低成本目的地，并将加大对"一带一路"沿线国家的产品销售。

4. 疫情为"一带一路"倡议扩展到数字、医疗等领域提供了机会。《疫情将如何影响中国的"一带一路"倡议？》指出，随着中国寻求与沿线国家分享其抗击疫情的宝贵经验，中国可能会将重点放在加强低收入国家卫生能力的项目中，中国的医疗技术企业会在国外寻找机会。CNN 于 2020 年 3 月 16 日发表的文章《北京正在促进中医药作为抗疫的中国方案》指出，在疫情期间，中国试图通过"一带一路"建设传播中医药，而疫情使中医药国际化迎来了重要的窗口期。在过去的几个月里，平安好医生等在线医生咨询平台的访问量激增。

新冠肺炎疫情推动了全球经济的数字化转型，促进了数字化解决方案、数字化工具和服务的使用。以 5G、人工智能、工业互联网和物联网为代表的新型基础设施本质上是数字化的基础设施。丝路联合公司（Silk Road Associates）的创始人兼首席执行官本·辛芬多弗指出，中国在利用人工智能和其他技术识别和监控病毒携带者方面的成功也可能在"一带一路"建设中得到应用，特别是在印度和泰国等国家使用，这些国家目前正在开发智能城市，而中国的科技公司已经投入巨资。

（二）美欧关注点对"一带一路"建设的启示

新冠疫情是"一带一路"建设的重要节点，中国应根据国际形势的重大变化，重新审视和完善"一带一路"建设的总体框架和关键项目。

1. 统筹兼顾国内和国际需求，消除相关国家对"一带一路"建设的顾虑。 国际社会存有这样的认知，即疫情当前，在维护国内稳定同建设"一带一路"之间，中国会毫无疑问优先考虑前者。然而，二者并非互斥关系。目前，中国抗击新冠肺炎疫情已经取得了重大的阶段性胜利，中国有能力兼顾国内和国际两方的需求。经过多年努力，"一带一路"建设的基础已搭建完成，虽遇疫情，但无须进行战略收缩，也无须回撤到周边地区，中国需要做的是统筹兼顾、精准发力。我建议政府适时召开"一带一路"团结抗疫特别峰会，进一步表明中国愿同国际社会一道，把"一带一路"打造成团结应对挑战的合作之路、维护人民健康安全的健康之路、促进经济社会恢复的复苏之路、释放发展潜力的增长之路，以及坚持多边主义的可持续发展之路。中国要以实际行动让合作伙伴安心，增强他们对"一带一路"倡议以及抗击疫情、复苏经济的信心。

2. 在产能合作以及民营企业参与上发力。 产能合作要基于但不限于境外园区建设，一定要深度结合全球层面的三链重构，避免海外园区的低水平同质化竞争。疫情期间，中国要严格规范中资企业的海外并购活动，"低位抄底"模式要变，要充分调动民营企业"生力军"作用。最近，一些西欧国家联手出台政策，共同防范中国企业收购欧洲企业，对中国国有企业怀有强烈的戒心。因此，中国要改变国有企业在"一带一路"项目上居主导地位的格局，多挖掘一些风险相对较小的轻资产项目，让民营企业和中小企业参与其中，并积极提高外国中小型企业的参与意愿，构建你中有我、我中有你的合作架构。

3. 扎实推进健康丝绸之路和数字丝绸之路建设。中国应适时成立"一带一路"公共卫生援助基金，加强公共卫生领域的人才培养与合作机制建设，推动全球公共卫生治理；深度挖掘并转化"一带一路"数据资源。例如，在人员、物资流动受限的疫情时期，通过"云会议"和"云签约"等形式保障海外项目的顺利推进。

4. 兼顾原则性与灵活性，避免"一刀切"，妥善处理债务问题。我不建议政府大范围取消债务，因为这样做可能会增加国内民众对"一带一路"建设的不满，同时助长债务国的不合理诉求。中国政府应通过多种途径向"一带一路"沿线国家表明，"一带一路"建设是经济合作，有关建设项目的贷款不是无偿援助，中国需要收回本金并获得相应的利息。债务问题不能由中国单方面承担，而是需要所有利益攸关方共同寻求解决办法。同时，要实行差别化、动态化债务处置标准，根据不同国家、不同项目的具体情况考虑延长贷款或减免利息。我建议政府研究出台《"一带一路"主权债务风险防范机制》，通过债务重组、债务宽免、债务撤销等制度设计，在多边组织框架下建立一个以发展为导向的债务处置机制。

5. 完善顶层设计，进一步充实中国参与全球治理的模式与路径。"一带一路"倡议要紧密对标人类命运共同体理念，精准对接联合国 2030 年可持续发展议程。疫情期间，诸多国家实施了封城、封港乃至封国措施，一些国际合作项目停摆，联合国 2030 年可持续发展议程面临着巨大阻力。在此背景下，"一带一路"建设不能踩下急刹车，要保持战略定力，明确发展定位，完善顶层设计。

实践证明，"一带一路"倡议比任何人想象的都更有韧性，因此我们应保持战略定力。

结　语

正如马克思所指出的，经济基础决定了包括认知框架在内的上层建筑。"一带一路"倡议激活了西部省份开放开发的潜力与活力，让一个个曾经处于相对边缘的中国西部城市自信地联通世界、融入新型全球化，也给国际社会带来了充沛动能，显示了中国的制度优势、文化优势、经济优势、国际视野以及战略定力。

"一带一路"倡议有利于进一步维护与延续"两大奇迹"，即新中国成立 72 年、中国共产党成立 100 周年，党领导人民创造了世所罕见的经济快速发展奇迹和社会长期稳定奇迹。2020 年 10 月 27 日，美国权威民调机构盖洛普公布了 2020 全球法律和秩序指数排名（国家安全指数），中国名列第三，这表明中国民众具有较高的安全感。新加坡、土库曼斯坦两国得分均为 97 分，并列第一。冰岛、科威特、挪威、奥地利、瑞士、乌兹别克斯坦以及阿联酋分列四至十位。中国是唯一进入前十位的世界大国。

稳定的社会环境是"一带一路"倡议顺利实施的基础性条件，能够增强"一带一路"建设各项规划落地的可靠性和安全性。中国西部地区是基础设施建设、人力资源、资本、技术等经济要素投入的主要地区，稳定的社会环境能够增强市场信心，推动更多优质资源在此落地，不断增强"一带一路"建设的内生动力。同时，"一带一路"建设也将对社会稳定产生积极影响。"一带一路"建设将有利于充分发挥西部地区的区位优势，改善社会经济的发展面貌，提高各族人民群众的生活水平，不断为维护社会稳定和长治久安提供造血功能。

社会的发展和进步是政治、经济、文化等多方面因素共同作用的结果，但基础性、根本性的因素还在于社会稳定。经济发展能够提升社会稳定的可持续性，稳定是核心，发展是保障。目前，消费已经成为拉动中国经济发展的主要动力。随着"一带一路"的高质量推进，西部地区的社会稳定与居民收入会显著提高，必将提升中国整体的消费能力，并对其他国家产生积极的溢出效应，从而带动世界经济复苏。

"一带一路"倡议带来的经济红利有利于优化民族关系。"一带一路"倡议的实施将中国西部地区推向核心地带和关键区域，民族关系和谐发展的重要性也进一步凸显出来。在各方的努力下，中国的民族关系平稳向好，一系列推进民族团结进步和当地经济社会发展的举措渐趋发力，改观了局面，取得了诸多成绩。

　　无论是"一带一路"的"带"动效应还是"路"过效应，都给民族关系带来了不小的影响，这种影响包括格局联通影响、机遇辐射影响、经济拉动影响、社会开放影响等等。"一带一路"倡议为民族关系的优化和发展提供了新的条件。反过来，向好的、发展的民族关系能够为"一带一路"倡议的顺利运行提供稳定的基础与持续的动力。

　　例如，"一带一路"倡议逐步将原本地处边陲的新疆提升为丝绸之路经济带建设的核心区，将多民族聚居的新疆带入高速发展期。新疆各民族开始分享"一带一路"建设释放的红利。据新闻报道，依托"一带一路"构建的交通大通道，阿克苏的苹果、核桃、红枣、葡萄等各种果品源源不断地销往世界各地。昔日的戈壁荒滩化身为今日的"西域大果盘"。果农莫合旦的收入也一年比一年好，2014 年他在城里买了房，年收入达到 20 多万元。22 岁的维吾尔族青年哈尼佐热木·吐亚尼经过 3 个月的技能培训成为阿克苏纺织工业城的一名女工。她所在的工厂浙江七星袜业公司所生产的产品主要出口中亚国家。公司经理说，公司在阿克苏建厂，就是看重这里有丰富的棉花资源和口岸区位优势，有利于公司开拓"一带一路"市场。除了阿克苏，南北疆各地都在寻找各自的定位和优势，捕捉"一带一路"建设带来的机遇与商机。乌鲁木齐市的 37 岁哈萨克族女性莎丽娅·霍拜在 10 年前还是一名服装企业的下岗工人。如今，她创办的"沙里金"服装已经成为新疆民族服装的知名品牌，企业主营高端职业装和民族时尚定制女装，年销售额在 2 000 万元左右。莎丽娅说，她希望搭乘"一带一路"倡议的东风，把多姿多彩的传统民族服饰推向世界舞台。[①]"一带一路"倡议不断助力西部地区民族关系的和谐发展，各民族会真正像石榴籽一样紧紧拥抱在一起。

未来，就西部省份在"一带一路"建设中的作用以及大开放与大开发之间良性互动的实现，我有几点粗浅的建议。

1. 用更加开放包容的方式定位西部城市在"一带一路"建设中的作用。我在 2015 年 3 月就写过《纠正"一带一路"建设的错误认知》一文，并指出很多省份将自己定位为"一带一路"建设的"桥头堡"。但是桥头堡是一个军事术语，它的本意是一个防御性建筑，这个词语翻译成外文，不仅无法让人感受到西部城市的开放性和包容性，而且容易让人产生误解。类似的词语还有"排头兵""先锋队""主力军"等，也容易在国际传播中产生不必要的误解。未来，无论是"一带一路"倡议还是人类命运共同体建设的宣传，应多用经济词语和文化词语，少用政治词语和军事词语。在一定程度上，词语的使用是人们心态的自然流露，会影响目标受众的认知与回应。

2. 将发展重心放到企业上，特别是民营企业身上。"一带一路"建设要做到精准发力、重点突破，逐渐形成一批有说服力的成功案例，打造参与"一带一路"建设的西部模式；要重视民营经济的发展，在"一带一路"建设中，国有企业是主力

---

① 杜斌、曹凯：《新疆少数民族分享"一带一路"发展红利》，《中国民族报》，2015 年 8 月 21 日，第 2 版。

军，民营企业是生力军。浙江、福建、广东、上海、江苏等地整体经济较好的一个重要原因就是民营经济发展不错。曾任深圳市副市长的张思平总结，深圳这些年来几乎没有在国内外招过商，但是大量的生产要素依靠市场的力量聚集在深圳，是深圳公平的市场环境和完善的市场机制造就了深圳的辉煌和巨大成就。张思平认为，民营企业有突出优势。第一，民营企业产权清晰，权责明确，企业家有追求创新和资本增值的巨大动力。第二，民营企业具有良好的风险承担机制。第三，民营企业的决策主体单一、程序简化，决策快、效率高。

1987 年，深圳市政府出台了全国首个《关于鼓励科技人员兴办民间科技企业的暂行规定》，鼓励高科技人员以技术专利、管理等要素入股，华为总裁任正非正是靠这个文件创办了今天世界级的华为公司。如今，深圳市的 500 强企业的数量比整个西部 12 个省区的数量还多。我经常给全国的企业家进行培训，一个总体印象是东部沿海地区的企业，特别是民营企业举办培训的频次极高，他们对知识如饥似渴，总是想尽办法学习充电；而西部地区企业举办培训的数量和质量都偏低。"一带一路"倡议改变的首先应该是人们的状态，企业家如果总待在家里讨论机遇，越讨论越是"一筹莫展"，唯有走在路上才能"柳暗花明"。如果西部地区的企业不走出国门，不遇到强者，那么这些企业连模仿强者的机会都不会有。

3. 增强西部省份智慧对接"一带一路"的能力。"一带一路"建设需要高端的专业服务业，如熟悉国际业务的会计审计、评级机构和战略咨询机构等。著名评级公司的总部基本上都在美国，如穆迪、惠誉、标普等。国际最著名的战略咨询公司的总部也基本上都在美国，如麦肯锡、波士顿、贝恩咨询等。四大会计师事务所，三个总部在英国伦敦，一个总部在荷兰首都阿姆斯特丹。这些公司是轻资产，但能为美欧企业的国际化发展进行"把脉"，避免重复试错，降低了这些企业的国际化风险。中国企业也需要这类能够实现智慧对接的专业服务，这是痛点，也是机遇。西部地区可以在此痛点上发力，打造"一带一路"建设的智慧高地，提供中国企业进行国际化发展所需要的各类专业服务。

西部地区应适时成立丝路企业家商学院，成为孵化中国企业家精神的摇篮。商学院的功能定位不仅应助益西部企业，更应助力所有参与"一带一路"建设的中国企业，甚至应服务有意愿进入中国市场的外国跨国公司。今天，中国缺少的不是老板，而是企业家精神。"一带一路"缺少的不是产品，而是能够赢得国际社会充分尊重的精品。

此外，西部地区还应加强专业化智库建设。"一带一路"倡议提出后，很多高校、企业、地方都成立了专门的研究机构，但"多而不强、有库无智"的问题依然存在。目前，国内智库大多在论证"一带一路"倡议的重要性，缺乏具体的咨询建议和长效机制。我建议国家在陕西、新疆或重庆、四川成立"一带一路"倡议研究院，这一研究院应兼具研究、倡议和行动能力：一是与政府职能部门和一线中国企业做好深度对接，提供管用与接地气的研究产品；二是要探索"一带一路"区域和国别问题研究的新路径，善用大数据等工具，及时监测"一带一路"相关的民意变化，尤其是社交网络上涉及"一带一路"的民意热点，统筹好发展与安全两件大事。

4. 注重强化"战略传播"，在国际社会讲好"一带一路"故事，讲好中国西部大开发的故事。西部地区应积极回应舆论关切，避免自说自话、孤芳自赏，要充分体现"一带一路"建设的共商、共建、共享和共赢属性。舆论媒体是社会治理的重要工具，现阶段的舆论媒体大多具有数字化、网络化、即时化和互动化等特点，"一带一路"建设的相关信息能够迅速传播到世界每一个角落，也使中国西部地区拥有"聚光灯效应"。"一带一路"形象在国际传播中的负面构建，一方面可以归结为西方主流媒体的偏见和"选择性失明"，另一方面也与中国媒体在相关议题报道中的不及时、不主动、不生动、不翔实等因素息息相关。在对外传播过程中，中国的媒体运作和报道方式与西方受众存在着明显的隔阂，比如过多的政府发布及灌输式语言的使用常常会拒西方受众于千里之外。①

对此，西部地区需要加快建设网络舆情监测机制，不断提高"一带一路"舆情的国际传播力、影响力、塑造力水平；建立相关数据库，提升西部地区在国际舆论博弈中靠数据和事实说话、化被动为主动的舆论塑造能力与水平，引导舆论走向；

---

① 石峰：《给西方视野一个真实生动的新疆——从西方媒体报道看新疆形象建构策略》，《新疆社会科学》2013 年第 3 期，第 121 页。

加大基层地区的信息化建设，在事实层面和心理认同层面构筑起社会治理与国际舆论二者之间的良性循环。

总之，"一带一路"倡议越来越成为新型全球化进程中的一抹亮色，这一倡议将助益中国经济从高速度增长转变为高质量发展，将助益中国企业加速国际化和全球化布局，将助益中国城市实现跨越式发展，将助益全球治理以及人类命运共同体建设的稳步推进。